Edition KWV

Die „Edition KWV" beinhaltet hochwertige Werke aus dem Bereich der Wirtschaftswissenschaften. Alle Werke in der Reihe erschienen ursprünglich im Kölner Wissenschaftsverlag, dessen Programm Springer Gabler 2018 übernommen hat.

Weitere Bände in der Reihe http://www.springer.com/series/16033

Thomas Schmidt

Ko-Spezialisierung in strategischen Netzwerken

Eine pfadtheoretische Untersuchung

Thomas Schmidt
Wiesbaden, Deutschland

Bis 2018 erschien der Titel im Kölner Wissenschaftsverlag, Köln
Dissertation, Freie Universität Berlin, 2014

Edition KWV
ISBN 978-3-658-23616-8   ISBN 978-3-658-23617-5 (eBook)
https://doi.org/10.1007/978-3-658-23617-5

Die Deutsche Nationalbibliothek verzeichnet diese Publikation in der Deutschen Nationalbibliografie; detaillierte bibliografische Daten sind im Internet über http://dnb.d-nb.de abrufbar.

Springer Gabler
© Springer Fachmedien Wiesbaden GmbH, ein Teil von Springer Nature 2014, Nachdruck 2018
Ursprünglich erschienen bei Kölner Wissenschaftsverlag, Köln, 2014
Das Werk einschließlich aller seiner Teile ist urheberrechtlich geschützt. Jede Verwertung, die nicht ausdrücklich vom Urheberrechtsgesetz zugelassen ist, bedarf der vorherigen Zustimmung des Verlags. Das gilt insbesondere für Vervielfältigungen, Bearbeitungen, Übersetzungen, Mikroverfilmungen und die Einspeicherung und Verarbeitung in elektronischen Systemen.
Die Wiedergabe von Gebrauchsnamen, Handelsnamen, Warenbezeichnungen usw. in diesem Werk berechtigt auch ohne besondere Kennzeichnung nicht zu der Annahme, dass solche Namen im Sinne der Warenzeichen- und Markenschutz-Gesetzgebung als frei zu betrachten wären und daher von jedermann benutzt werden dürften.
Der Verlag, die Autoren und die Herausgeber gehen davon aus, dass die Angaben und Informationen in diesem Werk zum Zeitpunkt der Veröffentlichung vollständig und korrekt sind. Weder der Verlag noch die Autoren oder die Herausgeber übernehmen, ausdrücklich oder implizit, Gewähr für den Inhalt des Werkes, etwaige Fehler oder Äußerungen. Der Verlag bleibt im Hinblick auf geografische Zuordnungen und Gebietsbezeichnungen in veröffentlichten Karten und Institutionsadressen neutral.

Springer Gabler ist ein Imprint der eingetragenen Gesellschaft Springer Fachmedien Wiesbaden GmbH und ist ein Teil von Springer Nature
Die Anschrift der Gesellschaft ist: Abraham-Lincoln-Str. 46, 65189 Wiesbaden, Germany

Geleitwort

Strategische Netzwerke wurden lange Zeit für eine besonders flexible Organisationsform ökonomischer Aktivitäten gehalten. Erst in den letzten Jahren mehren sich theoretisch begründete Zweifel und empirische Daten, die nicht nur einzelnen Geschäftsbeziehungen, sondern gerade auch komplexeren Beziehungskonstellationen organisationales Beharrungsvermögen und strategische Rigiditäten attestieren. Selten wurden diese allerdings bislang mit Blick auf organisatorische Pfadabhängigkeiten untersucht. Genau dies aber unternimmt Thomas Schmidt, indem er das in Institutionenökonomik und Strategieforschung populäre Konzept der ko-spezialisierten Assets von David Teece mit pfadtheoretischen Überlegungen verknüpft.

Außer von dieser theoretisch überzeugenden Idee wird seine Arbeit von einer empirischen Studie des von SAP geführten und seit vielen Jahren etablierten Netzwerks von Beratungsunternehmen getragen. Dieses Netzwerk ist im Laufe der Zeit in einer bestimmten Weise persistent geworden ist, so dass eine organisatorische Pfadabhängigkeit vermutet werden kann. Die tatsächliche Pfadabhängigkeit der Entwicklung des Netzwerks in einem bestimmten Teilbereich demonstriert der Autor überzeugend am Beispiel der bislang gescheiterten Versuche von SAP, außer im seit Jahrzehnten sehr erfolgreichen Großkundengeschäft auch beim Mittelstand als führender Anbieter von Unternehmenssoftware Fuß zu fassen.

Die von Thomas Schmidt vorgenommene Erweiterung der Theorie organisationaler Pfadabhängigkeit durch die Bezugnahme auf das Konzept ko-spezialisierter Assets ist nicht nur vielversprechend; tatsächlich wird ihre Erklärungsmächtigkeit überzeugend anhand eines sehr sorgfältig und unter zu Hilfenahme verschiedenster Methoden aufgearbeiteten Falls demonstriert. Die vom Autor vorgelegte Studie erweitert das Verständnis pfadabhängiger Prozesse in interorganisationalen Netzwerken und bietet nicht nur Wissenschaftlern, sondern auch Managern und Beratern wichtige Einsichten. Aus diesen Gründen wünsche ich der Studie eine breite Aufnahme in Wissenschaft und Praxis.

Berlin-Dahlem, im September 2014   Jörg Sydow

Vorwort

Beim Verfassen der vorliegenden Arbeit durfte ich auf wertvolle Unterstützung aus meinem professionellen und privaten Umfeld zurückgreifen. Dafür möchte ich zuallererst meinen Doktorvater Professor Jörg Sydow danken, der mich zum explorativen Forschen ermutigte, mir aber stets dabei half, das eigentliche Ziel nicht aus den Augen zu verlieren; der mich außerdem mit seinem weitreichenden Wissensschatz inspirierte und mit seiner Professionalität und Zuverlässigkeit ein vertrauensvolles Arbeitsverhältnis schuf. Ganz herzlich möchte ich mich auch bei meinem Zweitbetreuer Professor Michael Kleinaltenkamp bedanken, von dem ich viel über Geschäftsbeziehungen lernen durfte, sowie bei meinem Drittbetreuer Professor Mark Lehrer, der mir mit seinen fundierten Kenntnissen der globalen IT-Industrie stets zur Seite stand. Großer Dank gebührt auch Dr. Timo Braun, mit dem ich viele gemeinsame Projekte durchführen durfte sowie Dr. Hans-Jürgen Arlt, der bei mir während des Studiums das Interesse am wissenschaftlichen Arbeiten verstärkte.

Als Kollegiat der dritten Kohorte des von der Deutschen Forschungsgemeinschaft (DFG) geförderten Graduiertenkollegs „Pfade organisatorischer Prozesse" (www.pfadkolleg.de) hatte ich außerdem das Glück, wunderbare Menschen kennenzulernen, die mich ebenfalls häufig unterstützten. Besonders bedanken möchte ich mich dafür bei Daniel Fürstenau, Sibel Siray, Waldemar Kremser, Nora Lohmeyer, Sonja Muders, Johann Fortwengel und Norman Kellermann. Auch bei Frithjof Stöppler aus der zweiten und bei Professorin Elke Schüßler und Professor Leonhard Dobusch aus der ersten Kohorte des Pfadkollegs bedanke ich mich.

Allen voran gebührt der größte Dank für ihre bedingungslose Liebe und Unterstützung meinen Eltern, meinen Großeltern, meinem Bruder und meiner Freundin Annamaria. Zu guter Letzt möchte ich mich bei meinen besten Freunden in Berlin, im Rheinland und in der ganzen Welt bedanken: bei Tristan, Rocio, Sebastian, Alexander, Heiko, Elisabeth, Florian, Eleni, Christina, Dennis, Katharina, Martin, Reza, Marco und Christian, die mir alle in unterschiedlichster Weise zur Seite standen.

Die vorliegende Arbeit wurde zwischen 2011 und 2014 erstellt und vom Fachbereich Wirtschaftswissenschaft der Freien Universität Berlin als Dissertationsschrift angenommen. Die Datenerhebung und -analyse fand dabei in Kooperation mit verschiedenen Ko-Autoren statt. Dadurch sind Zwischenergebnisse entstanden, die als Beiträge auf verschiedenen Konferenzen vorgestellt wurden. Um Nachvollziehbarkeit über den teilweisen Eingang der Inhalte in die vorliegende Arbeit herzustellen, sind nachfolgend die jeweiligen Konferenzpapiere und deren Verwendung in den entsprechenden Kapiteln aufgelistet.

Konferenzbeiträge   *Berührte Kapitel*

Schmidt, T. & Braun, T. (2014): When Cospecialization Leads to Rigidity: Path Dependence in Successful Strategic Networks. Zuletzt präsentiert auf dem 74th Annual Meeting of the Academy of Management, August 1–5, 2014 in Philadelphia (PA), USA.   2, 3, 4, 5

Braun T. & Schmidt, T. (2013). Vorwärts durch Vernetzung? Der Prozess der Netzwerk- und Unsicherheitsentwicklung im Morgenrot von Cloud Computing. WK ORG-Workshop, 27. Februar - 1. März 2013 in Jena.   3, 4

Schmidt, T. & Fürstenau, D. (2012). Coping with Path Dependence: Integrating Not Yet Existing Knowledge in Higher Education ERP Systems. 3rd advanced KITE Workshop, September 12–13 2012 in Linköping, Sweden.   4

Zusammenfassung

Die Bündelung unternehmenseigener Ressourcen mit den komplementären Ressourcen von Partnerunternehmen erweist sich für Unternehmen häufig als positiv, da dadurch Spezialisierungsvorteile genutzt und indirekte Netzeffekte am Markt erzielt werden können. Dies gilt insbesondere für Hersteller komplexer Technologien und deren strategische Netzwerke (Jarillo, 1988). Allerdings wurde bislang kaum untersucht, wie sich komplementaritätsbasierte Kooperation in strategischen Netzwerken langfristig entwickelt und ob durch diesen Prozess auch strategische Pfadabhängigkeiten für das fokale Unternehmen entstehen. Um diese Forschungslücke zu schließen, werden in der vorliegenden Arbeit die Langzeitfolgen interorganisationaler Komplementaritätseffekte auf Grundlage der Theorie organisationaler Pfadabhängigkeit (Sydow et al., 2009) analysiert. Diese wird zunächst mit dem Konzept der komplementären ko-spezialisierten *assets* von David J. Teece (1986) weiterentwickelt, um den Anwendungsbereich von der Ebene der Einzelorganisation auf eine interorganisationale Ebene auszuweiten. Darauf aufbauend wird der Forschungsgegenstand empirisch untersucht mit einer qualitativen Mehrebenenfallstudie der Produkt- und Partnerstrategie von SAP, dem weltweit größten Hersteller für Unternehmenssoftware, der mithilfe von Dienstleistungspartnern zum unangefochtenen Marktführer bei großen Geschäftskunden wurde. Mit der vorliegenden Arbeit soll herausgearbeitet werden, welche Rolle die Entwicklung eines strategischen Netzwerks von Dienstleistungspartnern für diesen enormen Erfolg spielte. Darüber hinaus wird untersucht, warum es SAP mit derselben Netzwerkstrategie schwerfiel, mit einer aufwendigen Cloud-Mittelstandsinitiative den Durchbruch auch bei kleinen Geschäftskunden zu erreichen. Dies überrascht zunächst angesichts der Innovationskraft des Unternehmens. Doch mithilfe des entworfenen theoretischen Konzepts und des mehrstufigen Forschungsdesigns ist es möglich, die interorganisationalen und organisationalen Wurzeln verschiedener Barrieren besser zu verstehen. Die Schlussfolgerungen bereichern sowohl die Pfadtheorie als auch die Literatur zu interorganisationalen Beziehungen.

Summary

Existing research on interorganizational relationships shows that interorganizational asset complementarity can lead to such relational advantages as, for example, economies of specialization or indirect network effects. This is especially the case regarding technology-intensive hub firms which build and utilize strategic networks for that purpose (Jarillo, 1988). Nonetheless, it remains unclear how complementarity-based collaboration unfolds as a process within networks over time, and whether this process may lead to strategic path dependencies for the hub firm. In order to help fill that research gap, I will analyze the long-term effects of interorganizational complementarities using the theory of organizational path dependence (Sydow et al., 2009) and the concept of co-specialized assets (Teece, 1986). This way, path dependence theory becomes applicable to interorganizational settings. On that basis, I will investigate the research topic by conducting a multi-level case study of SAP's product and partnering strategy. In cooperation with service partners, SAP has become the largest enterprise software vendor in the world, being particularly successful in the market for large corporate customers. The aim of this study is to understand the role SAP's strategic network of service providers has played in that successful trajectory. At the same time, I will also analyze why SAP's highly ambitious cloud computing initiative has found it difficult to achieve comparable success among small and medium-sized customers. In the light of SAP's innovative strength, this is surprising. Through the extension of path dependence theory (to interorganizational levels) and a multi-level research design, however, it is possible to relate different rigidities to interorganizational and organizational roots. This way, this study makes a valuable contribution not only to the theory of path dependence but also to the literature on interorganizational relationships.

Inhaltsverzeichnis

Geleitwort V
Vorwort VII
Zusammenfassung IX
Summary X
Inhaltsverzeichnis XI
Abbildungsverzeichnis XIII
Tabellenverzeichnis XV
Abkürzungsverzeichnis XVI

1   Einleitung 1
2   Theorie 5
    2.1   Allgemeine, organisationale und interorganisationale Pfadabhängigkeit 5
        2.1.1   Organisationale Pfadabhängigkeit 8
        2.1.2   Pfadabhängigkeit in interorganisationalen Beziehungen 10
    2.2   Ko-Spezialisierung in strategischen Netzwerken 14
        2.2.1   Das Konzept der complementary assets (CA) nach Teece 14
        2.2.2   CA und interorganisationale Beziehungen 15
        2.2.3   Die Rezeption des CA-Konzepts in der Literatur zu interorganisationalen Beziehungen 17
        2.2.4   Eine Weiterentwicklung des CA-Konzepts für strategische Netzwerke 25
    2.3   Ko-Spezialisierung und Pfadabhängigkeit 33
        2.3.1   Nachteilige Langzeitfolgen der Ko-Spezialisierung 35
        2.3.2   Ko-Spezialisierung als Prozess 38
        2.3.3   Ein Modell pfadabhängiger Ko-Spezialisierung in strategischen Netzwerken 40
3   Methode 47
    3.1   Pfadforschung als Prozessforschung 47
    3.2   Fallauswahl und Fallstudiendesign 50
        3.2.1   Die ERP-Branche als Untersuchungskontext 50
        3.2.2   Der Fall: SAPs Produkt- und Partnerstrategie 51
        3.2.3   Fallstudiendesign 53
    3.3   Datenerhebung 55
    3.4   Datenanalyse 59
4   Fallstudie 63
    4.1   Präformation: Die Entstehung der SAP-Produkt und Partnerstrategie 63
        4.1.1   Die Genese der Produktstrategie 64
        4.1.2   Analyse der intraorganisationalen Ko-Spezialisierung 67
        4.1.3   Die Genese der Partnerstrategie 69

    4.1.4   Analyse der interorganisationalen Ko-Spezialisierung 71

    4.1.5   Präformation eines pfadabhängigen Ko-Spezialisierungsprozesses 72

  4.2   Formation: Der Erfolg der SAP-Partnerstrategie im Großkundenmarkt................ 77

    4.2.1   Der Erfolg der komplementaritätsbasierten Kooperationsstrategie 77

    4.2.2   Analyse der Ko-Spezialisierung 80

    4.2.3   Organisationale Folgen der Ko-Spezialisierung.. 88

    4.2.4   Interorganisationale Folgen der Ko-Spezialisierung 97

    4.2.5   Die Kehrseite der SAP-Produkt- und Partnerstrategie 101

    4.2.6   Zwischenfazit 109

  4.3   Strategischer Lock-in: Barrieren der Pfadbrechung am Beispiel der Business ByDesign-Initiative 111

    4.3.1   Chronologie der strategischen Initiative.. 111

    4.3.2   Analyse der Beharrungstendenzen 116

    4.3.3   Fazit zur Business ByDesign-Initiative 145

    4.3.4   Ausblick: Chancen für einen neuen Ko-Spezialisierungspfad? 146

5   Diskussion und Ausblick 149

  5.1   Theoretische Reflexion der Fallstudie... 149

  5.2   Theoretische Beiträge 156

    5.2.1   Beitrag zur allgemeinen Pfadtheorie 156

    5.2.2   Beitrag zur organisationalen Pfadtheorie 158

    5.2.3   Beitrag zur interorganisationalen Pfadtheorie 159

  5.3   Limitationen 163

Literatur.. 167

Anhang 187

Abbildungsverzeichnis

Abbildung 1: The constitution of an organizational path, nach Sydow et al. (2009: 692) 8
Abbildung 2: Complementary assets needed to commercialize an innovation, nach Teece (1986: 289) 12
Abbildung 3: Forschungsvermutung 13
Abbildung 4: Complementary assets: Generic, specialized and cospecialized, nach Teece (1986: 289) 16
Abbildung 5: Unterschiedliche Forschungsrichtungen zu komplementaritätsbasierten Kooperationen 20
Abbildung 6: Complementarity vs. mobility: dependence and complementarities, nach Jacobides et al. (2006: 1207) 25
Abbildung 7: Ko-Spezialisierung im strategischen Netzwerk 32
Abbildung 8: Weitere Eingrenzung der Forschungslücke 35
Abbildung 9: Ko-Spezialisierung als globaler und lokaler Lernprozess 39
Abbildung 10: Ko-Spezialisierung als pfadabhängiger Prozess 41
Abbildung 11: Separation als Voraussetzung für Komplementaritätseffekte 42
Abbildung 12: Fallstudiendesign 54
Abbildung 13: Kodierungsprozess 60
Abbildung 14: Code-Matrix-Browser 61
Abbildung 15: Softwareentwicklung und -implementierung in den 1970er Jahren (schematische Darstellung) 67
Abbildung 16: Transfer von Wertschöpfungsaktivitäten an Partner (schematische Darstellung) 75
Abbildung 17: Mikromechanismen der interorganisationalen Ko-Spezialisierungsspirale (schematische Darstellung) 85
Abbildung 18: Ko-Spezialisierungsspirale auf Makroebene (schematische Darstellung) 86
Abbildung 19: Umsatzentwicklung im SAP-Ökosystem (SAP-Geschäftsberichte; PAC, 2012d) 87
Abbildung 20: VENN-Diagramm der SAP-Partnerschaften (Stand: 27. August 2013) 96
Abbildung 21: Folgen der Ko-Spezialisierung (schematische Darstellung) 110
Abbildung 22: Pfadbrechung – Vertikale Reintegration durch Automation am Beispiel von Business ByDesign (schematische Darstellung) 120
Abbildung 23: Ziele der Produktinnovation (schematische Darstellung) 123
Abbildung 24: Partieller Pfadrückfall parallel zum koexistierenden Pfad (schematische Darstellung) 146
Abbildung 25: Die langfristigen Folgen der Ko-Spezialisierung 153
Abbildung 26: Pfadkoexistenz, Pfadbruch und Pfadrückfall 155
Abbildung 27: Vergleich zwischen QWERTY-Fall und SAP-Fall 157

Abbildung 28: Strategische, technologische und organisationale Pfadabhängigkeiten......... 159
Abbildung 29: Kritische Fragen bei der Etablierung eines neuen
Ko-Spezialisierungspfades 163

Tabellenverzeichnis

Tabelle 1:	Taxonomie interorganisationaler Arrangements, nach Teece (1992: 21)	15
Tabelle 2:	Primäre Datenerhebung	58
Tabelle 3:	Kodierbeispiele	62
Tabelle 4:	Die ersten großen SAP-Partner (PAC, 2012a)	70
Tabelle 5:	Die ersten deutschen Softwarehäuser, nach Denert (2011: 580)	74
Tabelle 6:	SAPs Branchenkategorien (SAP, 2013b)	83
Tabelle 7:	SAP – Entwicklung Umsatz, Mitarbeiter, Anteil Beratung (SAP Geschäftsberichte; Leimbach, 2009: 395)	91
Tabelle 8:	SAP-Partnerschaften nach Kontinenten und Ländern	94
Tabelle 9:	Umsätze der größten IT-Dienstleister und SAP-Partnerschaften	95
Tabelle 10:	Globale Marktanteile in 2012 (nach internen Schätzungen eines SAP-Partners)	105
Tabelle 11:	Vergleich großer SAP-Mittelstandsinitiativen mit dem SAP-Kerngeschäft	118
Tabelle 12:	Funktionsvielfalt von *Business ByDesign* (Computerwoche, 2007)	122
Tabelle 13:	Intraorganisationale Barrieren	127
Tabelle 14:	Barrieren der Wertschöpfungsarchitektur	129
Tabelle 15:	Barrieren der Pfadkoexistenz	134
Tabelle 16:	Intraorganisationale Barrieren: SAP-Partner	139
Tabelle 17:	Barrieren der Pfadkoexistenz: SAP-Partner	141
Tabelle 18:	Indizien für die Propositionen in der Fallstudie	150

Abkürzungsverzeichnis

CA	Complementary asset/s (komplementär/e, spezifisch/e Ressource/n)
CRM-Software	Customer relationship management software (Kundenbeziehungsmanagementsoftware)
ERP-Software	Enterprise resource planning software (funktionsübergreifende Unternehmenssoftware)
F&E	Forschung und Entwicklung
FI	Financials (Finanzwesen)
k. A.	keine Angabe
KPI	Key performance indicator (Leistungskennzahl)
SaaS	Software-as-a-Service (webbasierte Software)
SD	Sales & Distribution (Vertrieb und Distribution)

1 Einleitung

Jedes Unternehmen besetzt eine Position innerhalb eines größeren Wertschöpfungsprozesses – umgeben von Zulieferern, Distributoren oder auch Kunden, die jeweils ihren eigenen Beitrag zur gesamten Wertschöpfung leisten. Somit schaffen Unternehmen Werte, greifen aber gleichsam auf Wertschöpfungsprozesse in ihrer Umwelt zurück. Während der erste Punkt schon immer Kern dessen war, was die Betriebswirtschaftslehre diskutierte, wurde auch dem letzteren Punkt spätestens seit der Diskussion um hybride Koordinationsformen wie strategische Netzwerke und Allianzen erhöhte Aufmerksamkeit zuteil (Jarillo, 1988; Powell, 1990; Miles & Snow, 1986). Denn damit sich die von einzelnen Organisationen erbrachten Wertschöpfungen sinnvoll zusammenfügen, gehen Unternehmen nicht nur kurzfristige marktliche, sondern auch langfristig kooperative Beziehungen ein (Sydow, 1992).

Langfristig und kooperativ sind die Beziehungen häufig dann, wenn das Zusammenspiel von interorganisationalen Wertschöpfungsaktivitäten komplex ist und sich nicht ausschließlich über Marktmechanismen koordinieren lässt. Im Zuge der zunehmenden interorganisationalen Kooperation wuchs das Interesse an damit verbundenen Fragestellungen. Zum einen interessiert sich die transaktionskostentheoretische Tradition (Williamson, 1979) für Opportunismusgefahren der Kooperation, und wie diese im Zaum gehalten werden können. Andere Fragestellungen fokussieren eher die Chancen interorganisationaler Kooperation, die zum Beispiel in erhöhter Flexibilität (Powell, 1990) oder in relationalen Wettbewerbsvorteilen (Dyer & Singh, 1998) liegen können.

Dabei ist ein Schlüsselbegriff für das interorganisationale Zusammenspiel von Wertschöpfungsprozessen der Begriff der Komplementarität (Teece, 1986), denn die Bündelung der eigenen Ressourcen mit den komplementären Ressourcen anderer erweist sich als starke Motivation zur Kooperation. Dieses einfache und überzeugende Argument ist mittlerweile ein Grundpfeiler vieler Konzepte zur interorganisationalen Kooperation. Interorganisationale Kooperationen sind zwar nicht immer durch die Komplementarität von Ressourcen getrieben, Unternehmen kooperieren zum Beispiel, um das Wissen der Partner zu absorbieren (Cohen & Levinthal, 1990), um sich gemeinsam eine öffentliche Stimme zu verschaffen oder um gemeinsame Standards zu entwickeln (Müller-Seitz & Sydow, 2012). Nichtsdestotrotz ist *Ressourcenkomplementarität* – sieht man einmal von abstrakteren Begründungen wie Unsicherheitsabsorption ab – einer der häufigsten genannten, wenn nicht der am häufigsten identifizierte Grund für das Entstehen interorganisationaler Kooperation. So zeigen empirische Studien, dass Unternehmen sich vor allem dann auf Kooperationen einlassen, wenn sie Partner finden, deren Kompetenzen die eigenen ergänzen (Nohria & Garcia-Pont, 1991). Selbst gegenüber den Wettbewerbsvorteilen von Kooperationen skeptische

Ansätze wie der *Ressource-Based-View* (Hamel, 1991; Combs & Ketchen, 1999; Lei, 1993) verweisen auf die Sinnfälligkeit der Kooperation mit Partnern, die komplementäre Ressourcen kontrollieren (Duschek & Sydow, 2002).

Allerdings wurden bislang häufig eher kurzfristige Effekte interorganisationaler Komplementarität untersucht. Die vorliegende Arbeit interessiert sich für *langfristige* Effekte in komplementaritätsbasierten Beziehungen und fragt dabei nach der langfristigen Flexibilität von Wertschöpfungsbeziehungen innerhalb strategischer Netzwerke. Denn je langfristiger und intensiver die Beziehung zu anderen Organisationen – so die Vermutung – desto enger ist auch das Schicksal der verbundenen Unternehmen aneinander gekoppelt. So stellt sich zum Beispiel die Frage, ob eine Organisation die eigene Position innerhalb einer Wertkette verändern kann, wenn es die Umweltbedingungen erfordern. Kann ein Unternehmen den Grad der vertikalen Integration nach jahrelanger Desintegration wieder erhöhen und zum Beispiel nicht nur die Produktion, sondern auch den Vertrieb seiner Produkte übernehmen? Vermutlich nicht immer: Es gibt historische Gründe, warum ein Produktionsunternehmen ein Produktionsunternehmen und ein Vertriebsunternehmen ein Vertriebsunternehmen ist. Jedes Unternehmen ist durch Lernprozesse zum Spezialisten für einen bestimmten Teil der Wertschöpfungskette geworden.

Dies kann allerdings erst dann sichtbar werden, wenn wir neben der Wertschöpfung innerhalb eines Unternehmens die größeren Wertschöpfungszusammenhänge in den Blick nehmen. Es stellt sich deshalb nicht nur die Frage nach organisationalen, sondern auch nach interorganisationalen Langzeitfolgen komplementaritätsbasierter Kooperationen. Vor allem stellt sich dabei die Frage nach historischen Prozessen oder präziser: nach pfadabhängigen Prozessen. Ein pfadabhängiger Prozess ist die Extremform eines historischen Prozesses; hier spielen frühe Ereignisse eine überragende Rolle, da sie unumkehrbare Entwicklungen anstoßen. Frühe Entscheidungen oder Ereignisse führen ein Unternehmen oder eine Kooperationsbeziehung auf eine Erfolgsspur, die nur noch eine Richtung kennt. Der Preis für den mittelfristigen Erfolg kann daher in einem langfristigen Verlust an Flexibilität bestehen. In der vorliegenden Arbeit wird dieses temporale Verständnis genutzt, um mit Hilfe einer Einzelfallstudie die Langzeitfolgen interorganisationaler Komplementaritätseffekte mit frühen Entwicklungen in Verbindung zu setzen.

Von Relevanz ist die vorliegende Arbeit deshalb für Leserinnen und Leser[1], die sich für die Ambivalenz interorganisationaler Beziehungen interessieren. Bislang werden Netzwerke und Allianzen eher selten mit Rigidität oder Pfadabhängigkeit assozi-

---

[1] Die Aussagen der vorliegenden Arbeit beziehen sich stets gleichermaßen sowohl auf Frauen als auch auf Männer, auch wenn zum Teil nur die weibliche oder nur die männliche Formulierung verwendet wird. Im untersuchten Feld wird zudem häufig von „Dienstleistern", „Partnern" oder „Anwendern" gesprochen. Damit sind in den meisten Fällen keine Individuen sondern Organisationen gemeint.

iert. Häufig wird sogar vermutet, dass vor allem Allianzen über eine höhere Flexibilität und Anpassungsfähigkeit ihrer Koordinationsmechanismen verfügen (Gulati, Lawrence & Puranam, 2005). Diese Annahme wird mit der vorliegenden Arbeit problematisiert. So soll gezeigt werden, dass auch in interorganisationalen Beziehungen strategische Pfadabhängigkeit (Schreyögg, Sydow & Koch, 2003; Sydow, Schreyögg & Koch, 2009) für die beteiligten Akteure entstehen kann. Wenn starke interorganisationale Komplementaritätseffekte wirken, so die Hypothese, stoßen selbst sehr ambitionierte Versuche der Pfadbrechung auf Barrieren.

Von Relevanz ist die vorliegende Arbeit aber auch für Leserinnen und Leser, die sich für Komplementaritäten als einen grundlegenden Treiber der Entwicklung interorganisationaler Beziehung interessieren. Für das vorliegende Forschungsproblem wird mit dem Konzept der *komplementären ko-spezialisierten assets* von David J. Teece (1986) gearbeitet. Zwar begründen viele Forschungsrichtungen in den Management- und Organisationswissenschaften – wie bereits angedeutet – die Kooperation von Unternehmen mit der Komplementarität von Ressourcen. Doch nur der Ansatz von Teece erlaubt eine feinere Unterscheidung hinsichtlich der Komplementaritätsbeziehungen (generisch, spezialisiert und ko-spezialisiert). Neben der Pfadtheorie wird somit auch das Konzept der *complementary cospecialized assets* (im Folgenden: CA) in interorganisationalen Beziehungen weiterentwickelt. Dazu wird eine Analyse der bestehenden CA-Literatur durchgeführt, das bestehende Wissen systematisiert und mit Bezug auf die Pfadtheorie ausgebaut.

Diese Zusammenführung der verschiedenen Theoriestränge erlaubt es wiederum, den Anwendungsbereich der Theorie der organisationalen Pfadabhängigkeit mithilfe des CA-Konzepts weiterzuentwickeln – und von der Ebene der Einzelorganisation auf eine interorganisationale Ebene und speziell auch auf strategische Netzwerke auszuweiten. Als *interorganisationale Ko-Spezialisierung* wird der dynamische Prozess beschrieben, der durch die sich selbstverstärkende Dynamik interorganisationaler Komplementaritätseffekte vorangetrieben wird. Um diesen Prozess besser verstehen zu können, soll die folgende Forschungsfrage formuliert werden:

Welche Rolle spielt der Prozess der interorganisationalen Ko-Spezialisierung für die langfristige Entwicklung strategischer Netzwerke?

Unter bestimmten Bedingungen – so die pfadtheoretische Vermutung – entstehen durch diesen Prozess Barrieren für den langfristigen strategischen Wandel. Aus dieser Überlegung ergibt sich eine zweite Forschungsfrage:

Unter welchen Bedingungen erwachsen durch den Prozess der Ko-Spezialisierung in strategischen Netzwerken Barrieren für den strategischen Wandel?

Empirisch wird dieses Forschungsthema untersucht mit einer qualitativen Mehrebenenfallstudie der Produkt- und Partnerstrategie von SAP, dem weltweit größten Hersteller für Unternehmenssoftware, der seit 1972 mithilfe von Dienstleistungspartnern zum unangefochtenen Marktführer bei großen Geschäftskunden werden konnte. Gleichzeitig hatte SAP aber Schwierigkeiten bei kleineren Geschäftskunden. Analog zum Dreiphasenmodell der Theorie organisationaler Pfadabhängigkeit (Schreyögg et al., 2003; Sydow et al., 2009) werden drei kritische Episoden der Entwicklung der SAP-Partner- und Produktstrategie untersucht: (1) die Entstehung der SAP-Partner- und Produktstrategie seit 1972, (2) die Phase des exponentiellen Wachstums von SAP und seiner Partner seit den 1980er und 1990er Jahren und (3) die letzte bislang radikalste, aber noch wenig erfolgreiche Initiative, mit der SAP zusammen mit seinen Partnern und einem völlig neuen Produkt seit 2007 den Durchbruch bei kleineren Geschäftskunden zu erzielen suchte. Dieses mehrstufige Forschungsdesign erlaubt es, die historischen Wurzeln gegenwärtiger Rigiditäten besser zu verstehen.

2 Theorie

Der nun folgende Theorieteil ist gegliedert in drei Abschnitte: Im ersten Abschnitt wird die Theorie der Pfadabhängigkeit eingeführt mitsamt der Weiterentwicklungen für organisationstheoretische und interorganisationale Fragestellungen. Im zweiten Abschnitt wird das Konzept der Ko-Spezialisierung vorgestellt, diskutiert und weiterentwickelt. Und im dritten Abschnitt werden die beiden Theoriestränge miteinander verwoben und ein Modell pfadabhängiger Ko-Spezialisierung in strategischen Netzwerken erarbeitet.

2.1 Allgemeine, organisationale und interorganisationale Pfadabhängigkeit

Vielleicht ist es kein Wunder, dass die Pfadtheorie ausgerechnet in den 1980er Jahren entstand. Wissenschaftliche Ideen entwickeln sich nicht unabhängig von ihrer gesellschaftlichen und technologischen Umwelt. Spielekonsolen, Personal Computer und andere Produkte führten einem breiten Konsumentenkreis die Bedeutung von Netzeffekten in den 1980er Jahren verstärkt und unmittelbar vor Augen. Wenn jemand einen technisch überlegenen BETA-Videorekorder besitzt, alle Freunde aber das technisch unterlegene VHS-System nutzen, dann erschwert dies das Verleihen von Videokassetten (Cusumano, Mylonadis & Rosenbloom, 1992). Dieser fehlende Netzeffektnutzen mag dazu führen, dass die überwiegende Mehrheit der Nutzer zum schlechteren VHS-System wechselt, weil dieses schlichtweg weiter verbreitet ist, und der Wunsch, Video-Kassetten tauschen zu können (Netzwerknutzen) den geringeren Wert des VHS-Systems (Basisnutzen) aufwiegt.

Dieses kurze Beispiel verdeutlicht bereits eine wichtige, wenn auch umstrittene Hypothese der Pfadtheorie: Aufgrund historischer Prozesse setzt sich in Märkten mit selbstverstärkenden Effekten (zum Beispiel Netzeffekte) nicht immer die beste Technologie durch. Wenn sich zu Beginn eines Adoptionsprozesses eine signifikante Nutzergruppe für eine inferiore Technologie entscheidet (vielleicht weil eine andere Technologie noch nicht verfügbar ist), dann führt dies also unter Umständen dazu, dass superiore Technologien ins Hintertreffen geraten. Frühe Entwicklungen, so die Schlussfolgerung der Pfadtheorie, haben langfristige Auswirkungen.

Damit richteten sich die ersten Autoren der Pfadtheorie vor allem gegen die weitverbreitete Annahme, dass die Ergebnisse von Marktprozessen prädeterminiert sind, weder Zufälle noch Prozesse oder exzeptionelle Ereignisse auf lange Sicht zu einem suboptimalen Marktergebnis führen können. Das Konzept der Pfadabhängigkeit wurde in den 1980er Jahren maßgeblich durch den Ökonomen William Brian Arthur (1989, 1994) und den Wirtschaftshistoriker Paul Allan David (1985) begründet. Davids Fallstudie zur sogenannten QWERTY-Tastatur ist bis heute eines der beliebtesten und anschaulichsten Beispiele für technologische Pfadabhängigkeit. Warum hat sich weltweit ausgerechnet ein Tastatur-Layout durchgesetzt, bei dem in der obersten Zeile auf den Buchstaben „Q", die Buchstaben „W", „E", „R", „T" und „Y" folgen (beziehungsweise „Z" nach dem „T" im deutschsprachigen Raum)?

Gemäß David (1985) waren es vor allem technische Anforderungen, die die Suche nach einem bestimmten Layout-Typ vorantrieben: Das QWERTY-Layout lastet die Mechanik einer Schreibmaschine beim Tippen gleichmäßig aus und reduziert damit technische Komplikationen. Doch auch der Zufall muss eine Rolle gespielt haben, denn es hätte laut Arthur (2013) 2.658.271.574.788.448.768.043.625.811.014.615. 890.319.638.527.999.999.999 andere Möglichkeiten gegeben, das lateinische Alphabet anzuordnen; und es ist kaum vorstellbar, dass alle potenziell möglichen Anordnungen ausprobiert worden sind, um das optimale Design zu finden. Interessant ist nun, dass dieses Layout beibehalten wurde, obwohl wir heutzutage kaum noch mechanische Schreibmaschinen benutzen. Obwohl also der wesentliche historische Grund für das Layout nicht mehr existiert, wird es weiterhin verwendet. Es ist zu einem Standard geworden, von dem sich kaum mehr abweichen lässt. Denn je mehr Menschen den Umgang mit QWERTY erlernten, desto wertvoller wurde das QWERTY-Layout gegenüber alternativen Layouts. Der Wert der Anordnung stieg mit der Anzahl der Nutzer, und so entstand eine sich selbst verstärkende Dynamik, die QWERTY zum Standard werden ließ.

Auch wenn sich die QWERTY-Fallstudie immer wieder heftiger Kritik ausgesetzt sieht (zuletzt durch Kay, 2013), lassen sich anhand des Beispiels einige Aspekte der Pfadtheorie gut veranschaulichen: (1) Pfadabhängige Prozesse zeichnen sich dadurch aus, dass sie zu Beginn weder ganzvorhersehbar sind, noch völlig zufällig entstehen. Arthur (1989: 121) bezeichnet diese Prozesse deshalb als *non-predictable*. Wie oben erwähnt, hätte es eine praktisch unendlich große Anzahl alternativer Layouts gegeben, doch aufgrund einer Kombination von historischen Gründen und Zufällen setzte sich das QWERTY-Layout durch. Dies hängt mit dem sich selbstverstärkenden Charakter zusammen, der pfadabhängige Prozesse auszeichnet: (2) Frühe Entscheidungen werden nicht durch Gleichgewichtsprozesse neutralisiert, sondern im Gegenteil, durch sich selbstverstärkende Dynamiken in ihrer Tendenz vorangetrieben. Arthur verwendet hierfür den ökonomischen Begriff *non-ergodicity*. (3) Die Abfolge der Nutzerentscheidungen spielt somit eine wichtige Rolle, und sobald eine kritische Masse an Nutzern erreicht ist, wird der Prozess irreversibel – und damit inflexibel (*inflexibility*) beziehungsweise *locked-in*. Bezogen auf den QWERTY-Fall bedeutet dies, dass es heute kaum noch möglich ist, QWERTY mit einem anderen Layout zu ersetzen. (4) Theoretisch können sich demnach auch Lösungen am Markt durchsetzen, die als ineffizient betrachtet werden (*path-inefficiency*). Ob nun QWERTY ein ineffizienter Standard ist oder nicht, darüber gibt es kontroverse Debatten (Kay, 2013). Auch wurde in

Frage gestellt, ob das theoretische Problem der Ineffizienz überhaupt von praktischer Bedeutung ist (Liebowitz & Margolis, 1995). Im Rahmen dieser Kontroverse wurde zum Beispiel darüber gestritten, ob die in den 1930er Jahren entwickelte DVORAK-Tastatur der aus dem neunzehnten Jahrhundert stammenden QWERTY-Tastatur tatsächlich überlegen ist, oder ob das Open-Source-Betriebssystem LINUX tatsächlich leistungsfähiger als das Betriebssystem Windows von Microsoft ist. Das Problem dieser Diskussionen besteht allerdings in der Annahme, dass sich eine *optimale* technische Lösung empirisch objektiv identifizieren ließe. Dies kann insofern in Frage gestellt werden, als dass sich bei komplexen Technologien zum einen nie alle Alternativmöglichkeiten empirisch testen lassen und es zum anderen zu viele subjektive Möglichkeiten gibt, aus denen Effizienz beziehungsweise Optimalität heraus betrachtet werden kann. Arthur (2013) plädiert deshalb dafür, die Diskussion um Optimalität von der Diskussion um Inflexibilität (Lock-in) zu trennen. Ob nun effizientere Technologien identifiziert werden können oder nicht, man wird nur schwer behaupten können, dass der Erfolg von QWERTY, dem VHS-System oder von Microsoft Windows vorherbestimmt und unausweichlich war. Brian Arthur interpretiert Davids QWERTY-Fallstudie deshalb auch in erster Linie als Angriff auf eine ökonomische Denkschule der 1980er Jahre, die durch einen festen Glauben an die Unvermeidbarkeit perfekter Marktprozesse geprägt war:

> "Theory had taken over, and with it came for many economists a misguided impression that because equilibrium outcomes were unique (which was not correct theoretically), the economy we possess at any time was largely inevitable" (Arthur, 2013: 1186).

Unabhängig von Optimalitätsdiskussionen schärft die Pfadtheorie unser Verständnis dafür, dass Geschichte viele Möglichkeiten bereit hält, dass aber selbstverstärkende Effekte einen einmal eingeschlagenen Pfad unumkehrbar und inflexibel machen können. Paradoxerweise steigt sogar mit der Anzahl der Möglichkeiten die Notwendigkeit zur Festlegung und es ist charakteristisch für unsere Zeit, dass wir uns einerseits vom steigenden Möglichkeitsraum überfordert fühlen, während sich andererseits ein Gefühl der Alternativlosigkeit breitmacht.

Es ist deshalb auch wenig verwunderlich, dass sich das Konzept der Pfadabhängigkeit in der Wissenschaft schnell wachsender Popularität erfreute, vor allem in der Institutionenökonomie (North, 1990), im Bereich der Wirtschaftsgeografie (Martin & Sunley, 2006) und auch im Feld der Politikwissenschaften (Mahoney, 2000; Pierson, 2000; Thelen, 1999). Außerdem haben die Begriffe *Pfadabhängigkeit* und *Lock-in* längst Eingang in den Sprachgebrauch von Praktikern gefunden – insbesondere im IT-Bereich.

2.1.1 Organisationale Pfadabhängigkeit

Die Theorie der organisationalen Pfadabhängigkeit (Sydow et al., 2009) ist einen Weiterentwicklung der allgemeinen Pfadtheorie für das Phänomen *Organisation*. Diese sucht zu erklären, wie selbstverstärkende Mechanismen (Phase II) eine Organisation aus einem Zustand der Kontingenz (Phase I) in einen Lock-in-Zustand (Phase III) manövrieren (siehe Abbildung 1). Nicht nur ganze Organisationen, auch organisationale Strukturen, Routinen, Kompetenzen oder Strategien (Koch, 2008; Sydow et al., 2009) entstehen historisch und können demnach pfadabhängig werden, wenn selbstverstärkende Effekte Entwicklungen irreversibel werden lassen.

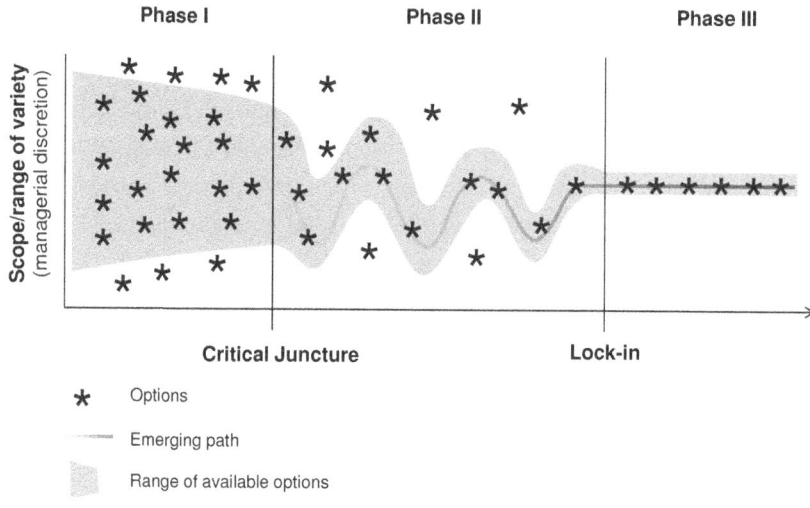

Abbildung 1: The constitution of an organizational path, nach Sydow et al. (2009: 692)

Während für das Entstehen technologischer Pfade vor allem Skalen- und Netzeffekte verantwortlich gemacht werden, sind die prominentesten selbstverstärkenden Mechanismen in der Literatur zur organisationalen Pfadabhängigkeit bislang Komplementaritäts- und Koordinationseffekte. Komplementaritäten auf der einen Seite entstehen, wenn die Kombination von zwei separaten Elementen einen Synergiegewinn ermöglicht (Ennen & Richter, 2010; Milgrom & Roberts, 1995; Porter & Siggelkow, 2008; Stieglitz & Heine, 2007). Koordinationseffekte auf der anderen Seite entstehen dann, wenn organisationale Regeln multiple Akteure koordinieren und das unilaterale Abweichen einzelner Akteure von diesen Regeln unattraktiv werden lassen (Sydow et al., 2009: 699). Koordinationsmechanismen können ihre eigene selbstverstärkende Dynamik entfachen und verschiedene Studien zeigen, dass es Organisationen schwerfiel sich an veränderte Umweltbedingungen anzupassen, wenn sie zu stark an ihren etablierten Koordinationsmechanismen festhielten (Gilbert, 2005; Koch, 2008, 2011; Tripsas & Gavetti, 2000). Als weitere Effekte nennen Sydow et al. (2009) *Lerneffekte* und *adaptive Erwartungen*. Beyer (2010) fasst den Begriff der Mechanismen noch weiter und zählt auch *Macht*, *Legitimität* und *Konformität* zu den Treibern pfadabhängiger Prozesse.

Gemäß Sydow et al. (2009) grenzt sich die organisationale Pfadtheorie mit diesem starken Fokus auf Prozesse und selbstverstärkende Mechanismen von anderen Konzepten ab, die sich ebenfalls mit organisationalen Stabilitäten auseinandersetzen: Denn das allgemeine Phänomen der Rigidität spielt in den Management- und Organisationswissenschaften von jeher eine bedeutende Rolle. Mit *imprinting* (Stinchcombe, 1965) wird die frühe Prägung einer Organisation bezeichnet, die langfristig perpetuiert wird. Diese Prägung muss im Gegensatz zu einer pfadabhängigen Verfestigung allerdings keiner selbstverstärkenden Dynamik unterliegen. Als *escalating commitment* (Ross & Staw, 1993) wird das Festhalten an einer von Anfang an falschen Entscheidung beschrieben. Pfadabhängige Prozesse sind im Gegensatz dazu aber zu Beginn häufig sehr positive Entwicklungen, die erst langfristig nachteilige Effekte mit sich bringen. Verwandte Konzepte finden sich auch in der Populationsökologie (Hannan & Freeman, 1984) mit dem Begriff *structural inertia* oder im Neoinstitutionalismus (Powell & DiMaggio, 1991) mit dem Begriff *Institutionalisierung*. Allerdings wurden auch diese Theorien bislang noch nicht ausreichend mit selbstverstärkenden Prozessen in Verbindung gebracht. Zum Teil interessiert sich die Pfadtheorie also für andere organisationale Phänomene als die genannten Rigiditätskonzepte, zum Teil besteht aber auch ein komplementäres Verhältnis zu bestehenden Ansätzen, wie Dobusch & Schüßler (2013) herausarbeiten:

> "In theoretical terms, what matters is that the path dependence construct pays attention to which dynamics lead to which kinds of outcomes, whereas other constructs focus more on early events (e.g. imprinting) or final outcomes (e.g. structural inertia)" (Dobusch & Schüßler, 2013: 619).

Da selbstverstärkende Prozesse wie Komplementaritäts- oder Koordinationseffekte zunächst einmal äußerst positive Effekte mit sich bringen, besteht die Herausforderung für Managerinnen darin, diese Vorteile zu nutzen ohne dabei langfristig einen Verlust an Flexibilität zu erleiden. Legt man dem Entscheidungsverhalten von Managern das Konzept der *bounded rationality* (Simon, 1979) zugrunde, wird sichtbar, dass intentionale Entscheidungen langfristig auch immer nicht-intentionale Konsequenzen (Giddens, 1984) nach sich ziehen. Die positiven Aspekte organisationaler Pfadabhängigkeit werden folglich häufig absichtlich herbeigeführt, während sich die negativen Folgen überraschend und „hinter dem Rücke der Akteure" einstellen. So setzen selbstverstärkende Effekte einen Tugendkreis (*virtuous circle*) in Gang, der auf lange Sicht aber in einen Teufelskreis (*vicious circle,* Masuch, 1985) umschlagen kann.

2.1.2 Pfadabhängigkeit in interorganisationalen Beziehungen

Als Hybride zwischen oder jenseits hierarchischer und marktlicher Beziehungen wurden interorganisationale Kooperationsbeziehungen bislang meist als besonders flexible Formen beschrieben (Powell, 1987, 1990), während Trägheit eher großen, integrierten Organisationen zugeschrieben wurde:

> "Among the principal disadvantages of large-scale organization are a bias toward internal procurement and expansion, problems of structural inertia, risk aversion, and decreased employee satisfaction and commitment" (Powell, 1987: 79).

Dementsprechend wurden im Zusammenhang mit interorganisationalen Beziehungen bisher auch eher die positiven Aspekte von Pfadabhängigkeit in Form relationaler Wettbewerbsvorteile zur Kenntnis genommen:

> "In other settings, such as with Fuji and Xerox, alliance partners combine resources and capabilities, which then coevolve over time. Under these conditions the mutual coevolution of capabilities of the partner firms can serve as a preserver of rents from the partnership. As the partners engage in a long-term relationship, they develop dedicated linkages that enhance the benefits from engaging in the joint relationship. Over time, these coevolved capabilities are increasingly difficult to imitate, owing to path dependence and resource indivisibility" (Dyer & Singh, 1998: 673).

Doch auch wenn bisher die negativen Aspekte von Pfadabhängigkeit meist eher großen hierarchischen Strukturen zugeordnet werden, gibt es mittlerweile vereinzelt Studien, die aufzeigen, dass sich auch interorganisationale Beziehungen verfestigen können; und so wächst in verschiedensten Literaturströmungen allmählich das Interesse an interorganisationalen Rigiditäten. Grundlage für die nun folgende Literaturübersicht zu Verfestigungen in interorganisationalen Beziehungen war ein Artikel von Sydow (2010), der bereits die wichtigsten Beiträge zusammenstellt, und um aktuellere Quellen ergänzt wurde:

So zeigen Li & Rowley (2002) am Beispiel von Partnerselektionsroutinen, dass auch interorganisationale Routinen träge werden können. Maurer & Ebers (2006) identifizieren nicht nur kognitive, sondern auch relationale Lock-ins (Gulati & Gargiulo, 1999), die dem Erfolg von Biotechnologie-Start-ups im Wege stehen können. Gemäß

Lavie & Rosenkopf (2006) kann in strategischen Allianzen nicht nur exploitatives, sondern auch exploratives Lernen (March, 1991) pfadabhängig werden. Mit Pfadabhängigkeit meinen die Autoren allerdings eine eher kurzfristige Imbalance zwischen Exploration und Exploitation und keinen langfristigen Lock-in-Zustand. Inkpen & Ross (2001) zeigen, dass strategische Allianzen häufig weiter bestehen, auch wenn der ursprüngliche Grund für die Allianzbildung nicht mehr existiert (siehe auch Delios, Inkpen & Ross, 2004; Patzelt, Lechner & Klaukien, 2011; Patzelt & Shepherd, 2008). Das Dreiphasenmodell von Sydow et al. (2009) wurde bereits in verschiedenen Untersuchungen zu interorganisationalen Pfadabhängigkeiten verwendet, etwa zur Untersuchung von Pfadabhängigkeiten in Hersteller-Lieferanten-Beziehungen (Kuschinsky, 2008), in Geschäftsbeziehungen (Mallach, 2012) oder auf Branchenebene (Schüßler, 2009). Pfadabhängigkeiten auf Branchenebene wurden ebenfalls von Lamberg & Tikannen (2006) untersucht. Für Verfestigungen auf Netzwerkebene prägten Kim, Hongseok & Swaminathan (2006) den Begriff *network inertia*. Marquis (2003) untersuchte das Phänomen des *network imprinting* (siehe auch Milanov & Fernhaber, 2009) und Burger & Sydow (2014) analysieren in vergleichenden Fallstudien, unter welchen Umständen Allokationspraktiken in Netzwerken pfadabhängig werden. Manning & Sydow (2011) zeigen, unter welchen Bedingungen relationale Praktiken in Projektnetzwerken zu kollaborativen Pfaden führen können (siehe auch Sydow, 2009; Levering, Ligthart, Noorderhaven & Oerlemans, 2013). Dieser Überblick zeigt bereits, dass die Ausprägungsformen interorganisationaler Verfestigungen, Rigiditäten und Pfadabhängigkeiten vermutlich ähnlich divers sind, wie die vielfältigen Erscheinungsformen, in denen uns interorganisationale Beziehungen heutzutage begegnen, von strategischen Allianzen über Joint Ventures bis hin zu Netzwerkorganisationen (Ring & Van de Ven, 1994).

Um vor dem Hintergrund dieser Diversität die Klarheit der Analyse zu gewährleisten, fokussiert die vorliegende Arbeit ausschließlich *komplementaritätsbasierte Kooperationen*, und damit solche interorganisationalen Beziehungen, wie sie von Teece (1992) im Zusammenhang mit sogenannten komplementären *assets* beschrieben werden (siehe Abbildung 2). Dabei sollen Pfadabhängigkeiten untersucht werden, die einem fokalen Unternehmen durch die langfristige Kooperation mit den Anbietern komplementärer Ressourcen entsteht (Teece, 1986). Im Zusammenhang mit interorganisationalen Beziehungen wurden Pfadabhängigkeiten bislang vorwiegend auf der singulären Beziehungsebene (relationale Lock-ins; Maurer & Ebers, 2006) oder auf der technischen Ebene (Kash & Rycroft, 2002) untersucht. Da Unternehmungsnetzwerke aber häufig als strategische Netzwerke durch sogenannte "hub firms"[2] (Jarillo, 1988;

---

[2] In anderen Kontexten werden statt dem Begriff der "hub firm" (Nambisan and Sawhney, 2011) Begriffe wie "strategic center" (Lorenzoni & Baden-Fuller, 1995), "network orchestrator" (Batterink, Wubben, Klerkx & Omta, 2010) oder "lead organization" (Provan & Kenis, 2008) verwendet (vgl. dazu Mülle-Seitz, 2012).

Sydow, 1992) geführt werden, muss die Frage beantwortet werden, ob es auch zu strategischen Pfadabhängigkeiten auf dieser Ebene kommen kann.

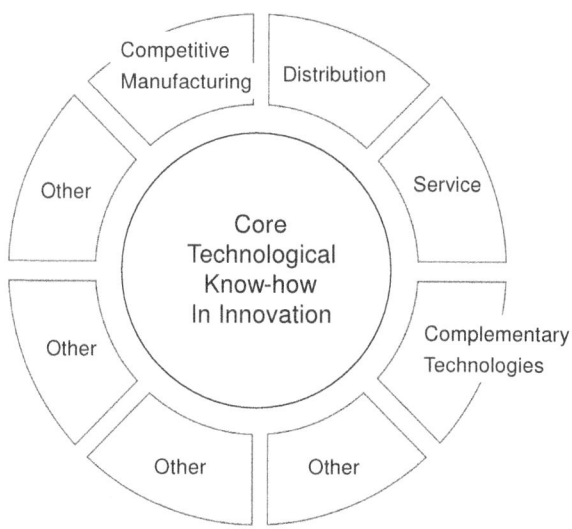

Abbildung 2: Complementary assets needed to commercialize an innovation, nach Teece (1986: 289)

Dies wäre eine neue und überraschende Erkenntnis, denn bislang wurde strategische Führerschaft in Netzwerken (Müller-Seitz, 2012) vor allem mit einer Position der Macht und Stärke in Verbindung gebracht. Abhängigkeiten und Inflexibilitäten werden eher auf Eben der "spoke firms" vermutet. Vor allem die Zulieferer in vertikalen *Hub-and-Spoke*-Netzwerken wurden als "vulnerable suppliers" bezeichnet (Subramani & Venkatraman, 2003: 58), da sie sich mit ihren spezifischen Investitionen zu stark an einen Annehmer binden können:

> "Vertical interorganizational relationships in organizational networks are often characterized by considerable power asymmetries, and supplier firms are vulnerable to the exercise of power by more powerful firms" (Subramani & Venkatraman, 2003: 46).

Dem Konzept der *complementary assets* zufolge verfügt ein fokales Unternehmen, das in dieser Arbeit als *hub firm* verstanden werden soll, häufig über ein Kernprodukt (*core technological know-how*), aber nicht über alle zur Vermarktung notwendigen *complementary assets*. Aus diesem Grund muss mit externen Anbietern komplementärer Ressourcen, zum Beispiel mit den Anbietern bestimmter Service-, Marketing- oder Vertriebskompetenzen kooperiert werden.

Die Vermutung der vorliegenden Studie lautet, dass es im Zuge dieser Kooperationsbeziehungen unter bestimmten Umständen zu interorganisationalen Komplementaritätseffekten im strategischen Netzwerk kommen kann, die das fokale Unternehmen in eine strategische Pfadabhängigkeit führen (siehe Abbildung 3). Es ist zwar grundsätzlich denkbar, dass alle Beteiligten einer komplementaritätsbasierten Kooperation durch diese auch pfadabhängig werden. Gegenstand der vorliegenden Arbeit sind aber in erster Linie solche Pfadabhängigkeiten, die sich für die Strategie einer fokalen Organisation ergeben, also dem Innovator im Sinne von Teece (1986). Die potenzielle Pfadabhängigkeit der nicht-fokalen Anbieter komplementärer Ressourcen ("spoke firms") oder gar des gesamten strategischen Netzwerks ist nicht der primäre Fokus dieser Untersuchung.

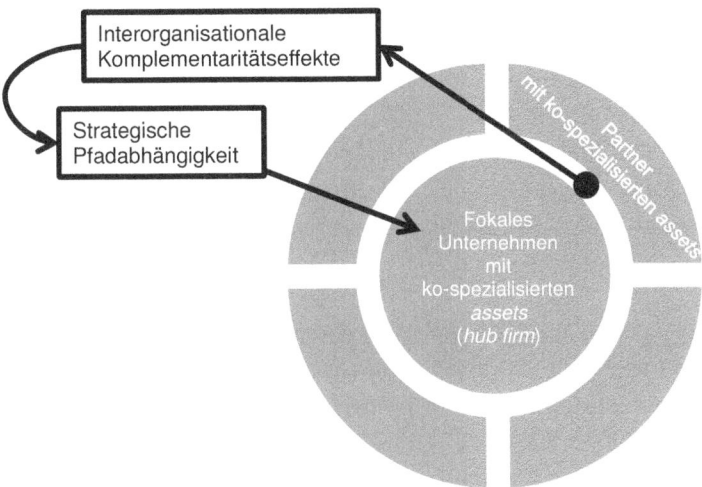

Abbildung 3: Forschungsvermutung

Da *Komplementarität* sowohl in der Literatur zu interorganisationalen Beziehungen, als auch in der Pfadtheorie ein Schlüsselbegriff ist, fungiert dieses Konzept als Scharnier, um die beiden Forschungsrichtungen für die vorliegende Fragestellung zusammenzuführen. So soll ein tiefer gehendes Verständnis erarbeitet werden von langfristigen interorganisationalen Komplementaritätseffekten, die sich mitunter über Jahrzehnte entfalten, und aus der sich spezifische Fallstricke für organisationsübergreifende Veränderungsinitiativen ergeben können.

2.2 Ko-Spezialisierung in strategischen Netzwerken

Ziel des nun folgenden Abschnitts ist eine grundlegende Auseinandersetzung mit dem Konzept der ko-spezialisierten komplementären *assets* (Teece, 1986), auf der eine pfadtheoretisch informierte Weiterentwicklung aufbauen kann. Zu diesem Zwecke wird das Konzept zunächst von anderen Komplementaritätskonzepten abgegrenzt. Anschließend erfolgt ein Review der Rezeption des Ansatzes in der Literatur zu interorganisationalen Beziehungen. Mittels der abgeleiteten Einsichten wird das Konzept der Ko-Spezialisierung in einem nächsten Schritt für strategische Netzwerke weiterentwickelt und so für die interorganisationale Pfadtheorie anschlussfähig gemacht.

2.2.1 Das Konzept der complementary assets (CA) nach Teece

Allgemein lassen sich Komplementaritäten (Milgrom & Roberts, 1990, 1995) in organisationalen Kontexten als Wertsteigerungen verstehen, die durch die Verknüpfung von mindestens zwei getrennten Elementen (bspw. Regeln, Routinen, Know-how) entstehen. Sie spielen eine Schlüsselrolle beim Aufbau von Wettbewerbsvorteilen durch *Kernkompetenzen* (Prahalad & Hamel, 1990) oder *activity systems* (Porter & Siggelkow, 2008). Die in der Strategie- und Organisationsliteratur verwendeten Komplementaritätskonzepte weisen meist nicht den Charakter von Theorien auf, sondern werden eher als „Theoriebausteine", als Perspektiven zur Bildung von Theorien (wie zum Beispiel der Pfadtheorie) verwendet:

> "Overall, the complementarity perspective does not constitute a theory, but a meso-level approach that helps researchers to understand relational phenomena as influencing and being influenced by forces on both the lower and the higher levels of analysis" (Ennen & Richter, 2010: 210).

Der Mehrwert, der sich aus Komplementaritäten ergibt, wird gemäß einer Analyse von Ennen & Richter (2010: 213) in empirischen Studien meist erklärt durch die Komplementarität von Ressourcen ("knowledge", "capabilities", "technology"), von organisationalen Elementen ("policies", "practices", "structures", "processes"), von strategischen Elementen ("market strategy", "corporate strategy") oder durch die Komplementarität von umweltbezogenen Faktoren ("location", "geography", "regulations", "market conditions"). Fast die Hälfte aller 108 durch die Autoren (Ennen & Richter, 2010: 213) analysierten empirischen Studien untersucht dabei Komplementaritäten zwischen Ressourcen (46,3 %), gefolgt von Komplementaritäten zwischen anderen organisationalen Elementen (23,1 %).

Zu den populärsten Konzepten in Publikationen der Strategie- und Organisationsliteratur, die eine Komplementaritätsperspektive einnehmen, gehört das oben bereits eingeführte durch Teece (1986) geprägte Konzept der *complementary assets*. Mit dem *Appropriation-from-Innovation-Framework* erklärt Teece in erster Linie, warum Innovatoren häufig Probleme damit haben, ihre Innovation profitabel zu vermarkten. Demnach befinden sich viele komplementäre Ressourcen nicht innerhalb des fokalen Unternehmens, sondern werden von dritten Unternehmen bereitgestellt. Einige *assets* stehen dabei in einem derart starken Abhängigkeitsverhältnis zu anderen, extraorganisationalen *assets*, dass der eine Vermögensgegenstand ohne den anderen praktisch wertlos ist. Diese stark komplementären Vermögensgegenstände nennt Teece *specialized assets* bei einseitigem und *cospecialized assets* bei zweiseitigem Komplementaritätsverhältnis.

2.2.2 CA und interorganisationale Beziehungen

Während Teece den Umgang mit komplementären Ressourcen bei der profitablen Vermarktung einer Innovation im Jahr 1986 noch als *Make-or-Buy*-Problem ("*integration versus contract*", Teece, 1986: 296) ansah, betonte er in einem im Jahre 1992 erschienenen Artikel, dass *assets* gerade bei starker Ko-Spezialisierung am besten über Kooperationsstrategien, insbesondere über *strategische Allianzen* erreicht werden können (siehe Tabelle 1).

	Nonequity	Equity
Exchange	Short-medium term cash-based contracts	Passive stock holdings for portfolio diversification
Alliance	Mid-long-term bilateral contracts (non-cash based), non-operating joint ventures and consortia	Operating joint ventures and consortia, minority equity holdings, and cross-holdings
Cartel	Price fixing and/or output restricting agreements	Price fixing and/or output restricting agreements

Tabelle 1: Taxonomie interorganisationaler Arrangements, nach Teece (1992: 21)

In den seltensten Fällen ist ein Unternehmen demnach in der Lage, alle komplementären Ressourcen selbst zu produzieren (*make*), viel häufiger müssen diese über den Markt (*contract* oder *buy*) oder im Falle starker Ko-Spezialisierung über langfristige Kooperationsbeziehungen (*cooperate*) erreicht beziehungsweise bezogen werden (Teece, 1992). So bietet die "*global dispersion of competence*" (Teece, 1992: 7) einen Erklärungsansatz für die Ausgestaltung von Organisationsgrenzen und interorganisationalen Formen:

> "Strategic alliances are constellations of bilateral and possibly multilateral contracts and understandings among firms, typically to develop and com-

mercialize new technology. These may well constitute a new organizational form" (Teece, 1992: 19).

Ressourcenkomplementarität wurde zwar bereits von vielen weiteren namhaften Autoren zur Erklärung von interorganisationalen Beziehungen herangezogen (Dyer & Singh, 1998; Eisenhardt & Schoonhoven, 1996; Das & Teng, 2000; Gulati, 1995; Hagedoorn & Duysters, 2002; Hamel, Doz & Prahalad, 1989; Nohria & Garcia-Pont, 1991). Das Alleinstellungsmerkmal des Teece'schen Komplementaritätskonzepts hängt aber mit der Idee der Spezialisierung zusammen (siehe Abbildung 4).

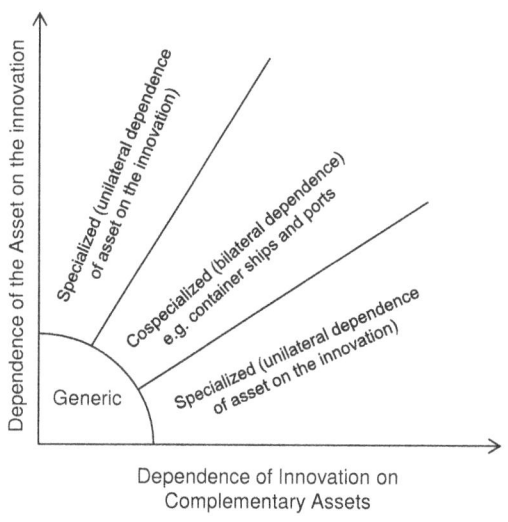

Abbildung 4: Complementary assets: Generic, specialized and cospecialized, nach Teece (1986: 289)

Wenn eine einzelne Innovation die Analyseebene darstellt, dann kann das Verhältnis zu komplementären *assets* als generisch, spezialisiert und ko-spezialisiert beschrieben werden. Entsprechend des Ausmaßes an gegenseitiger Spezialisierung steigt nicht nur der Komplementaritätsgewinn, sondern auch das gegenseitige Abhängigkeitsverhältnis.

So wird das Konzept anschlussfähig, nicht nur für ressourcenbasierte Argumente (Barney, 1991), die auf Komplementaritätsgewinne abstellen, sondern auch für transaktionskostenökonomische Argumente (Williamson, 1979), die das Problem der *asset specificity* thematisieren, wie im nachfolgenden Literaturüberblick diskutiert wird (Abschnitt 2.2.3). Wenn wir nun das Phänomen der Ko-Spezialisierung nicht statisch, sondern wortgemäß als Prozess begreifen, dann wird das Konzept darüber hinaus relevant für eine pfadtheoretische Studie. Diese dynamische Dimension von Ko-Spezialisierung wird im Abschnitt 2.3 herausgearbeitet und diskutiert.

2.2.3 Die Rezeption des CA-Konzepts in der Literatur zu interorganisationalen Beziehungen

Das CA-Konzept von Teece ist ein häufig rezipiertes Konzept in der Management- und Strategieliteratur und wurde sowohl zur Analyse *intraorganisationaler* (Ennen & Richter, 2010) als auch für die Analyse *interorganisationaler* Ressourcenkomplementarität in viel beachteten Artikeln verwendet (Chung, Singh & Lee, 2000; Colombo, Grilli & Piva, 2006; Hess & Rothaermel, 2011; Parmigiani & Mitchell, 2009; Rothaermel & Boeker, 2008; Rothaermel, 2001a, 2001b; Santoro & McGill, 2005). Rothaermel & Boeker (2008) untersuchen zum Beispiel die Auswirkungen der interorganisationalen Komplementarität zwischen der Medizinentwicklungskompetenz von Biotechnologieunternehmen und der Medizinvermarktungskompetenz von Pharmazieunternehmen in strategischen Allianzen.

Mittlerweile wird der Begriff der *complementary assets* aber auch ohne direkten Bezug zu Teece in sehr unterschiedlichen Literatursträngen rezipiert. Um trotzdem einen Gesamtüberblick über die relevante Literatur gewinnen zu können, wurden die Abstracts von über 2.000 Artikeln mittels verschiedener Abfragen im *ISI Web of Knowledge*[3] extrahiert. Zum einen wurde dabei die Literatur berücksichtigt, die Teece (1986) oder Teece (1992) zitiert. Zum anderen wurden aber auch alle Artikel ausgewählt, die sowohl einen einschlägigen Begriff aus der *Complementary-Assets*-Literatur (*complementary asset*; cospecializ*; co-specializ**) als auch einen einschlägigen Begriff aus der Literatur zu interorganisationalen Beziehungen (*allianc*; coopera*; collabo*; network*; interorg*; partner**) verwenden. Nach Entfernen doppelter Artikel umfasste die Literaturdatenbank insgesamt 1.937 Artikel-Abstracts. Allerdings thematisieren viele dieser Artikel das CA-Konzept nur am Rande. Für die weitere Analyse wurden deshalb nur diejenigen Artikel ausgewählt, die einen expliziten Zusammenhang zwischen *complementary assets* und interorganisationalen Beziehungen im Abstract herstellen. Insgesamt ließ sich die relevante Literatur somit auf 81 Artikel eingrenzen. Vor dem Hintergrund des vorliegenden pfadtheoretischen Forschungsinteresses wurden die 81 selektierten Artikel gesichtet und der Inhalt thematisch sortiert nach relevanten Themengebieten. Am Ende ließen sich die aus Sicht einer pfadtheoretischen Studie bedeutenden Aspekte in vier verschiedene Felder gliedern: (1) CA-Formen, (2) Interorganisationale Formen, (3) Chancen und Gefahren durch CA sowie (4) CA und Temporalität.

---

[3] http://www.webofknowledge.com, abgerufen am 31. Oktober 2013.

(1) CA-Formen

Der Begriff der *complementary assets* wird in der Literatur zu interorganisationalen Beziehungen meist eher unscharf verwendet. Im Originalartikel von Teece (1986) werden technologisches Know-how, Distributions- und Dienstleistungskompetenzen oder komplementäre Technologien als Beispiele genannt. Während im Bereich der *intraorganisationalen* Forschung Komplementaritäten bereits zwischen sehr unterschiedlichen Elementen identifiziert werden konnten (Ennen & Richter, 2010), fokussiert sich die Literatur zu interorganisationalen Beziehungen bislang hauptsächlich auf Komplementaritäten zwischen Forschungs-Know-how oder vor- und nachgelagerten Wertschöpfungsaktivitäten.

Am häufigsten werden deshalb auch Komplementaritäten in F&E-Allianzen (Miotti & Sachwald, 2003) oder Komplementaritäten entlang der Wertschöpfungskette (Lim, Chesbrough & Ruan, 2010) untersucht. Hess & Rothaermel (2011) begründen Komplementaritäten in Wertketten damit, dass sich die *assets* zwischen vor- und nachgelagerten Stufen sinnvoll ergänzen und es nicht zu einer Redundanz von Wissen kommt. Nur selten allerdings wird die Nomenklatur von Teece (1986) (*generic, specialized, co-specialized complementary assets*) explizit verwendet, wie zum Beispiel bei Rothaermel & Hill (2005), die immerhin zwischen generischen und spezialisierten *assets* unterscheiden. Eine interessante Differenzierung schlagen Hennart & Reddy (1997) vor, die zwischen "*desired*" und "*nondesired*" *assets* unterscheiden. Ein Joint Venture wird demnach dann einer Akquisition vorgezogen, wenn das andere Unternehmen neben den gewünschten CA auch über viele nicht-gewünschte *assets* verfügt. White & Liu (2001) unterscheiden zwischen Produktions-*assets* und Distributions-*assets*. Sie untersuchen die Rolle dieser unterschiedlichen *Asset*-Klassen in einer Studie zu interorganisationalen Kooperationen und der marktorientierten Transition der chinesischen Wirtschaft. Hier konnten für die zwei verschiedenen *Asset*-Klassen unterschiedliche Transitionsprozesse identifiziert werden.

Eine weitergehende Unterscheidung zwischen einfachen Produktionsfaktoren, unternehmensspezifischen *assets*, Kompetenzen, Routinen, Kernkompetenzen und Endprodukten wie zum Beispiel in der *Dynamic-Capabilities*-Literatur (Teece, Pisano & Shuen, 1997: 516) wird in der *Complementary-Assets*-Literatur allerdings nicht vollzogen. Aus diesem Grund sollen im Folgenden alle Ressourcen, Kompetenzen, Routinen und Produkte als *assets* verstanden werden, die im Sinne des *Ressource-Based-View* (Barney, 1991) eine gewisse Firmenspezifität aufweisen und sich deshalb im Gegensatz zu einfachen Ressourcen nicht leicht imitieren, kaufen oder verkaufen lassen. Erst diese Idiosynkrasie beziehungsweise *history dependence* (Barney, 1991) macht *assets* interessant für langfristige interorganisationale Beziehungen und eine pfadtheoretische Studie.

(2) Interorganisationale Formen

Der überwiegende Teil der gesichteten Artikel untersucht Komplementaritäten in Allianzen (bspw. Chung, Singh & Lee, 2000; Colombo, Grilli & Piva, 2006; Rothaermel, 2001) oder Netzwerkbeziehungen (Miotti & Sachwald, 2003; Pittaway, Robertson, Munir, Denyer & Neely, 2004). Auch für Joint Ventures (Katz, 1995), Fusionen und Übernahmen (*M & As*; Eschen & Bresser, 2005; Wang & Zajac, 2007) oder Open-Source-Software-Communities (Dahlander & Wallin, 2006) wurde das Konzept bereits verwendet. In den letzten Jahren wurde der Ansatz immer häufiger auch für sogenannte Ökosysteme (Adner & Kapoor, 2010; Pierce, 2009), Allianzblocks (Vanhaverbeke & Noorderhaven, 2001), Allianzportfolios (Lavie, 2007) oder Industriearchitekturen (Dietl, Royer & Stratmann, 2009; Ferraro & Gurses, 2009; Jacobides, Knudsen & Augier, 2006) genutzt. Mit derartigen Begriffen (insb. Ökosystem) wird meist das Netzwerk an „Komplementatoren" (Nalebuff & Brandenburger, 1996) bezeichnet, das sich um eine große *hub firm* herum entwickelt. Diese Verlagerung der Analyseebene weg von unilateralen Beziehungen, hin zu multilateralen Beziehungen, ist für die vorliegende Arbeit wichtig und wird bei der später folgenden Weiterentwicklung des CA-Konzepts für strategische Netzwerke aufgegriffen.

(3) Chancen und Gefahren durch CA

Bei der Rezeption und Verwendung des Komplementaritätsbegriffs in der Literatur zu interorganisationalen Formen lassen sich verschiedene Lesarten hinsichtlich der damit verbunden Chancen und Gefahren identifizieren (siehe Abbildung 5). Wie in den folgenden Abschnitten gezeigt wird, betonen einige Autoren oder zeigen empirisch, dass die Kombination der eigenen *assets* mit CA anderer Unternehmen eine strategische Chance bietet. Dies impliziert, dass der Basiswert der eigenen *assets* bereits relativ hoch ist, dass dieser aber durch Komplementarität mit anderen *assets* erhöht werden kann.

Eine entgegengesetzte Lesart orientiert sich stark am ursprünglichen Konzept von Teece (1986), den seinerzeit vor allem die Aneigbarkeit von Innovationserträgen interessierte (*appropriability:* "How to capture value from innovation?", Pisano & Teece, 2007: 278). Diese Interpretation impliziert, dass der Basiswert eines *assets* relativ gering ist und es der Kombination mit anderen unternehmensexternen CA unbedingt bedarf, um den Wert einer Innovation abzuschöpfen. Ein in dem Zusammenhang diskutiertes Problem ist zum Beispiel eine zu starke Abhängigkeit von einem bestimmten Anbieter.

Das Phänomen der CA in interorganisationalen Beziehungen kann aber auch als Zielkonflikt begriffen werden. So stehen den positiven Effekten der Nutzung von interorganisationalen Komplementaritätseffekten (Ertragssteigerung) negative Effekte (Abhängigkeitsprobleme) gegenüber. Vor dem Hintergrund dieser Zielkonflikte stellen einige Autorinnen die Frage nach vertikaler Integration und den geeigneten Governanceformen. Im Folgenden werden die wichtigsten Strömungen zusammengefasst.

Prämisse: Komplementaritätsbasierte Kooperation als Problem	Prämisse: Komplementaritätsbasierte Kooperation als Chance
Kosten und Gefahren der interorganisationalen Kooperation sind hoch. Basiswert der eigenen *assets* gering. Geistiges Eigentum schlecht geschützt.	Kosten und Gefahren der interorganisationalen Kooperation sind gering. Basiswert der eigenen *assets* hoch. Geistiges Eigentum ausreichend geschützt.
Untersuchte Themen:	**Untersuchte Themen:**
Vertikale Integration	Open Innovation, Value Co-Creation
Besserer Schutz des geistigen Eigentums	Modulare Architekturen, Netzwerke, Ökosysteme
Frage nach den richtigen Governanceformen	managed complementarity

Abbildung 5: Unterschiedliche Forschungsrichtungen zu komplementaritätsbasierten Kooperationen

Komplementaritätsbasierte Kooperation als Chance

Das Teece'sche Forschungsprogramms war in den 1980er Jahren noch stark der Transaktionskostentheorie (Williamson, 1975; 1985) verhaftet (zum Beispiel Teece, 1982), wurde aber nach und nach anschlussfähiger auch für ressourcenbasierte Ansätze (Teece et al., 1997). Diese Entwicklung geschah zum einen vor dem Hintergrund einer konzeptionellen Öffnung der Transaktionskostentheorie (Zajac & Olsen, 1993) und zum anderen im Kontext eines Aufkommens ressourcenbasierter Konzepte (Barney, 1991) in den 1990er Jahren. Ein Problem der orthodoxen Transaktionskostentheorie – die fehlende Erklärungsfähigkeit von Innovationsprozessen (Sydow, 1999) – konnte durch diese Öffnung des Teece'schen Forschungsprogramms gelöst werden; und so wird das Konzept der *complementary assets* bereits häufig auch zur Analyse von Innovationsprozessen verwendet.

Lee, Park, Ryu & Baik (2010) zeigen, dass F&E-Allianzen erfolgreicher sind, wenn die Beteiligten über zueinander komplementäre *assets* verfügen. Demnach seien F&E-Allianzen, die auf Komplementaritätsgewinne abzielen erfolgsversprechender als solche, die hauptsächlich Kostenreduktionen zum Ziel haben. Niosi (1993) zeigt mit einer Studie zu F&E-Allianzen in Kanada, dass das Erreichen komplementärer *assets* einer von vielen Vorteilen von F&E-Allianzen ist, die die transaktionskostentheoretischen Gefahren mehr als aufwiegen. Schmiedeberg (2008) identifiziert Komplementaritätsgewinne, die durch die Kombination von internen und kooperativen F&E-Aktivitäten entstehen. Und auch für von Raesfeld, Geurts & Jansen (2012) ist die Komplementarität von *assets* einer von vielen Faktoren, die F&E-Aktivitäten in Forschungsnetzwerken positiv beeinflussen können. Baum, Cowan & Jonard (2010) verweisen auf die herausragende Rolle der Ressourcenkomplementarität für Kooperationen auch in Innovationsnetzwerken. Mutinelli & Piscitello (1998) zeigen, dass es Kooperationen oder Joint Ventures mit den lokalen Eigentümern komplementärer *assets* bedarf, um in anderen Ländern Fuß fassen zu können, und bereits 1995 diskutierte Katz (1995) den positiven Effekt von komplementären *assets* auf Joint Ventures.

Im Grunde genommen stützt sich auch schon ein Kernbegriff der ökonomischen Pfadtheorie, der Begriff der *indirekten Netzeffekte* auf die Annahme, dass es neben einem Anbieter der Kern-, Basis-, oder Plattformtechnologie dritte Parteien gibt, die komplementäre Produkte anbieten. Diese werden – wie bereits angedeutet – *Komplementatoren* genannt (Nalebuff & Brandenburger, 1996; Shapiro & Varian, 1999). Die Frage allerdings, ob diese Komplementatoren über marktliche oder kooperative Beziehungen zum Kernanbieter verfügen und wie diese gemanagt werden, ist in der ökonomischen Literatur von nachgelagertem Interesse und fällt eher in die Domäne der Management-, Strategie- und Organisationswissenschaften. Aufbauend auf dem ökonomischen Kalkül der indirekten Netzeffekte wurden deshalb in der Strategieliteratur konkrete Handlungsmuster identifiziert, denen Unternehmen folgen, um in Märkten mit hohen Netzeffekten bestehen zu können. Insbesondere in Branchen mit starken technologischen Komplementaritäten wie in der Branche für Mikroelektronik oder der Softwarebranche sind Phänomene interorganisationaler Kooperation allgegenwärtig in Form strategischer Allianzen (Hagedoorn, 1993). Hier spielen Netzeffekte eine besondere Rolle im Wettbewerb und die Verfügbarkeit von komplementären Gütern und Dienstleistungen ist ein wesentlicher Faktor im Wettbewerb beim Aufbau von *installed base advantages* (Schilling, 1999, 2002). Deshalb spielen CA vor allem dann eine kritische Rolle, wenn sich am Markt noch kein dominantes Design durchgesetzt hat (Funk, 2003; Soh, 2010). Dabei stellt typischerweise ein fokales Unternehmen eine Universaltechnologie zur Verfügung, die dann von verschiedenen nachgelagerten Spezialisten genutzt werden kann (Gambardella & McGahan, 2010). So konnten Venkatraman, Lee & Iyer (2008) bereits zeigen, dass Softwareanbieter mittels Allianzen komplementaritätsgetriebene Wettbewerbsvorteile aufbauen (siehe auch Lee, Venkatraman, Tanriverdi & Iyer, 2010). Lee, Woo & Joshi (2012) untersuchten in dem Zusammenhang die Rolle komplementärer *assets* bei Kooperationen zwischen mittelständischen US-Softwarefirmen. Auf der anderen Seite können in diesen Märkten mit hohen *increasing returns* aber auch vielversprechende Produkte mit hohem Basisnutzen dem sogenannten *Pinguineffekt* (Katz & Shapiro, 1985) zum Opfer fallen: einem übervorsichtigem Verhalten von Kunden und Komplementatoren, wenn die kritische Kundenbasis nicht schnell genug aufgebaut werden kann. Außerdem gibt es auch Stimmen, die vor einer zu starken Fokussierung auf Netzeffekte warnen (Afuah, 2013), gerade weil Theoretiker wie Praktiker diese häufig überbewerten. Zu Zeiten der *New Economy* beispielsweise wurde laut Afuah (2013: 217) Netzeffekten eine zu hohe Bedeutung beigemessen, während die eigentlichen Geschäftsmodelle der neuen Internetfirmen nicht kritisch genug geprüft wurden.

Strategische Allianzen werden nicht nur im IT-Bereich durch die Komplementarität von *assets* motiviert. Auch für die Biotechnologiebranche stellten Greis, Dibner & Bean (1995) Mitte der 1990er Jahre fest, dass die Anzahl der komplementaritätsgetriebenen Allianzen seit den 1980er Jahren massiv angestiegen ist. Komplementaritäten spielen in der Biotechnologiebranche aber auch zwischen etablierten Unternehmen und Anbietern neuer Technologien (Rothaermel, 2001a) eine wichtige Rolle, genauso wie bei der Kooperation im Bereich des *Investment Banking* (Chung et al., 2000).

Fehlende CA als Problem

Hobday (1994) kommt zu dem Schluss, dass den interorganisationalen Innovationsnetzwerken im Silicon Valley aufgrund fehlender CA Grenzen bei der Vermarktung ihrer Innovationen gesetzt waren, die vertikal integrierte *Chandler firms* nicht gehabt hätten. Für die Halbleiterbranche befindet Macher (2006), dass komplexe, schlecht strukturierte Probleme eher von vertikal integrierten, und klar definierte Probleme besser von spezialisierten Firmen gelöst werden können. Häufig wird in diesem Zusammenhang die kritische Rolle von *nachgelagerten* komplementären *assets* diskutiert (Dyerson & Pilkington, 2005). Broekhuizen, Lampel & Rietveld (2013) zeigen, dass obwohl das Internet heute den direkten Kontakt zwischen Produzenten und Konsumenten ermöglicht, Produzenten trotzdem auf die Zusammenarbeit mit Vertriebsunternehmen angewiesen bleiben, weil nur diese über die notwendigen spezialisierten komplementären *assets* für die Vermarktung verfügen.

Einige Autoren betonen vor allem das Spannungsverhältnis zwischen Chancen und Gefahren, das bei komplementaritätsbasierten Kollaborationen entsteht (Madhok & Tallman, 1998). Somaya, Kim & Vonortas (2011) untersuchen, wie sich mit Hilfe von Lizenzierungsverträgen der *Zielkonflikt* zwischen komplementärer Wertsteigerung und der Gefahr von transaktionalen *hazards* ausbalancieren lässt. Mit dem ursprünglichen Kernproblem von Teece, der Aneignung von Innovationserträgen setzen sich Ceccagnoli & Hicks (2013), Arora & Ceccagnoli (2006), Ceccagnoli, Forman, Huang & Wu (2012) sowie Huang, Ceccagnoli, Forman & Wu (2013) auseinander.

Ein anderes Problem, das in Beziehungen zwischen einem großen und vielen kleineren Kooperationspartnern auftreten kann, ist, dass sich das große Unternehmen in die Nische der kleineren bewegt und ihre komplementären *assets* substituiert, wenn diese nicht ausreichend geschützt sind (Pierce, 2009). Krafft (2010) unterzieht das *Contract-or-Integrate-Framework* von Teece (1986) einer empirischen Analyse und findet Unterstützung für die Annahme, dass kritische komplementäre *assets* bei schwachem Schutz geistigen Eigentums (*weak appropriability regimes*) integriert werden sollten. Das Vorhandensein ko-spezialisierter *assets* erhöht gemäß Santoro & McGill (2005) die Wahrscheinlichkeit hierarchischer Governanceformen, da nur so Transaktionskosten reduziert werden können. Auch Chen (2005) fragt nach dem Zusammenhang zwischen CA und den geeigneten Governancetypen in internationalen Kooperationen.

Fiedler & Welpe (2010) zeigen, dass die Bereitschaft zur kooperativen Vermarktung von Nanotechnologie sinkt, wenn große Firmen über eigene komplementäre *assets* verfügen. Teece, Rumelt, Dosi & Winter (1994) beschreiben mit dem Begriff der *corporate coherence*, dass innerhalb von Unternehmensgrenzen häufig diejenigen Aktivitäten gebündelt sind, die den höchsten Komplementaritätsgrad aufweisen (siehe auch Wang & Zajac, 2007). Die *Make-or-buy*-Entscheidung ist dabei aber häufig keine ausschließende Disjunktion. Parmigiani & Mitchell (2009) setzen sich mit dem Umstand auseinander, dass viele Unternehmen komplementäre Produkte zu einem gewissen Teil selbst produzieren, zu einem anderen Teil aber auch gleichzeitig von Partnern beziehen.

(4) CA und Temporalität

Das Thema Wandel wird in der Literatur zu CA in interorganisationalen Beziehungen in dreierlei Hinsicht diskutiert. Auf der einen Seite diskutieren einige Autoren in dem Zusammenhang den (1) exogenen Wandel, insbesondere den technologischen Wandel. Andere thematisieren (2) die organisationale Temporalität, insbesondere das Alter der analysierten Organisationen (zum Beispiel die Rolle von CA für Start-ups oder etablierte Unternehmen). Einige Autorinnen untersuchen auch die Temporalität interorganisationaler Beziehungen, einige wenige konzeptionieren (3) CA selbst als dynamisches Phänomen.

Exogener Wandel: Tripsas (1997) zeigt mit Hilfe eines mehrere Jahrzehnte umfassenden Datensatzes zur Setzmaschinenindustrie (*typesetter industry*), dass kompetenzzerstörende Innovationen einem etablierten Unternehmen weniger schaden, wenn dieses über spezialisierte komplementäre *assets* verfügt. Die Schlussfolgerung liegt ganz im Sinne von Teece' Einsicht, dass CA wichtige Faktoren im strategischen Wettbewerb sind. Vor diesem Problemhintergrund können aber Allianzen mit jungen Unternehmen einen Ausweg bilden (Olleros & Macdonald, 1988). Etablierte Unternehmen können im Wettbewerb aber auch ihre nicht veralteten CA für strategische Allianzen mit neuen Marktakteuren nutzen und sich so in einer verändernden Umwelt behaupten (Rothaermel, 2001a). Rothaermel & Hill (2005) zeigen, dass dieser Effekt allerdings nur für spezialisierte, und nicht für generische CA gilt. Ein neues technologische Feld hilft somit nicht nur den Inhabern der neuen Technologie und schadet den Inhabern der alten Technologie, es bietet vor allem auch eine Chance für die Inhaber spezialisierter *assets* (Anand, Oriani & Vassolo, 2010).

Afuah (2000) fragt, was passiert, wenn technologischer Wandel nicht die Kerntechnologie eines etablierten Unternehmens, sondern die CA seiner Partnerunternehmen überflüssig macht. In einem solchen Fall kann der strategische Nachteil für das fokale Unternehmen ähnlich problematisch sein wie im Fall der Veraltung der Kerntechnologie. Der Autor zieht daraus die Schlussfolgerung, dass Ressourcenvor- und nachteile nicht auf Ebene eines Einzelunternehmens, sondern auf Ebene des umgegebenen Netzwerks verortet werden müssen. Die Rolle von Komplementaritätseffekten für langfristigen technologischen Wandel benötigt häufig übergeordnete Analyseebenen, denn oft sind nicht nur Innovationsprozesse innerhalb von einzelnen Branchen, sondern gerade die Komplementaritäten zu benachbarten Branchen von Bedeutung (Ahuja, Lampert & Tandon, 2008). Lee, Venkatraman, Tanriverdi & Iyer, (2010) bezeichnen den strategischen Umgang von Softwareunternehmen mit den mannigfaltigen Produktkomplementaritäten sogar als spezifische dynamische Kompetenz (*dynamic capability*) im Wettbewerb.

Laut Soh (2010) ist die Rolle komplementärer *assets* äußerst wichtig in der Phase bevor sich ein dominantes Design entwickelt hat. Diese besondere Bedeutung früher Ereignisse und Entscheidungen könnte nicht für das Entstehen dominanter Designs, sondern auch für das Entstehen interorganisationaler Pfadabhängigkeiten eine wichtige Rolle spielen.

Organisationaler Wandel: Doch nicht nur Umweltdynamiken, auch die organisationalen Wandlungsprozesse wurden bereits im Zusammenhang mit CA thematisiert. Komplementaritätsbasierte Kooperationen sind demnach für junge, ressourcenschwache Start-ups relevant, da sie eine Chance zur Vermarktung der eigenen Innovation darstellen (Colombo et al., 2006). CA-Netzwerke können aber auch von spät in einen Markt eintretenden Akteuren (*latemovers*) genutzt werden, um an Innovationsgeschwindigkeit aufzuholen (Wu, Ma & Shi, 2010). Ein anderer Aspekt betrifft die Wandlung der Rolle, die bestimmte Firmen in Wertketten einnehmen. So wandeln sich manchmal einfache Zulieferer komplementärer Komponenten zu Herstellern von Kerntechnologien: Hu (2012) zeigt, wie koreanische und taiwanesische Hersteller von Flachbildschirmkomponenten im Laufe der Zeit gegenüber den japanischen Technologieführern aufholten.

Wandel der assets: Voraussetzung für den langfristigen Erfolg von Joint Ventures ist gemäß Nakamura, Shaver & Yeung (1996), dass die CA im Laufe der Zeit zwar komplementärer, aber auch unähnlicher (*dissimilar*) werden. Rothaermel (2000) entwickelt ein Modell der komplementären Innovationen. Demnach müssen dem Schumpeter'schen Prozess der kreativen Zerstörung durch Innovationen nicht unbedingt ganze Unternehmen zum Opfer fallen. Es ist auch gut möglich, dass etablierte Unternehmen sich neuen technologischen Entwicklungen anpassen können, da diese neue komplementäre *assets* zu neuen Innovationen entwickeln.

2.2.4 Eine Weiterentwicklung des CA-Konzepts für strategische Netzwerke

Wie der obige Review zeigt, wurde das CA-Konzept bereits sehr kreativ und stark vom Originalkonzept abweichend verwendet. Um diese Vielfalt auch konzeptuell greifbar machen zu können, soll im Folgenden verstärkt auf einen konzeptuellen Artikel von Jacobides et al. (2006) eingegangen werden. Die Autoren leisten einen wichtigen Beitrag zum Verständnis des Konzepts der komplementären *assets*, indem sie die verschiedenen impliziten Dimensionen voneinander abgrenzen (siehe Abbildung 6).

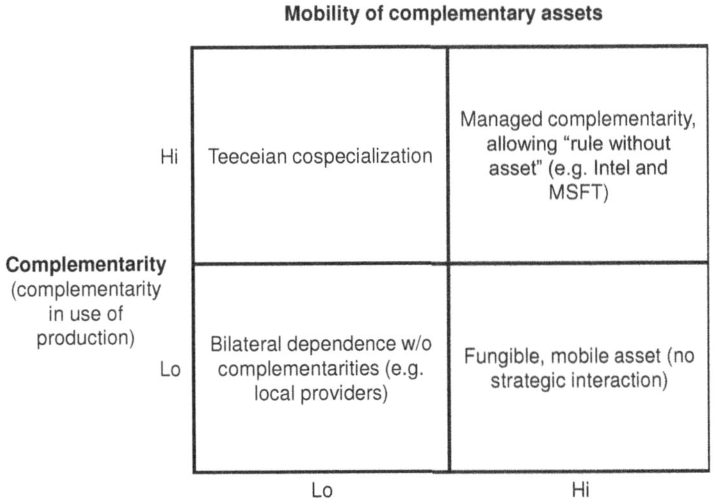

Mobility of complementary assets

Complementarity (complementarity in use of production)		Lo	Hi
	Hi	Teeceian cospecialization	Managed complementarity, allowing "rule without asset" (e.g. Intel and MSFT)
	Lo	Bilateral dependence w/o complementarities (e.g. local providers)	Fungible, mobile asset (no strategic interaction)

Abbildung 6: Complementarity vs. mobility: dependence and complementarities, nach Jacobides et al. (2006: 1207)

Wie oben erwähnt, werden mit dem CA-Konzept in der Literatur zu interorganisationalen Beziehungen sowohl Probleme, als auch Chancen untersucht. Die Unterscheidungen von Jacobides et al. (2006) verdeutlichen, warum das Konzept so vielfältig verwendet werden konnte. Mit der Dimension *complementarity* bezeichnen sie den *positiven* Aspekt der Komplementarität, dass die Bündelung von *assets* zu einem Synergiegewinn führt:

> "[S]uperior returns to a combination of two or more assets, i.e. complementarity in products, services, and processes" (Jacobides et al., 2006: 1206).

Die zweite Dimension wird *mobility* bezeichnet und kann als das Gegenteil von *asset specificity* (Williamson, 1985) verstanden werden. Demnach ist die Mobilität von komplementären *assets* dann besonders hoch, wenn sich diese relativ leicht auch mit anderen (extraorganisationalen) *assets* kombinieren lassen:

> "The second is (bilateral) dependence in the sense of the number of assets that can potentially enter a combination, with negligible switching costs, i.e. mobility in assets that are components of a combination" (Jacobides et al., 2006: 1206).

Die Teece'schen ko-spezialisierten komplementären *assets* (*Teecian cospecialization* im zweiten Quadranten) sind somit solche, bei denen zwar auf der einen Seite durch die Kombination Synergiegewinne entstehen (positiver Aspekt), aus denen aber ein starkes Abhängigkeitsverhältnis aufgrund geringer Mobilität erwächst (negativer Aspekt). Das Teece'sche Verständnis von Komplementarität kann deshalb als ein Fall von *conjunctural causality* (Mackie, 1965; Ragin, 2000) angesehen werden, was im Falle vollständiger Ko-Spezialisierung bedeuten würde, dass das eine ko-spezialisierte *asset* ohne das andere praktisch wertlos wäre – und umgekehrt:

> "With co-specialization, joint use is not only value enhancing; It also will be asset specific (i.e. the co-specialized assets do not have a market in which they can be sold for their full value)" (Pitelis & Teece, 2010: 1256).

Teece (1986) setzte sich vor allem mit dem Problem auseinander, dass ein Unternehmen nicht über die zu seiner Innovation ko-spezialisierten Produkte, Dienstleistungen und Prozesse verfügt und sich somit den Wert der Innovation nur schwer aneignen kann; so zum Beispiel ein Technologieunternehmen, dessen Innovation ausschließlich mit Komponenten eines anderen Herstellers funktioniert. Damit rückt die Frage nach dem Schutz der Innovationserträge in den Vordergrund. Die normative Aussage lautet deshalb: Wenn die komplementären *assets* kritisch und spezialisiert sind, der Wettbewerb hoch, sich die Innovation nur schlecht schützen lässt, und somit die reale Gefahr durch Imitatoren besteht, sollte die Herstellung komplementärer *assets* durch das Unternehmen integriert werden (Teece 1986: 296). Falls der Innovator allerdings nicht über die notwendigen Ressourcen verfügt, sollen strategische Allianzen zur Nutzung der komplementären *assets* etabliert werden (Teece, 1992).

Managed complementarity

Gemäß Jacobides et al. (2006) gelingt es einigen Unternehmen aber, die *Wertschöpfungsarchitektur* ihrer Branche im Sinne einer *managed complementarity* umzugestalten: Ihre *assets* ergeben dann nicht nur mit den *assets* weniger anderer Unternehmen einen Synergiegewinn (hoher Komplementaritätseffekt), sondern werden mit den *assets* sehr vieler verschiedener Unternehmen kombinierbar (hohe Mobilität). Erst durch diese Konzeptionierung wird die CA-Literatur auch theoretisch anschlussfähig für den Diskurs zu Ökosystemen und *platform leadership* (Cusumano & Gawer, 2002) sowie zu modularen Produkt- und Organisationsdesigns (Langlois, 2002; Sanchez & Mahoney, 1996) und strategischen Netzwerken (Jarillo, 1988; Sydow, 1992).

So können komplementäre Wertschöpfungsaktivitäten nicht nur an ein, sondern an eine Fülle von Partnerunternehmen – zum Beispiel durch offene Standards – ausgegliedert werden. Das fokale Unternehmen muss dafür zwar bereit sein, auf einen Teil der Erträge zu verzichten, dafür wird der Wert der unternehmensinternen *assets* durch die multilaterale Komplementarität mit den unternehmensexternen *assets* im strategischen Netzwerk gehebelt. *Apple* hat zum Beispiel den *App Store (iOS)* für das *iPhone* bewusst für externe Softwareunternehmen geöffnet. So entstand eine Fülle verfügbarer Apps, die wiederum den Wert des *iPhone* steigerten.

In dem Zusammenhang ist in den letzten Jahren eine Zunahme an Artikeln zu verzeichnen, die das *gemanagte* Auslagern komplementärer Wertschöpfungsaktivitäten thematisieren. Van den Ende, Jaspers & Gerwin (2008) zeigen zum Beispiel, dass es sich für etablierte „Systemfirmen" lohnen kann, komplementäre Produkte von jungen, spezialisierten Partnern herstellen zu lassen. Auch Bianchi, Chiaroni, Chiesa & Frattini (2011) untersuchen das sogenannte *out licensing* von nachgelagerten Wertschöpfungsaktivitäten an Partnerunternehmen. Laut Teece (1986, 1992) kann ein Innovator diesen Weg aber nur gehen, wenn sich das geistige Eigentum gut schützen lässt (*strong appropriability regimes*). Eine weitere Voraussetzung hatte Teece allerdings noch nicht thematisiert: die Ausgestaltung von interorganisationalen Wertschöpfungsarchitekturen mittels technischer Schnittstellen und ausgereifter Koordinationspraktiken (*managed complementarity*).

Die Koordination multilateraler Komplementaritätsbeziehungen

Unter interorganisationale Komplementarität wird meist verstanden, dass das Zusammenspiel verschiedener Wertschöpfungsaktivitäten bei interorganisationaler Arbeitsteilung zu besseren Ergebnissen führt als bei vollständig organisationsinterner Wertschöpfung. Voraussetzung dafür sind aber koordinierende Schnittstellen, Standards, Regeln und Praktiken, denn ermöglicht wird der Mehrwert der interorganisationalen Komplementarität erst durch eine entsprechende *Koordination* der interorganisationalen Zusammenarbeit. Die Managementliteratur zu Komplementaritäten betont die allgemeine Notwendigkeit der Koordination, die mit steigender Komplementarität einhergeht:

> "If corporate resources are complementary, the need for some kind of coordination is apparent, since the added value of one resource depends on the use of other resources and their individual deployment has to be consistent" (Stieglitz & Heine, 2007: 3).

Dies gilt insbesondere auch für die Koordination in interorganisationalen Beziehungen (Gulati & Singh, 1998; Van de Ven & Walker, 1984). Da mit zunehmender interorganisationaler Komplementarität auch die Komplexität zunimmt, müssen die kooperierenden Partner stabile interorganisationale Arrangements entwickeln, um das interorganisationale *"alignment of action"* (Gulati et al., 2005: 417) beziehungsweise die Koordination sehr interdependenter Aufgaben (Gulati & Singh, 1998) zu gewährleisten. Diese Koordination zwischen Organisationen wird zum Beispiel durch dedizierte Allianzmanager gewährleistet (Grunwald & Kieser, 2007). Dabei können interorganisationale Koordinationspraktiken zum Beispiel aus mehr oder weniger standardisierten Prozeduren bestehen wie *Co-Sales*, *Co-Marketing*, ein gemeinsames Projektmanagement oder die regelmäßige Schulung und Evaluation von Partnern, aber auch in Selektionsroutinen zur Auswahl neuer Partner oder zur erneuten Auswahl bestehender Partner (Sarker, Sahaym & Bjorn-Andersen, 2012; Schreiner, Kale & Corsten, 2009; Sydow, 2005). Heutzutage werden diese Koordinationspraktiken eher selten ausschließlich von Menschen ausgeführt, sondern meist in soziomaterieller Verschränkung mit Informationstechnologie (Orlikowski, 2007). Koordinationspraktiken reduzieren Ambiguität und die Notwendigkeit der gegenseitigen Wissensabsorption zwischen Partnern. Dadurch wird den kooperierenden Unternehmen lokales spezialisiertes Lernen und damit die Fokussierung auf die jeweils eigene Kernkompetenz ermöglicht (Grant & Baden-Fuller, 2004; Grunwald & Kieser, 2007). Grunwald und Kieser (2007: 374) vergleichen dies mit der Koordination von Musikerinnen in einem Konzert über die gemeinsame Notation und über den Dirigenten, da hier jeder einzelne Musiker sein eigenes Instrument spielen können muss, aber nicht unbedingt die Instrumente der anderen Orchestermitglieder:

> "For example, knowledge about musical notation and the conductor's standardized movements reduce the communication required between the members of an orchestra (i.e., specialists in different instruments) when rehearsing a concerto" (Grunwald & Kieser, 2007: 374).

Somit sind Praktiken der Koordination ein Weg, um mit dem Problem der *bounded rationality* (Simon, 1979) der einzelnen Partner umzugehen. Koordinationspraktiken in interorganisationalen Beziehungen können als gemeinsame Regeln betrachtet werden, die das Zusammenwirken unterschiedlicher, aber komplementärer Elemente ermöglichen.

Verlagerung der Analyseebene: Die Frage der Koordination wird umso wichtiger, je mehr verschiedene komplementaritätsbasierte Kooperationsbeziehungen ein fokales Unternehmen (*hub firm*) mit den Mitgliedern seines strategischen Netzwerks (*spoke firms*) unterhält. In den oben diskutierten Weiterentwicklungen des CA-Konzeptes (Jacobides et al., 2006) wird diese Notwendigkeit stabiler Kooperationsmuster ebenfalls zur Kenntnis genommen und der Begriff der *industry architectures* entwickelt.

Für Teece (1986: 288) war die Analyseebene für die Untersuchung komplementärer *assets* die einzelne *Innovation* innerhalb eines Unternehmens, deren Wert nur abgeschöpft werden kann im Zusammenhang mit komplementären Produkten, Dienstleistungen oder Prozessen. Für viele empirische Studien hingegen, die mit dem CA-Konzept arbeiten, sind einzelne Unternehmen, Dyaden oder auch Netzwerke die wesentliche Analyseebene. Mit den Weiterentwicklungen von Jacobides et al. (2006) und dem Begriff der *managed complementarity* lässt sich diese Ebenenverlagerung auch konzeptuell nachvollziehen und wegbewegen von der einzelnen Innovation oder Dyade hin zu einer übergeordneten Ebene der *industry architectures*. So lässt sich besser analysieren, dass – auch wenn sich einzelne Dyaden ändern – übergeordnete Wertkettenmuster und Ko-Spezialisierungseffekte ähnlich bleiben können. *Industry architectures* umfassen (1) Muster der interorganisationalen Arbeitsteilung und Wertschöpfung auf der einen Seite und (2) Muster der interorganisationalen Ertragsallokation auf der anderen Seite:

> "Thus, industry architectures provide two templates, each comprising a set of rules: (1) a template defining value creation and the division of labor, i.e. who can do what and (2) a template defining value appropriation and the division of surplus, or revenue, i.e. who gets what" (Jacobides et al., 2006: 1205).

Wenn ein Unternehmen Teile der nachgelagerten Wertschöpfungsaktivitäten (*downstream activities*) wie Vertrieb und Dienstleistung an ein strategisches Netzwerk auslagert, dann benötigt auch dies genau die Muster der Arbeitsteilung und Ertragsallokation, die von Jacobides et al. (2006) für *industry architectures* beschrieben werden. Die einzelnen Partnerbeziehungen des Unternehmens mögen im Laufe der Zeit wechseln, das übergeordnete Muster aber besitzt eine Kontinuität, die sich als eigene Qualität analysieren lässt. Durch diese Ebenenverlagerung öffnet sich der Blick für strategische Fragestellungen, die über das Vermarkten einer einzelnen Innovation hinausgehen, und im ursprünglichen "*profit from innovation framework*" von Teece noch nicht vorgesehen waren:

> "The PFI framework was self-limiting inasmuch as industry structure or industry 'architecture' was taken as a given—i.e., it was assumed exogenous" (Pisano & Teece, 2007: 291).

Der Begriff der *industry architectures* ist jedoch eher unscharf gefasst und lässt offen, auf welche Art und Weise sich die verschiedenen Organisationen koordinieren. In Frage kommen im Prinzip viele hybride Governanceformen, von strategischen Allianzen über Joint Ventures bis hin zu Netzwerken. Im Falle der von Jacobides et al. (2006) beschriebenen *managed complementarity* treten Komplementaritätseffekte allerdings nicht nur in einer, sondern in vielen interorganisationalen Beziehungen auf. Es ist deshalb naheliegend, dass in einem solchen Fall die interorganisationale Zusammenarbeit häufig durch multilaterale Beziehungen, insbesondere durch *strategische Netzwerke* (Jarillo, 1988; Sydow, 1992) bewerkstelligt wird, deren Mitglieder verschiedene Stufen einer Wertschöpfungskette abbilden. Folglich können die beschriebenen Muster der Arbeitsteilung und der Ertragsallokation auch durch *prozessuale* Konzepte der Netzwerkforschung informiert werden: So werden von Sydow (2005) Netzwerkmanagementpraktiken (insbesondere *Allokationspraktiken*) beschrieben, die derartige Muster der Arbeitsteilung und Ertragsallokation rekursiv perpetuieren und modifizieren. Dieses auf die allgemeine Strukturationstheorie (Giddens, 1984) aufbauende Konzept der Netzwerkmanagementpraktiken macht darauf aufmerksam, dass intendierte Handlungen von Managerinnen (*knowledgeable agents*) auch unintendierte Folgen haben. Industriearchitekturen (Muster der interorganisationalen Arbeitsteilung, Wertschöpfung und Ertragsaneignung) können demnach in bester Absicht durch Manager ausgestaltet werden. Aus pfadtheoretischer Perspektive ist aber interessant, dass sie sich langfristig auch in eine nicht beabsichtigte, nachteilige Richtung entwickeln können.

Um den analytischen Fokus der Arbeit im Folgenden nicht unnötig einzugrenzen, werden diese übergeordneten Koordinations- und Governanceformen, mit denen *hub firms* ihre komplementaritätsbasierten Kooperationsbeziehungen im strategischen Netzwerk koordinieren als *interorganisationale Ko-Spezialisierungsmuster* bezeichnet. Ein interorganisationales Ko-Spezialisierungsmuster besteht wiederum aus *technischen Schnittstellen*, *Feedbackmechanismen* und *Koordinationspraktiken*, insbesondere Praktiken der interorganisationalen Arbeitsteilung, Wertschöpfung und Ertragsaneignung. Die Forschung zu interorganisationalen Beziehungen spricht in diesem Zusammenhang von Netzwerkmanagementpraktiken (Sydow, 2005; Burger & Sydow, 2014), *coordinating mechanisms* (Jarzabkowski, Lê & Feldman, 2012) oder interorganisationalen Routinen (Li & Rowley, 2002). Sowohl Ko-Spezialisierungsmuster als auch Koordinationspraktiken werden im Folgenden als dynamische Phänomene verstanden, die laufend modifiziert oder auch perpetuiert werden (Jarzabkowski et al., 2012).

Intraorganisationale vs. interorganisationale Komplementaritätseffekte

Mit dieser Weiterentwicklung des Ko-Spezialisierungskonzepts können nun auch intraorganisationale Komplementaritätseffekte von interorganisationalen Komplementaritätseffekten abgegrenzt werden. Für Komplementaritätseffekte innerhalb von Organisationen gilt:

$$K_{(x+y)} > K_{(x)} + K_{(y)},$$

Die Bündelung der Kompetenzen[4] $K_{(x)}$ und $K_{(y)}$, $K_{(x+y)}$, führt zu einem höheren Wert als die Trennung von Kompetenzen, $K_{(x)} + K_{(y)}$ (Sydow, et al., 2009: 699).

Für interorganisationale Komplementaritätseffekte hingegen gilt das genaue Gegenteil, wie Abbildung 7 verdeutlicht. Wären *asset* (a) und *asset* (b) innerhalb desselben Unternehmens gebündelt, wäre der strategische Wert geringer als unter Bedingungen der interorganisationalen Arbeitsteilung. Denn obwohl die kooperierenden Partner intraorganisational ihren Fokus durch Ko-Spezialisierung einengen und auf einen Teil der Wertkette verzichten, ermöglicht die kooperative Arbeitsteilung die Bereitstellung eines breiteren und besseren Angebots als dies im Alleingang möglich wäre. Verantwortlich dafür sind dezentrale Ko-Spezialisierungseffekte und indirekte Netzeffekte am Markt. Die graue Fläche in Abbildung 7 symbolisiert den Mehrwert, der durch die komplementaritätsbasierte Zusammenarbeit entsteht und der den Wert der einzelnen *assets* in den verschiedenen Organisationen übersteigt. Für interorganisationale Komplementarität gilt also im Gegensatz zur intraorganisationalen Komplementarität:

$$K_{(a)} + K_{(b1...n)} > K_{(a+b)},$$

---

[4] Die Begriffe Kompetenz und *asset* werden für dieses Beispiel synonym verwendet.

Wenn die Desintegration von $K_{(a)}$ und $K_{(b1....n)}$ ermöglicht und gehebelt wird durch ein Ko-Spezialisierungsmuster im strategischen Netzwerk, führt dies zu einem Mehrwert gegenüber einer intraorganisationalen Bündelung, $K_{(a+b)}$.

Dies kann am Beispiel eines Spielkonsolenherstellers verdeutlicht werden, der die Entwicklung von Spielen für seine Plattform in weiten Teilen einem strategischen Netzwerk überlässt. Voraussetzung dafür ist zunächst, dass das geistige Eigentum geschützt ist, da nur dann technische Schnittstellen und Spezifikationen über die Spielkonsole offen gelegt und mit Partnern geteilt werden können.

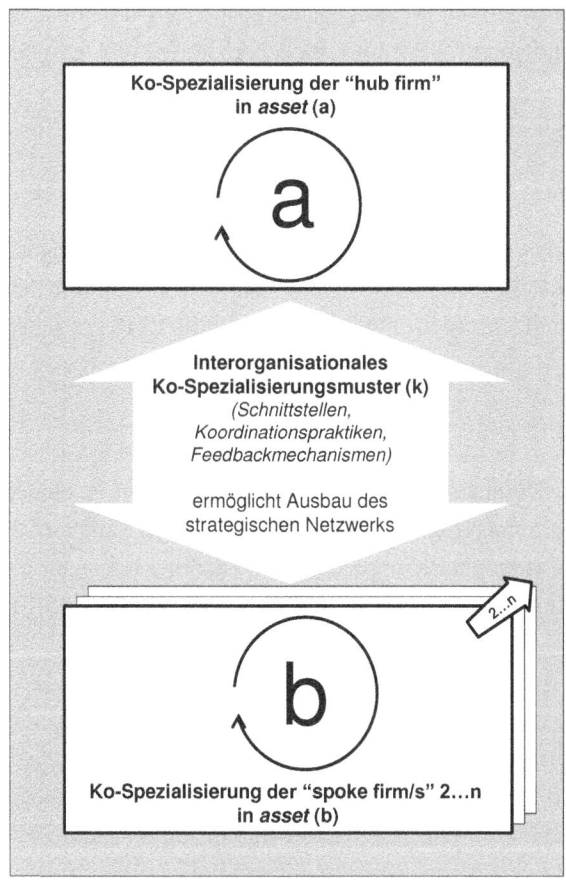

Abbildung 7: Ko-Spezialisierung im strategischen Netzwerk

Je komplexer die Spieleentwicklung, desto intensiver muss die Zusammenarbeit im strategischen Netzwerk nun gemanagt werden, beispielsweise durch Zertifizierungs-, Evaluations- und Schulungspraktiken. Bewährt sich das interorganisationale Ko-Spezialisierungsmuster, können mehr und mehr Partnerunternehmen für die Spieleentwicklung in das strategische Netzwerk eingebunden werden. Kunden profitieren davon in zweierlei Hinsicht. Zum einen können sich die unterschiedlichen Spieleentwickler auf ganz unterschiedliche Spielearten ko-spezialisieren (zum Beispiel auf Sportspiele, Action-Spiele oder *Casual Games*), während der Spielkonsolenhersteller seine begrenzten Ressourcen für die Weiterentwicklung der Spielekonsole nutzen kann.

Dadurch steigt der Basiswert sowohl der Spiele als auch der der Spielkonsole. Aber auch der indirekte Netzwerknutzen steigt mit jedem weiteren Spiel, das für die Spielkonsole erscheint. Würde der Spielkonsolenhersteller versuchen, die vollständige Wertschöpfung selbst zu erbringen, wären wahrscheinlich zum einen Spiele und Konsole qualitativ schlechter und zu anderem gäbe es wahrscheinlich auch weniger Spiele. Im Falle der *managed complementarity* entstehen Komplementaritätseffekte folglich durch interorganisationale Desintegration und nicht durch intraorganisationale Bündelung. Das Angebot wird dadurch nicht nur *besser*, sondern auch *breiter*.

2.3 Ko-Spezialisierung und Pfadabhängigkeit

Damit historisch kontingente Entstehungs- und Entwicklungsprozesse und Langzeitfolgen analysierbar werden, soll das Konzept der interorganisationalen Ko-Spezialisierung in der vorliegenden Studie über das *Konzept der Selbstverstärkung* mit der Pfadtheorie verknüpft werden. Selbstverstärkung bedeutet, dass die interorganisationale Komplementarität von Ressourcen nicht nur unter dem Aspekt des einfachen Mehrwerts (*"pure complementarities"*; gemäß Sydow et al., 2009: 697), sondern unter dem Gesichtspunkt positiver Rückkopplungsprozesse analysiert wird. Das Konzept positiver Rückkopplungen durch Komplementaritäten ist hilfreich, da dadurch nicht intendierte Entwicklungen, koevolutorische Prozesse (Burgelman, 2002, 2003) und Pfadabhängigkeiten (Sydow et al., 2009) erklärt werden können.

Bislang fehlte nämlich in nahezu allen Studien, die die Komplementaritätsperspektive von Teece (1986, 1992) in interorganisationalen Studien verwenden, ein Bezug zu *sich selbst verstärkenden Prozessen*. Zwar wurden die potenziell negativen Auswirkungen bei der Kombination komplementärer Ressourcen theoretisch bereits zur Kenntnis genommen. Teece et al. (1997) verweisen auf die Rolle komplementärer Ressourcen für das Entstehen von Pfaden:

"The competitive advantage of firms is seen as resting on distinctive processes (ways of coordinating and combining), shaped by the firm's (specific) asset positions (such as the firm's portfolio of difficult-to-trade knowledge assets and complementary assets), and the evolution path(s) it

> has adopted or inherited. The importance of path dependencies is amplified where conditions of increasing returns exist" (Teece et al., 1997: 509).

> "[C]omplementary assets ... shape going forward enterprise strategy, sometimes positively (in terms of returns to innovation) and sometimes negatively" (Teece, 2006: 1135).

Auch Levinthal & Myatt (1994) betonen die Rolle von *cospecialized assets* als Ausgangs- und limitierende Bedingungen für die Koevolution von organisationalen Fähigkeiten und Umweltdynamiken:

> "Feedback effects influence a firm's capabilities within the context of an ongoing relationship. However, when a firm enters a product area or new exchange relationship, its capabilities are heavily influenced by its prior activities. Such feedback effects that precede the current market activity will be referred to as initial conditions. While a number of initial conditions are specific to a particular firm, such as its bundle of cospecialized assets (Teece, 1986), others, such as geographic effects, influence a broad set of firms" (Levinthal & Myatt, 1994: 47).

Allerdings wurden die nachteiligen Folgen dieser "evolution path(s)" (Teece et al., 1997: 509) empirisch bislang auf unternehmensübergreifender Ebene noch nicht untersucht. Diese noch fehlende Sensibilität für sich selbstverstärkende, historisch kontingente Prozesse bei der Verwendung des Konzepts komplementärer *assets* ist wenig verwunderlich, rührt sie doch vom eher normativ-statischen Charakter her, den das *Appropriation-from-Innovation-Framework* (Teece, 1986) mitsamt seines Flussdiagramms für *Make-or-Buy*-Entscheidungen mit sich bringt. Teece reflektiert zwanzig Jahre später:

> "Perhaps another reason for the articles popularity is that it is avowedly normative and focuses on strategic decisions" (Teece, 2006: 1138).

Mit den oben dargestellten Weiterentwicklungen des CA-Konzepts (*managed complementarity*) allerdings, kann die Frage nach Selbstverstärkung und Stabilisierung nun präziser gestellt, und somit die dargestellte Forschungslücke theoretisch geschlossen werden. Selbstverstärkungseffekte zwischen dem fokalen *asset* eines Unternehmens und den komplementären *assets* seiner Partnerunternehmen im strategischen Netzwerk treten vermutlich dann auf, wenn die interorganisierte Bündelung der *assets* einen Synergiegewinn ergibt. Dadurch steigt die Motivation für die beteiligten Unternehmen, jeweils weiter in das komplementäre *asset* zu investieren. Ermöglicht wird diese Selbstverstärkung durch ein Ko-Spezialisierungsmuster. Technische Spezifikationen wie offene Standards und stabile Koordinationspraktiken tragen dazu bei, dass komplementäre *assets* nicht von einem, sondern von einer wachsenden Anzahl externer Unternehmen im strategischen Netzwerk erbracht werden können.

2.3.1 Nachteilige Langzeitfolgen der Ko-Spezialisierung

Mit der vorliegenden Arbeit wird damit im ersten Schritt der oben skizzierten *positiven Prämisse* gefolgt (siehe Abbildung 8): Diese besagt, dass komplementaritätsbasierte Kooperationen Chancen für Unternehmen bieten. Wenn das geistige Eigentum ausreichend geschützt ist, können im Rahmen modularer Architekturen, strategischer Netzwerke oder in Ökosystemen Komplementaritätsgewinne erzielt werden, zum Beispiel durch das Erzielen indirekter Netzeffekte oder durch Innovationsvorteile.

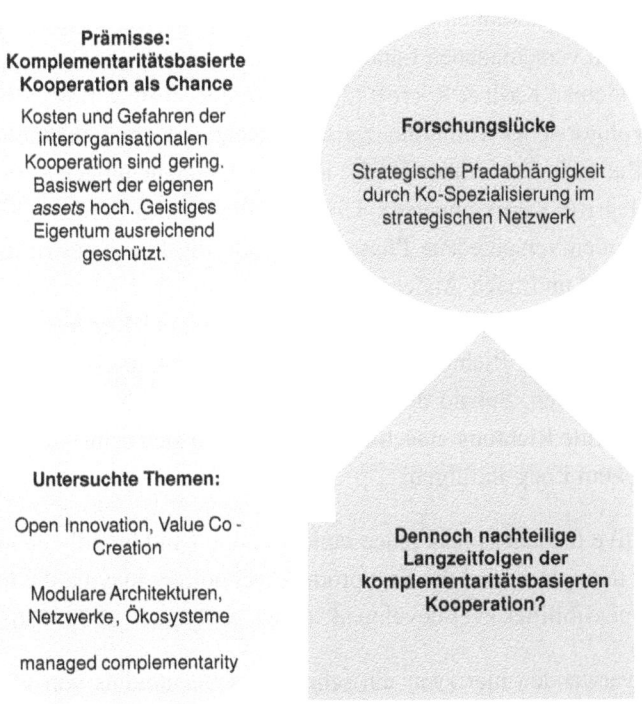

Abbildung 8: Weitere Eingrenzung der Forschungslücke

Im zweiten Schritt soll diese positive Prämisse aber wieder problematisiert werden, indem nach den langfristigen Negativfolgen von selbstverstärkenden Effekten gefragt wird. Da es sich beim Prozess der Ko-Spezialisierung um einen Mehrebenenprozess handelt, können Stabilisierungs- oder Lock-in-Effekte vermutlich sowohl auf inter-, als auch auf intraorganisationaler Ebene auftreten. Im nächsten Abschnitt werden beide Möglichkeiten diskutiert.

Interorganisationale Gefahren

Mithilfe einer Analyse gemeinsamer Patentanmeldungen konnten Khoury & Pleggenkuhle-Miles (2011) bereits zeigen, dass die technologische Breite von Forschungspartnerschaften einen umgekehrt U-förmigen Verlauf aufweist. Zu Beginn einer Allianz ist die Steigerung der Lernkurve demnach relativ hoch, je länger die Partner allerdings zusammenarbeiten, desto eher fällt die gemeinsame Lernkurve wieder ab.

Unter Umständen führen komplementaritätsbasierte Kooperationen folglich zu einer abnehmenden gemeinsamen Explorationsbreite (March, 1991). Frenken (2000) zeigt, wie die Komplementarität innerhalb nationaler Netzwerke zwischen Produzenten, Kunden und Regierungen dazu führte, dass sich in der Luftfahrtindustrie ab der Nachkriegszeit in verschiedenen Ländern sehr unterschiedliche Spezialisierungsmuster entwickelten. Gemäß Kash & Rycroft (2002) sowie Rycroft & Kash (2000; 2002) existiert ein koevolutorisches Verhältnis zwischen Netzwerk- und Technologietrajektorien (siehe auch Baum & Silverman, 2001). Für ihre Untersuchungen verwenden Kash & Rycroft die Begriffe Kernkompetenz, CA, organisationales Lernen und Pfadabhängigkeit. Dabei werden verschiedene Phasen unterteilt: die Phase vor (transformatorisch), während (normal) und nach Änderung (transitorisch) einer Netzwerk- und Technologietrajektorie. Nur in der transformatorischen Phase sind Kernkompetenzen und CA noch nicht etabliert. Die Richtung der Trajektorie ist noch unklar und es existieren keine Pfadabhängigkeiten. Sobald die Koevolution zwischen Netzwerk und Technologie aber eine bestimmte Richtung einschlägt, kann dies zu sich selbst verstärkenden Effekten und damit zum Lock-in führen:

> "If positive feedbacks take place rapidly enough and broadly enough, 'lock-in' may take place, and the first product technology may be the only one of several possibilities ever developed" (Kash & Rycroft, 2002: 586).

Die Autoren verwenden hier zwar ein sehr weites Verständnis von Pfadabhängigkeit, denn weder Lock-in noch Selbstverstärkung sind für sie notwendige Bedingungen. Dennoch verweisen sie auf einen wichtigen Punkt: Komplexe Innovationen werden häufig nicht durch einzelne Organisationen, sondern durch das komplementäre Zusammenspiel mehrerer Organisationen in Netzwerken hervorgebracht. Folglich besteht ein enges Wechselverhältnis zwischen Technologie- und -Netzwerktrajektorien.

Die enger werdende Explorationsbreite von komplementaritätsbasierten Kooperationen entsteht vermutlich auch dadurch, dass sich *Koordinationspraktiken* im Erfolgsfalle verfestigen. Das Problem lässt sich aber auch in Koordinationskosten ausdrücken, die häufig durch zunehmende Spezialisierungen steigen:

> "Specialization increases the costs of communication and coordination" (Kogut & Zander, 1996: 502).

Denn wenn sich Unternehmen auf unterschiedliche Stufen einer interdependenten Wertschöpfungskette fokussieren, dann erhöht dies zunächst die Abhängigkeiten und den Abstimmungsbedarf. Mit zunehmender vertikaler Desintegration sinken zwar Produktionskosten aufgrund von Spezialisierungsvorteilen, doch steigen im Gegenzug die Koordinationskosten (Frauendorf, Kähm & Kleinaltenkamp, 2007). Ein erfolgreiches Kooperationsmuster zwischen Organisationen vermag es vielleicht, den Koordinationsaufwand zwischen den einzelnen Organisationen zu begrenzen. Gerade dadurch kann dieses Muster aber im Erfolgsfall zu einer Quelle von Pfadabhängigkeit werden. Lehrer (2007) zeigt zum Beispiel, dass sich die desintegrierte deutsche Forschungslandschaft, die sich seit dem 19. Jahrhundert durch eine Trennung von Universitäten und spezialisierten Forschungsinstituten auszeichnet, bis heute pfadabhängig im selben Muster weiterentwickelte. Einen umgekehrt U-förmigen Verlauf von Allianz-Performanzen fanden Deeds & Hill (1996) im Bereich von Biotechnologieunternehmen. So steigt die Performanz eines Unternehmens durch komplementaritätsbasierte Allianzen (*increasing returns*), allerdings nahm die Performanz ab einem gewissen Punkt auch wieder ab (*decreasing returns*). Die Autoren führen dies darauf zurück, dass sich wenige Allianzen leichter managen lassen als viele.

Intraorganisationale Gefahren

In den 1990er Jahren erschienen verschiedene Beiträge im Zuge der Debatte um Kernkompetenzen, die eine Fokussierung von Unternehmen auf ihr Kerngeschäft forderten. Jedes Unternehmen sollte sich demnach jeweils nur auf den Bereich spezialisieren, der einen langfristigen Wettbewerbsvorteil versprach (Prahalad & Hamel, 1990). Allerdings gab es auch schon früh Stimmen, die auf potenzielle Gefahren verwiesen. Denn laut Leonard-Barton (1992) können sich Kernkompetenzen vor dem Hintergrund sich ändernder Umwelten auch als Kernrigiditäten erweisen. Ein Unternehmen, das sich sehr stark in einem bestimmten Bereich spezialisiert, ist in dieser Domäne zwar vermutlich besser aufgestellt als seine diversifizierten Wettbewerber. Die Strategie kann aber zu einem „Ressourcen-Lock-in" führen (Hansen, McDonald & Mitchell, 2013). Die gewünschten *"economies of specialization"* (Schreyögg & Sydow, 2010: 1251) sind ohne ein gewisses Maß an Stabilität nicht zu haben.

Aus der Forderung nach der Fokussierung auf Kernkompetenzen ergaben sich auch unweigerlich weitere Forderungen mit interorganisationalen Implikationen: Unternehmen sollten alle Aktivitäten, die nicht zu ihrem Kerngeschäft gehörten, an andere Unternehmen auslagern (Prahalad & Hamel, 1990; Quinn & Hilmer, 1994). Allerdings kann gerade diese zunehmende vertikale Desintegration[5] zur langfristigen Ausbildung spezialisierter „Silos" führen, die zwar lokales, inkrementelles Lernen erleichtern, die aber die Möglichkeiten systemischer Innovationen zunehmend abschwächen (Chesbrough & Teece, 1996; Jacobides & Winter, 2005):

> "That is, excessive and sustained specialization may create 'silos' that inhibit systemic business improvement" (Jacobides & Winter, 2005: 404).

Nicht nur die gemeinsame Explorationsbreite sinkt folglich im Laufe von Kooperationsbeziehungen, auch die individuelle Variabilität kann im Laufe der Zusammenarbeit abnehmen:

> "[T]echnology alliances do not encourage firms to diversify a technology base over time" (Lai & Weng, 2013: 136).

So konnte auch Weigelt (2009) bereits zeigen, dass extensives Outsourcing die Performanz eines Unternehmens negativ beeinflussen kann, weil dadurch kontextspezifisches Wissen verloren geht.

2.3.2 Ko-Spezialisierung als Prozess

In der Teece'schen Tradition ist mit dem Begriff „ko-spezialisiert" meist schlicht das bilaterale Abhängigkeitsverhältnis zwischen *assets* gemeint. Die Substantivform „Ko-Spezialisierung" tauchte erst in den letzten Jahren vereinzelt auf (Jacobides & Winter, 2005; Pitelis & Teece, 2010) und lässt bereits erahnen, dass es sich dabei auch um einen *Prozess* handeln könnte. In der vorliegenden Arbeit soll der Begriff der *interorganisationalen Ko-Spezialisierung* präzisiert und definiert werden als *ein sich selbst verstärkender, durch interorganisationale Komplementaritätseffekte vorangetriebener und koordinierter Prozess*. Damit wird interorganisationale Ko-Spezialisierung auch abgegrenzt von anderen Formen der Arbeitsteilung zwischen Menschen innerhalb von Organisationen (Adam Smith, 1920, Original von 1776, zitiert nach Kieser, 2006) und anderen arbeitsteiligen Beziehungen zwischen Organisationen, die nicht durch sich selbst verstärkende Komplementaritätseffekte gekennzeichnet sind.

---

[5] Auch für intraorganisationale (!) Wissensnetzwerke können derartige Spezialisierungseffekte gezeigt werden. Nerkar & Paruchuri (2005) beschreiben einen Prozess, bei dem sich einzelne Unternehmensbereiche stärker als andere „pfadabhängig" auf bestimmte F&E-Kompetenzen spezialisieren.

Dabei ko-spezialisieren sich die kooperierenden Unternehmen zunehmend auf ihre eigenen *assets*, die sich komplementär zu den *assets* der Partnerunternehmen entwickeln. Durch diesen Prozess wird exploitatives Lernen (March, 1991) in zweierlei Hinsicht gefördert. Zum einen werden die beteiligten Unternehmen zunehmend besser in ihrem jeweils ko-spezialisierten Bereich, und durch diese inkrementellen Innovationen steigt die Qualität des Angebots (siehe die weißen Fläche in Abbildung 9). Zum anderen wird das Gesamtangebot, das durch die kooperierenden Unternehmen angeboten wird, innerhalb der Kategorie quantitativ breiter. Allerdings findet auch auf der gemeinsamen Ebene eine zunehmende Verengung auf exploitatives Lernen statt (siehe die graue Fläche in Abbildung 9). Diese zunehmenden Verengungen können vermutlich sowohl für die einzelnen Unternehmen als auch für das gesamte strategische Netzwerk zu Problemen führen, wenn sich die Umweltbedingungen ändern. Das Angebot wird zwar besser und breiter, allerdings nur innerhalb bestimmter Bereiche.

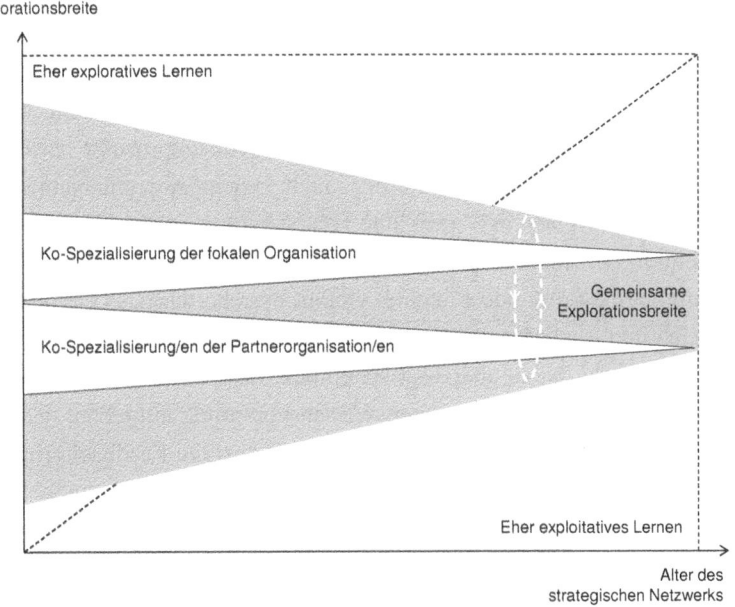

Abbildung 9: Ko-Spezialisierung als globaler und lokaler Lernprozess

Der eingegrenzte Gegenstand der vorliegenden Arbeit sind deshalb strategische Netzwerke, die (1) dadurch getrieben sind, dass die einzelnen Parteien über unterschiedliche, aber zueinander komplementäre Ressourcen verfügen. Des Weiteren bezieht sich das Erkenntnisinteresse nur auf solche Interorganisationsbeziehungen, in denen (2) die Ressourcen einer gewissen Entwicklungsdynamik unterliegen. Dies trifft heutzutage für viele Branchen zu, aber vor allem für solche mit hohem Innovationsgrad, in denen sich technologisches und prozessuales Wissen permanent weiterentwickelt. Damit unterliegen viele Kompetenzen permanentem Wandel oder Lebenszyklen (Helfat & Peteraf, 2003). Dieser temporalen Dimension der Kompetenzentwicklung soll in der vorliegenden Arbeit besondere Aufmerksamkeit zu Teil werden, denn sie ist ein wichtiger Erklärungsansatz für die *boundaries of a firm* im Allgemeinen (Argyres & Zenger, 2012; Jacobides & Winter, 2012) und langfristige vertikale Desintegrationsprozesse im Speziellen (Jacobides & Winter, 2005). Für strategische Netzwerke bedeutet Ko-Spezialisierung darüber hinaus, dass sich (3) die einzelnen Parteien koordinieren müssen, um die Komplementarität ihrer sich dynamisch entwickelnden Ressourcen aufrecht zu erhalten. Aus diesen Überlegungen ergibt sich die Einschränkung auf interorganisationale Beziehungen, in denen das primäre Ziel *nicht* in der gegenseitigen Absorption der Wissensbasis besteht (Cohen & Levinthal, 1990). Eine *Bounded-Rationality*-Perspektive (Simon, 1979) auf die Organisation erlaubt uns zu sehen, dass es für Unternehmen besser sein kann, wenn sie sich auf die Weiterentwicklung ihrer eigenen Kernkompetenz konzentrieren und die Entwicklung komplementärer Produkte und Dienstleistungen ihren strategischen Partnern überlassen (Grant & Baden-Fuller, 2004; Grunwald & Kieser, 2007). Somit lässt sich dann auch erklären, warum die jeweiligen Ressourcen der Partner durch positive Feedbackprozesse zwar zunehmend komplementär, aber durch lokales Lernen auch zunehmend unterschiedlich werden ("*dissimilar but complementary*" im Sinne von Nakamura et al., 1996). Dank der *Coopetition*-Literatur (Bresnahan, 1999; Nalebuff & Brandenburger, 1996) wissen wir zwar, dass immer die (zumindest latente) Gefahr besteht, dass das ein oder andere Unternehmen sich im Geschäft seiner Kooperationspartner versuchen möchte. Nach langjähriger Arbeitsteilung ist es aber wahrscheinlich, dass der attackierte Partner sich in seinem Kerngeschäft einen überlegenen Wissensvorsprung aufgebaut hat, der nicht so schnell eingeholt werden kann. Auch dies ließe auf positive Feedbackprozesse der Ko-Spezialisierung im strategischen Netzwerk schließen: Kooperierende Unternehmen werden sich zunehmend unähnlicher, während ihre *assets* zunehmende Komplementarität zueinander aufweisen. Folglich können ko-spezialisierte Aktivitäten nur schwer über Organisationsgrenzen hinweg re-koordiniert werden.

2.3.3 Ein Modell pfadabhängiger Ko-Spezialisierung in strategischen Netzwerken

Aufbauend auf der vorangegangen theoretischen Diskussion soll nun ein vorläufiges, idealtypisches Modell pfadabhängiger Ko-Spezialisierung in strategischen Netzwerken entworfen werden, das anschließend als Analyserahmen für die empirische Forschung dient (siehe Abbildung 10).

Der Aufbau des folgenden Abschnitts orientiert sich an den von Sydow et al. (2009) vorgeschlagenen Phasen eines pfadabhängigen Prozesses: einer Phase der Kontingenz (Phase I), einer Phase selbstverstärkender Effekte (Phase II) und einer Lock-in-Phase (Phase III).

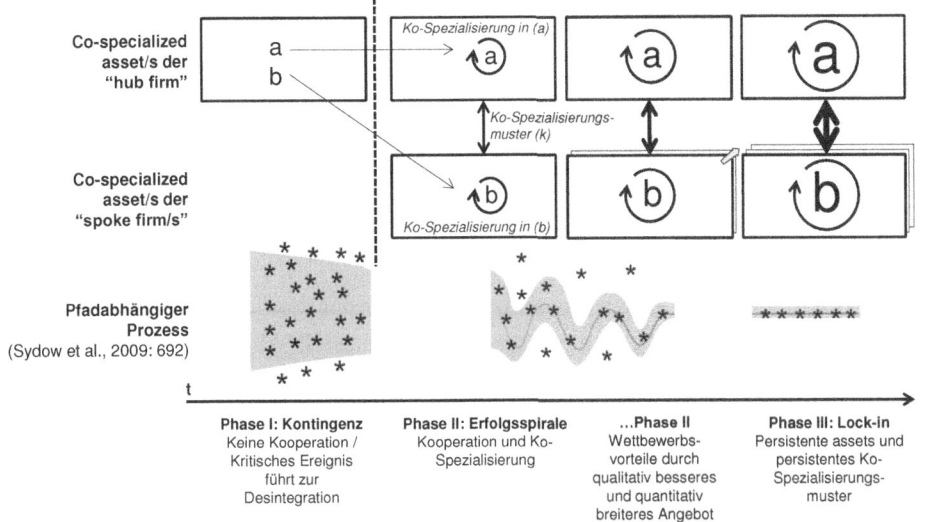

Abbildung 10: Ko-Spezialisierung als pfadabhängiger Prozess

Phase I: Neue Branchenstrukturen entstehen häufig im Zusammenhang mit neuen technologischen Designs und Paradigmen (Dosi, 1982) und sind zu Beginn von Kontingenz geprägt. Am Anfang gibt es noch keine Erfahrung und viele Möglichkeiten der interorganisationalen Arbeitsteilung sind möglich:

"In the early stages of industry development, product designs are fluid, manufacturing processes are loosely and adaptively organized, and generalized capital is used in production" (Teece, 1986: 288).

Daneben hängt es auch von der jeweiligen Technologie ab, wie scharf die einzelnen organisationalen Grenzen geschnitten sind. Im Elektronikbereich sind die vertikalen Grenzen beispielsweise bis heute nicht so klar wie im Automobilbereich (Luo, Baldwin, Whitney & Magee, 2012). Das heißt, Unternehmen überlagern häufig auch die Wertschöpfungsstufen ihrer Partner. Wie Jacobides et al. (2006) darlegen, entwickeln sich *industry architectures* zudem von Land zu Land sehr unterschiedlich und damit kontingent und vermutlich auch non-ergodisch im Sinne Arthurs (1989).

In dieser unklaren, jungen Phase einer Branche ist deshalb unternehmerisches Handeln von besonderer Bedeutung. Gerade wenn Branchen noch stark wachsen und nicht strukturiert sind, besteht eine strategisch wichtige Aufgabe darin, die noch unklaren Organisationsgrenzen mitzugestalten (Santos & Eisenhardt, 2009).

Mit einem kritischen, unerwartbaren Ereignis oder einem "*small event*" (Sydow et al., 2009: 691, in Bezug auf die Komplexitätstheorie Kauffmans, 1993), beispielsweise einer unkonventionellen Outsourcing-Entscheidung kann ein Unternehmen einen Prozess in Gang setzen, der die interorganisationale Struktur nachhaltig prägt. Aus einer initialen Präformationsphase heraus mit realen Alternativen wird eine bestimmte komplementaritätsgetriebene interorganisationale Kooperationsform ausgewählt. Voraussetzung für die Komplementarität ist allerdings, dass es sich um *separate* Ressourcen handelt (Sydow et al., 2009), denn solange Ressourcen noch keine separierten Elemente darstellen, können auch keine Komplementaritätseffekte wirken (siehe Abbildung 11):

> "On a more general level, complementarities mean synergy resulting from the interaction of two or more *separate* but interrelated resources, rules, or practices" (Sydow et al., 2009: 699, Auszeichnung nicht im Original).

Aus diesem Grund ist die Separation der Wertschöpfung eine notwendige (aber noch keine hinreichende Bedingung) für interorganisationale, komplementaritätsbasierte Kooperationen. Auch sei erwähnt, dass Ressourcen mitunter bereits separiert sind und nicht erst separiert werden müssen.

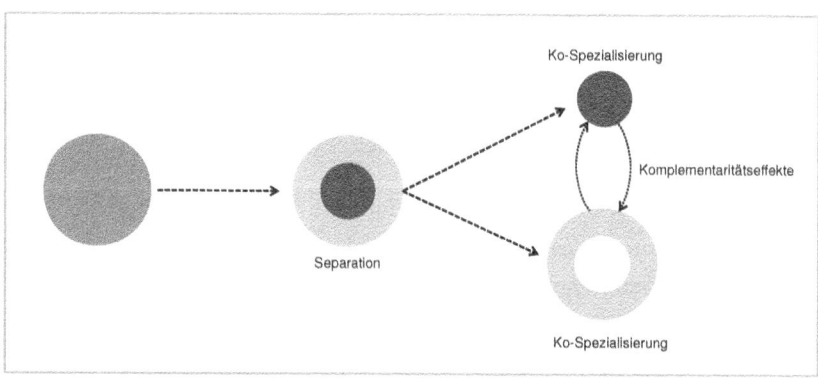

Abbildung 11: Separation als Voraussetzung für Komplementaritätseffekte

Voraussetzung für die Separation der Wertschöpfungskette und den interorganisationalen Aufgabentransfer ist ein gewisser technischer Reifegrad und der Schutz des geistigen Eigentums (siehe Abschnitt 2.2.3). Denn erst ab einer bestimmten technischen Reife können verschiedene, anfangs noch vermischte Wertschöpfungsaktivitäten zunächst innerhalb eines Unternehmens separiert werden. Sobald dann auch Schnittstellen und Koordinationspraktiken definiert und geistige Eigentümer ausreichend geschützt werden können, entsteht einer *hub firm* die Möglichkeit, komplementäre Wertschöpfungsaktivitäten an Partner auszulagern (Teece, 1986). Der Grad der vertikalen Desintegration steigt. Innovatoren mögen aber auch bestrebt sein, möglichst alle Wertschöpfungsaktivitäten zu integrieren. So bleibt zu Beginn jede Form der interorganisationalen Arbeitsteilung eine Möglichkeit unter vielen:

Proposition 1: Schnittstellen, Koordinationspraktiken und der Schutz des geistigen Eigentums erlauben einem fokalen Unternehmen die Übertragung komplementärer Wertschöpfungsaktivitäten auf Partner (Phase I: Voraussetzungen für die interorganisationalen Ko-Spezialisierung).

Sobald die interorganisationalen Komplementaritätseffekte durch positives Feedback eine sich selbst verstärkende Dynamik entfalten, leitet der *critical juncture* (Collier & Collier, 1991) über in die nächste Phase. Das Wertschöpfungs- und das Ko-Spezialisierungsmuster zwischen einem Unternehmen und seinem entstehenden Partnernetzwerk kann zu Beginn eher zufällig entstehen, sobald sich aber technologische und soziale Schnittstellen und damit eine klare Rollenverteilung herausbilden, stabilisiert sich das Muster, sodass sich auch neue Netzwerkmitglieder daran orientieren. Jedes Unternehmen ko-spezialisiert sich mit seiner begrenzten Rationalität auf einen bestimmten Teil der Wertschöpfungskette, die einzelnen Unternehmen koordinieren sich und ein bestimmtes Muster interorganisationaler Arbeitsteilung entsteht.

Phase II: Die interorganisationale Koordination erlaubt kooperierenden Unternehmen mit begrenzter Rationalität und begrenzten Ressourcen ihre eigene ko-spezialisierte Kernkompetenz zu entwickeln, die jeweils komplementär und ko-spezialisiert (Teece, 1992) zur Kernkompetenz des jeweiligen Partners ist.

Für die kooperierenden Unternehmen ergeben sich somit Spezialisierungsvorteile, die wiederum eine *Asymmetrisierung* auf *asset*-Ebene vorantreiben: Die *assets* der beteiligten Partner werden einander immer unähnlicher, je komplementärer sie werden (Nakamura et al., 1996). Von daher lässt sich je nach Blickwinkel Ko-Spezialisierung – wie alle Komplementaritätseffekte – sowohl als *sich selbstverstärkender* als auch als *sich wechselseitig verstärkender* Prozess definieren. Die verschiedenen koordinierten Spezialisierungsprozesse verstärken sich wechselseitig und perpetuieren damit den Ko-Spezialisierungsprozess als einen sich selbst verstärkenden Meta-Prozess. Voraussetzung dafür ist eine *Koordination* der verschiedenen Spezialisierungsprozesse durch die in Proposition 1 erwähnten Schnittstellen und Koordinationspraktiken. Die verteilten Spezialisierungsprozesse erhöhen die inkrementelle Innovationsgeschwindigkeit (Henderson & Clark, 1990) im Vergleich zur voll integrierten Wertschöpfung, da die begrenzten Ressourcen der kooperierenden Unternehmen zielgerichteter eingesetzt werden können:

Proposition 2a: Wenn sich kooperierende Partner auf unterschiedliche, aber komplementäre Wertschöpfungsaktivitäten ko-spezialisieren, steigert dies die inkrementelle Innovationsgeschwindigkeit (Phase II: Interorganisationale Ko-Spezialisierung).

Wenn die interorganisationalen Abstimmungsprozesse zunehmend standardisiert werden, ermöglicht dies dem fokalen Unternehmen zudem die Zusammenarbeit mit einer Vielzahl von Partnerunternehmen im strategischen Netzwerk und so wird der Aufbau marktseitiger indirekter Netzeffekte ermöglicht. Dadurch verfestigen sich die diesen Prozess ermöglichenden Koordinationspraktiken, Schnittstellen und Feedbackmechanismen (zunehmend auch in Form von sozialen Prozessen in soziomaterieller Verschränkung mit Informationstechnologie). Vermutlich erhöht sich durch diese Entwicklung aber nicht nur der strukturelle, sondern auch der kulturelle Organisationsgrad des strategischen Netzwerks (Sydow, 1992: 85). So führt der Prozess zwar zu relationalen Wettbewerbsvorteilen, aber gleichzeitig auch zur weiteren Stabilisierung eines interorganisationalen Ko-Spezialisierungsmusters:

Proposition 2b: Interorganisationale Schnittstellen, Koordinationspraktiken, Feedback- und Anpassungsmechanismen ermöglichen dem fokalen Unternehmen die Zusammenarbeit mit einer zunehmenden Anzahl an Partnern und damit den langfristigen Aufbau eines strategischen Netzwerks. Dadurch kann nicht nur ein besseres, sondern auch ein breiteres Angebot bereitgestellt werden (Phase II: Ko-Spezialisierung im strategischen Netzwerk).

Phase III: Gemäß Burger & Sydow (2014) lässt sich die dritte Phase eines pfadabhängigen Prozesses über die drei folgenden Indikatoren empirisch erkennen: (1) Eine bestimmte gewählte Option wird wiederholt repliziert. (2) Die Anzahl der Alternativen zu dieser Option nimmt ab, auch wenn ein gewisser Handlungsspielraum erhalten bleibt. (3) Die dadurch entstehende Trägheit kann hinsichtlich ihres Ausmaßes als Unwissenheit, Unwille oder Unfähigkeit bezeichnet werden. Ähnlich Indikatoren postulieren Sydow, Windeler, Müller-Seitz & Lange (2012) für die Lock-in-Phase eines pfadabhängigen Prozesses:

"(1) [I]nvestments are stable or increase with regard to the prevailing option, (2) investments in alternatives are reduced, (3) alternative options are considered to be niches ..." (Sydow et al., 2012: 5).

Wie eingangs bereits diskutiert, ist die Frage nach der Ineffizienz organisationaler Pfadabhängigkeit schwerer zu analysieren (siehe Abschnitt 2). Die Modellierung von Pfad-Ineffizienz erfolgt bei Arthur (1989, 1994) über *Payoff*-Tabellen (kritisiert durch Liebowitz & Margolis, 1990; 1995). Ein solches Vorgehen ist für die empirische Forschung zu organisationalen Pfadabhängigkeiten jedoch nicht praktikabel und stellt diese vor einem Dilemma (siehe Abschnitt 2). Aus theoretisch-konzeptioneller Sicht ist das Ineffizienzkriterium wichtig, da sich die Pfadtheorie damit von verwandten Konzepten wie *structural inertia* (Hannan & Freeman, 1984) besser abgrenzen lässt. Auf der anderen Seite mag ein zu starkes Beharren auf der Ineffizienzhypothese bei der empirischen Organisationsforschung aber zu Ex-post-Rationalisierungen verleiten. Denn wer weiß schon, ob es für die untersuchte(n) Organisation(en) wirklich eine bessere Alternative gegeben hätte (auch wenn es im Nachhinein so aussieht), wenn nicht wirkliche eine vollständige Population von Organisationen mit exakt gleichen Ausgangsbedingungen über alle Phasen hinweg beobachtet werden konnte (Vergne & Durand, 2010). Somit musste die Ineffizienzhypothese für die Organisationsforschung relaxiert werden. Gemäß Sydow et al. (2009) besteht eine strategische Ineffizienz bereits dann, wenn Unternehmen durch historisch entstandene Rigidität strategische Wahlmöglichkeiten verlieren. Vor diesem Hintergrund besteht die beste Möglichkeit den strategischen Lock-in eines pfadabhängigen Prozesses zu untersuchen in der Analyse gescheiterter Pfadbruchinitiativen (siehe zum Beispiel die Fallstudie zum pfadabhängigen Bertelsmann-Buchclub, Schreyögg, Sydow & Holtmann, 2011). Dieses Vorgehen ist deshalb legitim, weil die Pfadforschung im Prinzip zulassen muss, dass sich Pfade als soziale Phänomene auch brechen lassen. Die formale Anmutung der auf Arthur (1989, 1994) zurückgehenden Pfadtheorie mag darüber hinwegtäuschen, dass es sich bei den meisten Pfadabhängigkeiten um sozial eingebettete und sozial konstruierte Prozesse handelt. So ist in Organisationen ein Lock-in eben kein ewiger Zustand absoluter Determiniertheit, sondern eher ein besonders schwer zu durchbrechendes Muster, dass als kulturelles Artefakt (Schreyögg et al., 2003: 277) aber dennoch durchbrochen werden kann. Die Brechung erfordert Änderungsinitiativen, die auf diskursiver (Dobusch, 2008), auf systemischer, auf verhaltensbezogener, auf Ressourcenebene oder auch auf allen genannten Ebenen gleichzeitig verortet werden können (Schreyögg et al., 2003). Ähnlich wie die Entstehung einer Pfadabhängigkeit, sind auch Pfadbrechungen als exzeptionelle, emergente und nicht vollständig vorhersagbarer Prozesse zu verstehen (Dobusch & Kapeller, 2013; Dobusch, 2008; Plowman et al., 2007).

Im Falle der hier beschriebenen pfadabhängigen Ko-Spezialisierung würde eine Pfadbrechung auf die Änderung der Ressourcen der *hub firm*, auf die Änderung der Ressourcen der Partnerunternehmen im strategischen Netzwerk sowie auf die Änderung des interorganisationalen Ko-Spezialisierungsmusters abzielen und auf allen

Ebenen auf Barrieren stoßen. Zu einem besteht die Gefahr der zu starken Ko-Spezialisierung auf bestimmte *assets*, die sich unter veränderten Umweltbedingungen als Kernrigiditäten im Sinne Leonard-Bartons (1992) erweisen. Diese Barrieren wirken zwar primär intraorganisational, sind aber Ergebnisse eines *interorganisationalen Prozesses*. Die zu starke lokale Ko-Spezialisierung ist aber auch dann eine Barriere für Pfadbruchinitiativen, wenn die Ressourcen und Kompetenzen im historischen Verlauf so ungleich und firmenspezifisch werden, dass sie nicht mehr über organisationale Grenzen hinweg re-koordiniert werden können:

Proposition 3a: Langfristig entsteht durch die zunehmende vertikale Desintegration die Gefahr, dass sich die kooperierenden Unternehmen im strategischen Netzwerk zu stark auf ihre jeweiligen Wertschöpfungsaktivitäten ko-spezialisieren und das fokale Unternehmen dadurch strategische Alternativen verliert (Phase III: Intraorganisationale Gefahren der Ko-Spezialisierung).

Eine weitere Rigiditätsquelle lässt sich direkt auf der interorganisationalen Ebene, auf Ebene des Ko-Spezialisierungsmusters verorten. In diesem Fall verharren die kooperierenden Partner in ihren etablierten (und zumindest potenziell ineffizienten) Mustern der Arbeitsteilung mit festen Rollen, Schnittstellen, Semantiken und Konzepten:

Proposition 3b: Langfristig entsteht durch die Kooperation die Gefahr, dass sich das Ko-Spezialisierungsmuster im strategischen Netzwerk zunehmend verfestigt und das fokale Unternehmen dadurch strategische Alternativen verliert (Phase III: Interorganisationale Gefahren der Ko-Spezialisierung).

Ein etablierter Technologiehersteller kann dann mit einer neuartigen Technologie reüssieren, wenn es gelingt, diese in einen völlig neuen Anforderungskontext, ein neues *value network* zu verkaufen (Christensen, 1997). Eine wichtige Rolle spielt dabei eine neue (meist weniger zahlungskräftige) Zielgruppe, die sich vorher durch Nicht-Konsum auszeichnete und deshalb geringere Ansprüche an eine noch junge Technologie stellt als etablierte Kunden (Christensen, 1997; Christensen & Rosenbloom, 1995). Es bedarf aber nicht nur neuer Kunden mit zunächst geringeren Qualitätsanforderungen, sondern vor allem auch neuer *Lieferanten und Vertriebspartner* (Christensen & Raynor, 2003: 44), denn etablierte Partner verfügen meist über Kostenstrukturen, die neuen *value networks* nicht angemessen sind. Wenn sich allerdings kein neues Partnernetzwerk aufbauen lässt, weil sich ein entstandenes Ko-Spezialisierungsmuster trotz intensiver Änderungsinitiativen als zu rigide erweist, liegt ein spezifischer Fall pfadabhängiger Ko-Spezialisierung im strategischen Netzwerk vor.

3 Methode

3.1 Pfadforschung als Prozessforschung

Die Theorie der (inter-)organisationalen Pfadabhängigkeit, die mit der folgenden Studie weiterentwickelt werden soll, ist eine Prozesstheorie – und analysiert ihr Phänomen mit der Hilfe von Phasen. Gemäß Langley (1999) eignet sich für die phasenorientierte Analyse empirischer Prozessdaten die sogenannte *temporal bracketing strategy*:

> "This can be especially useful if there is some likelihood that feedback mechanisms, mutual shaping, or multidirectional causality will be incorporated into the theorization" (Langley, 1999: 703).

So lassen sich durch temporale Zuordnung auch große Datenmengen relativ einfach darstellen und analysieren, zum Teil jedoch auf Kosten der Akkuratesse. Pfadabhängigkeit darf dabei nicht als bloßes zeitliches Nacheinander von bestimmten Phasen verstanden werden. Viel eher handelt es sich bei einer Pfadabhängigkeit um ein Phänomen, das erst durch die zeitliche „Addition" der Phasen zu einem Ganzen emergiert. Aus diesem Grund lässt sich dieses Phänomen auch nur retrospektiv nachweisen.

So kann eine Pfadvermutung empirisch erst dann verifiziert werden, wenn ausreichend Evidenz nicht nur für einen, sondern für eine Reihe verschiedener Indikatoren gefunden wird. Ein speziell für strategisches Kontexte entwickeltes Analysemuster entwickelt Koch (2008: 56) mit der fünfstufigen Prozedur für den Nachweis strategischer Pfadabhängigkeit: Danach muss (1) mindestens ein konstantes strategisches Muster identifiziert werden, das (2) auf mindestens einem Selbstverstärkungsmechanismus beruht und deshalb auch dann beibehalten wird, wenn (3) ein *rationality shift* (in der Umwelt) stattfindet. Wenn (4) gezeigt werden kann, dass strategische Änderungsinitiativen scheitern, die Lock-in-Situation nicht überwunden wird, muss (5) Ausmaß und Form der Pfadabhängigkeit (Fehlende Alternativen, Unkenntnis, Unwille) fest- und dargestellt werden, womit gleichzeitig Auskunft über etwaige Möglichkeiten des Pfadbruchs gegeben wird. Sydow et al. (2012) entwickeln mit der *path constitution analysis* eine erweiterte Methodologie, die sowohl zur Untersuchung für Pfadabhängigkeit, als auch für die Untersuchung von Pfadkreation (Garud & Karnøe, 2001) genutzt werden kann. Konstitutive Elemente, die zum Nachweis eines Pfades gehören, sind demnach Indikatoren für (1) eine Verbindung zwischen der fokalen Analyseebene und anderen Mikro- und Makroebenen, (2) die Identifikation eines auslösenden Ereignisses, (3) Indikatoren für einen non-ergodischen, also nicht von Anfang an determinierten Prozess, (4) die Identifikation selbstverstärkender Mechanismen, eines (5) Lock-in sowie (6) Indikatoren für das Wirken multipler Akteure.

Wenn der Anspruch, wie im vorliegenden Fall, darin besteht, alle Phasen eines pfadabhängigen Prozesses zu untersuchen, dann sollten die von Koch (2008) und Sydow et al. (2012) genannten Elemente eines pfadabhängigen Prozesses nicht an unterschiedlichen, sondern am selben Untersuchungsobjekt, so zum Beispiel im Rahmen einer Fallstudie, untersucht werden. Die oben artikulierten Forschungsfragen adressieren (inter-)organisationale Prozesse und gemäß Yin (2009) lassen sich derartige Forschungsprobleme zwar grundsätzlich mit Experimenten untersuchen, allerdings nur bei voller Kontrollmöglichkeit der Kontextbedingungen (Yin, 2009: 10). Bei den hier adressierten (inter-)organisationalen Prozessen ist diese Kontrollmöglichkeit nicht gegeben. Sie entfalten sich vermutlich erstens über mehrjährige Zeiträume und zweitens über mehrere Ebenen hinweg und sind deshalb mit all ihren Kontextbedingungen in einem experimentellen Design nicht abbildbar. Ein Fallstudienansatz (Yin, 2009: 4) scheint deshalb die Methode der Wahl zu sein, um die vorliegende Fragestellung zu beantworten – zumal sich qualitative Ansätze bereits in verschiedenen empirischen Studien, sowohl zur Erforschung organisationaler Pfadabhängigkeit (Schreyögg et al., 2011) als auch zur Erforschung von Prozessen der Pfadkreation (Garud & Karnøe, 2001) bewährt haben.

Allerdings kann nicht darüber hinweggesehen werden, dass sich Fallstudienansätze zur Erforschung pfadtheoretischer Fragestellungen zuletzt heftiger Kritik ausgesetzt sahen. Vergne & Durand (2010) stellen jegliche Form der Ex-Post-Beobachtbarkeit kontingenter Prozesse in Frage. Im Nachhinein ließe sich wissenschaftlich nicht verifizieren, inwieweit etwas zufällig passiert sei oder nicht. Kontingente Phänomene wären demnach nur durch Experimente oder Simulationen beobachtbar, da nur hier eine kontrollierte Anzahl von Variablen und Fällen *ex ante* wie *ex post* untersucht werden könne:

"Using such designs, scholars can tell what is attributable to chance and what is not, since all relevant variables are tracked at each step of the research process" (Vergne & Durand, 2010: 751).

Problematisch bleibt aber, dass sich vor allem experimentelle Designs – wie oben erwähnt – schlecht auf langwierige und (inter-)organisationale Fragestellungen anwenden lassen, vor allem weil sich hier Phänomen und Kontext schlecht abgrenzen lassen. Es ist deshalb auch kein Zufall, dass experimentelle Pfadstudien bislang nicht organisationale Prozesse, sondern vor allem individuelle Entscheidungen zum empirischen Untersuchungsgegenstand hatten (Koch, Eisend & Petermann, 2009).

Einen Ausweg aus der methodologischen Sackgasse entwickeln Dobusch & Kapeller (2013) durch eine Reflexion der epistemologischen Grundlagen der Pfadforschung und Pfadtheorie. Danach rühren die methodischen Differenzen (Garud, Kumaraswamy & Karnøe, 2010; Vergne & Durand, 2010), die sich in den unterschiedlichen Forschungsansätzen zur Pfadabhängigkeit manifestieren, von unterschiedlichen impliziten forschungsparadigmatischen Ansprüchen her. Insbesondere wurde in der bisherigen Diskussion bislang nicht ausreichend reflektiert, ob sich Pfadforschung als *nomothetische* oder als *idiographische* Forschungsrichtung (Windelband, 1904) versteht. Während eine nomothetische Richtung nach allgemeinen Gesetzmäßigkeiten suchen würde, wäre idiographische Forschung vor allem an der Auseinandersetzung mit einzigartigen Phänomenen interessiert. Dobusch & Kapeller (2013) arbeiten heraus, dass sich diese Frage nicht für die Pfadtheorie als Ganzes beantworten lässt, sondern dass sich Teile der Pfadtheorie abhängig von der jeweilig konzeptualisierten Phase (Kontingenz, Selbstverstärkung, Lock-in, Pfadkreation oder Pfadbruch) in ihren epistemologischen Grundannahmen unterscheiden. Fragen nach kontingenten Phänomenen (Pfademergenz, Pfadbruch und Pfadkreation) sind idiographische Fragestellungen, die sich für das Exzeptionelle interessieren. Diese lassen sich nicht *ex post* mit einem nomothetischen Verständnis untersuchen. Vergnes & Durands (2010) Antipathie gegen Ex-Post-Designs zur Untersuchung kontingenter Phänomene lässt sich folglich dadurch erklären, dass sie einen nomothetischen und damit einen unpassenden Verifikationsanspruch an die Forschung zu derlei Phänomenen hegen. Sehr wohl aber eignet sich ein nomothetischer Anspruch für Fragestellungen zur Selbstverstärkung und zum Lock-in, da hier nicht mehr die Suche nach exzeptionellen Phänomenen, sondern die Auseinandersetzung mit allgemeinen Gesetzmäßigkeiten im Vordergrund steht. Entsprechend bieten sich nach Dobusch & Kapeller (2013) Einzelfallstudien zur Untersuchung von Kontingenzen und kritischen Ereignissen an, während sich komparative Designs, Experimente und Simulationen für die Untersuchung von Selbstverstärkungs- und Lock-in-Phänomenen eignen.

Da die vorliegende Arbeit alle drei Phasen eines emergenten pfadabhängigen Prozesses untersuchen soll und muss, ist es ratsam, die unterschiedlichen forschungsparadigmatischen Ansprüche mit unterschiedlichen Herangehensweisen innerhalb *eines* Fallstudiendesigns zu adressieren. So sollen innerhalb eines gemeinsamen Kontextes verschiedene *kritische Episoden* untersucht werden, die es erlauben, dem jeweiligen Anspruch gerecht zu werden, der sich aus den recht unterschiedlichen Phasenlogiken ergibt. Entsprechend den Vorschlägen von Dobusch & Kapeller soll die erste Episode mit ideographischem Anspruch, die zweite hingegen mit nomothetischen Anspruch untersucht werden. Während bei der Analyse der ersten Episode also eher individuelle, exzeptionelle Entscheidungen untersucht werden, widmet sich die Analyse der zweiten Episode eher übergeordneten Entwicklungen, die sich vor allem auch anhand deskriptiver Statistiken beschreiben lassen. Die dritte Episode wird anhand einer bislang wenig erfolgreichen Pfadbruchinitiative analysiert, die wie die erste Episode eher als exzeptionelles denn als nomothetisches Phänomen untersucht wird. Durch den gemeinsamen Kontext können dennoch die Stärken der interpretativen Prozessforschung (Guba & Lincoln, 1985; Langley, 1999) ausgespielt werden. So stehen die Analysen der verschiedenen Phasen nicht separat nebeneinander, sondern werden zeitlich zueinander in Bezug gesetzt. Ein Fallstudienansatz ist aber auch deshalb angemessen, weil zu den spezifischen Fragestellungen bislang kaum spezifische Methoden oder Messinstrumente zur Verfügung stehen. Erst die reichhaltigen Evidenzen, die in Fallstudien generiert werden können (Eisenhardt, 1989; Yin, 2009) ermöglichen die elaborierte Weiterentwicklung theoretischer Konstrukte. Die einzelnen kritischen Episoden stehen dabei weniger in einem komparativen Verhältnis zueinander, sondern in einem synergistischen (Leonard-Barton, 1990).

3.2 Fallauswahl und Fallstudiendesign

Als Fall für das konzeptualisierte Forschungsdesign wird ein Unternehmen gesucht, dessen Strategie in hohem Maße auf Ko-Spezialisierung im strategischen Netzwerk aufbaut. Dabei sollte die Entscheidung für diese Strategie vor dem Hintergrund alternativer Möglichkeiten getroffen worden sein, und es sollte Indikatoren dafür geben, dass diese Strategie zu Beginn positive, langfristig aber auch nachteilige Folgen mit sich brachte.

3.2.1 Die ERP-Branche als Untersuchungskontext

Als empirisches Feld für die Fallauswahl eignet sich die Branche für *Enterprise-Resource-Planning-Software* in besonderem Maße. ERP-Software ist ein komplexes Produkt, denn es bietet nicht nur eine Softwareunterstützung für die einzelnen Bereiche eines Unternehmens, sondern verknüpft diese darüber hinaus als integrierendes System:

> "An ERP system is essentially a company-wide core IT system that integrates the firm's different business functions" (Lehrer, 2006: 190).

Unternehmenssoftware kann als Individualsoftware einmalig und speziell auf die Bedürfnisse eines einzigen Unternehmens hin entwickelt werden. Alternativ kann sie aber auch als wiederverwendbare *Standardsoftware* entwickelt werden – ist dann aber bei jedem Kundenprojekt auf zusätzliches *Customizing* (Anpassungsdienstleistungen) angewiesen. Geht ein Entwickler von Unternehmenssoftware den Weg der Standardsoftware, dann lässt sich die Fähigkeit, Anpassungsdienstleistungen dafür durchführen zu können, im Sinne von Teece (1986) als ko-spezialisierte Wertschöpfungsaktivität verstehen, die komplementär zur Wertschöpfungsaktivität Softwareentwicklung entsteht.

Der Wert des einen *asset*, der Dienstleistung entsteht durch die Komplementarität mit dem anderen *asset*, der ERP-Standardsoftware und umgekehrt. Darüber hinaus ermöglicht der Weg der Standardsoftware dem Softwareentwickler die Zusammenarbeit mit externen Dienstleistungspartnern. So kann die Standardsoftware zwar von einem Innovator entwickelt werden, aber von einem externen Partner beim Kunden implementiert werden. Die positiven Effekte, die eine solche Arbeitsteilung zwischen ERP-Entwicklern und ERP-Dienstleistern mit sich bringen, wurden von Sarker et al. (2012) in Bezug auf Prahalad & Ramaswany (2004) als Effekte der *value cocreation* untersucht. Die prozessual entstehenden Rigiditäten für den Hersteller von Standardsoftware können aus dieser Perspektive jedoch noch nicht analysiert werden und sollen deshalb im Rahmen der vorliegenden Arbeit mit Hilfe der Pfadtheorie untersucht werden.

3.2.2 Der Fall: SAPs Produkt- und Partnerstrategie

Innerhalb der Branche für Unternehmenssoftware wird die Produkt- und Partnerstrategie des ERP-Anbieters *SAP AG* als Fall ausgewählt. Die Partnerschaften, die SAP zu seinen Dienstleistungspartnern unterhält, sind ein ideales Beispiel für eine auf komplementären *assets* basierende Kooperation (Teece, 1992), die zudem in hohem Maße koordiniert werden muss. Es bedarf ausgefeilter Selektions-, Evaluations- und Ausbildungsprozeduren sowie dedizierter Partnermanager auf beiden Seiten, bei SAP und auf Seiten der Partner (Schreiner et al., 2009). Darüber hinaus ist der Fall der SAP-Partnerstrategie interessant, weil die Kooperationsmuster tief in soziomaterielle Artefakte (Orlikowski, 2007) wie Programmiersprachen und Parameterlogiken eingeschrieben werden. Auch kann im SAP-Fall auf eine gute Datenlage zurückgegriffen werden, unter anderem, weil der Fall bereits häufiger in den Management- und Organisationswissenschaften aus verschiedenen anderen Perspektiven heraus untersucht wurde (bspw. Eisenhardt, 2000; weitere Quellen in Abschnitt 3.3).

SAP ist heute der weltweit größte Anbieter von Unternehmenssoftware und unterhält schätzungsweise 10.000 Partnerschaften (RAAD, 2012). Für die zu untersuchende interorganisationale Ko-Spezialisierung sind vor allem die Partner relevant, die SAP selbst als *Service Partner* bezeichnet, denn deren Tätigkeit ist besonders beratungsintensiv (SAP, 2012). Große *Service Partner* sind zum Beispiel *Accenture, Capgemini, PwC* oder *T-Systems*. In der Praxis werden diese Unternehmen mitunter als *Systemintegratoren* bezeichnet:

> "These system integrators (SI) have grown substantially with SAP and SAP has grown with the SIs, too" (Meyer, 2008: 11).

Passend zu einer umfangreichen SAP-Unternehmenssoftware wuchs das Dienstleistungsangebot der SAP-Dienstleistungspartner. Die SAP-Partner erbringen mit ihren komplementären, wissensintensiven Dienstleistungen einen existenziellen Teil der Wertschöpfungskette. Die Software ist ohne die entsprechenden Anpassungen nicht benutzbar, sie ist darauf ausgelegt, dass sie von Dienstleistern an den jeweiligen Kundenkontext angepasst wird. Diese Dienstleister spielen aber auch eine wichtige Rolle im Vertriebsprozess, da sie zum Beispiel als Unternehmensberater oder Wirtschaftsprüfer vor allem bei großen Geschäftskunden über exzellente Geschäftsbeziehungen (Kleinaltenkamp, 2011) verfügen. Die Produkt- und Partnerstrategie von SAP entwickelte sich in letzten Jahrzehnten extrem erfolgreich. SAP konnte zusammen mit seinen Partnern zum weltweit erfolgreichsten Anbieter für Unternehmenssoftware werden und hält bei großen Unternehmen einen Marktanteil von über 90 Prozent (siehe Abschnitt 4.2).

Vor dem Hintergrund der hier vorgeschlagenen Ko-Spezialisierungsperspektive ist SAPs Produkt- und Partnerstrategie somit ein extremer *Einzelfall* (Siggelkow, 2007), mit dessen Hilfe die besondere Bedeutung der interorganisationalen Ko-Spezialisierung in den Mittelpunkt der Untersuchung gestellt werden kann. Aber auch für eine pfadtheoretische Untersuchung eignet sich der Fall hervorragend, denn diese sehr erfolgreiche Strategie offenbarte auch strategische Nachteile, als Segmente erschlossen werden sollten, in denen Simplizität gefragt ist: SAP-Beratung ist dann häufig zu teuer und die Software zu überdimensioniert, um auch vom unteren Mittelstandsmarkt angenommen zu werden. Weil beide Seiten, das von SAP erbrachte Softwareangebot und das von Partnern erbrachte Dienstleistungsangebot, sehr eng aufeinander abgestimmt sind, gelingt es SAP nur schwer, das Gesamtangebot mittelstandstauglich umzugestalten. Die bislang radikalste Initiative, mit der diese Problematik gebrochen werden sollte, war die Entwicklung und Einführung des neuen Cloud-Produkts *Business ByDesign* seit 2003. Im Rahmen dieser Initiative sollte die Komplexität und damit die Beratungsintensität der SAP-Software für den Cloud- und Mittelstandsmarkt radikal gesenkt werden. Es wird geschätzt, dass die *ERP Business Suite*, die technologisch nach wie auf dem Produkt R/3 aus dem Jahre 1992 basiert, über tausende Einstellungsparameter verfügt. Für den Mittelstandsmarkt wollte SAP ein Produkt entwickeln, bei dem nur noch wenige hundert Parameter nötig sind, um es zu konfigurieren (Faisst, 2011). Mit diesem neuen Ansatz war die Hoffnung verbunden, dass eine Individualisierung durch Beratungspartner beim Kunden nicht mehr notwendig sein würde, dass der Kunde das Produkt über das Internet im sogenannten *customer self service* selbst konfiguriert. Allerdings erwies sich die Absicht, dass Kunden die neue Software völlig ohne Beratungsdienstleistungen selbst installieren, als wenig praktikabel, und so konnte das Problem der Beratungsintensität im unteren Mittelstandssegment noch nicht nachhaltig gelöst werden. Im Zusammenhang mit dieser neuen Software war deshalb lange auch unklar, welche neue Rolle Partner dabei spielen sollten, da zunächst ja keine personalintensive Beratung und kein personalintensiver Vertrieb vorgesehen waren. Bis heute erreichte diese Initiative nicht ihre hoch gesteckten Ziele, weshalb sich diese Episode in der vorliegenden Arbeit als (bislang) gescheiterter Versuch der Pfadbrechung analysieren lässt. Insgesamt erscheint es aus pfadtheoretischer Perspektive vielversprechend zu fragen, ob SAPs frühe Produkt- und Partnerentscheidungen zu Ko-Spezialisierungseffekten zwischen SAP und Partnernetzwerk führten, aus denen sich zunächst enorme strategische Vorteile, langfristig aber auch strategische Nachteile ergaben. Die Hypothese der Pfadabhängigkeit gilt dabei primär der fokalen Organisation SAP. Die SAP-Partner spielen für den vermuteten pfadabhängigen Prozess als Anbieter einer komplementären Ressource im strategischen Netzwerk zwar eine wesentliche und notwendige Rolle. Aufgrund der Größe und Vielfalt des SAP-Partnernetzwerks lässt sich aber keine Lock-in-Hypothese für jeden einzelnen Partner aufstellen.

Über die theoretische Auseinandersetzung hinaus leistet die vorliegende Arbeit auch einen Beitrag dazu, SAP besser zu verstehen. Viel wurde bereits über das Unternehmen geschrieben, weshalb von einer „heimliche[n] Software-Macht" (Meissner, 1997) keine Rede mehr sein kann. Vor diesem Hintergrund bereichert die vorliegende Studie das publizierte Wissen über SAP mit einer Untersuchung der gesamten vierzigjährigen Unternehmenshistorie auf Grundlage eines stringenten theoretischen Konzepts. Dabei entstehen neue Erkenntnisse nicht nur durch die intensive Auseinandersetzung mit dem SAP-Partnernetzwerk, sondern auch durch die ausführliche Analyse der *Business ByDesign*-Initiative.

3.2.3 Fallstudiendesign

Abbildung 12 illustriert, wie die drei verschiedenen Phasen (Schreyögg et al., 2003; Sydow et al., 2009) anhand drei kritischer Episoden untersucht werden. Um den interorganisationalen Charakter des Prozesses analysieren zu können, wird jeweils neben dem fokalen Unternehmen SAP auch die komplementäre Seite, die der SAP-Partner anhand deskriptiver Statistiken und ausgewählter Fälle untersucht.

Analog zum Phasenmodell der Theorie organisationaler Pfadabhängigkeit (Schreyögg et al., 2003; Sydow et al., 2009) und gemäß einer *Temporal-Bracketing*-Strategie (Langley, 1999) wird die Entwicklung der SAP-Partner- und Produktstrategie untersucht als eine Abfolge kritischer Episoden: (I) Die Entstehung der SAP-Partner- und Produktstrategie seit 1972, (II) die Phase des exponentiellen Wachstums von SAP und seinen Partner seit den 1980er und insbesondere seit den 1990er Jahren bei gleichzeitigen strategischen Problemen im Mittelstandsegment sowie (III) die letzte bislang wenig erfolgreiche Initiative (*Business ByDesign*), mit der SAP seit einigen Jahren den

Durchbruch bei kleineren Kunden zu erzielen sucht. Zwar bietet SAP seit 2001 mit *Business One* ein ERP-Produkt für Kleinstunternehmen an, das ebenfalls nicht auf R/3 basiert. Allerdings hatte *Business One* nie die strategische Bedeutung wie *Business ByDesign*, weshalb sich letztere Initiative am ehesten dazu eignet, den strategischen Lock-in-Zustand verstehen und analysieren zu können. In seiner Gänze erlaubt es das mehrstufige Forschungsdesign, die historischen Wurzeln gegenwärtiger Rigiditäten besser ergründen zu können.

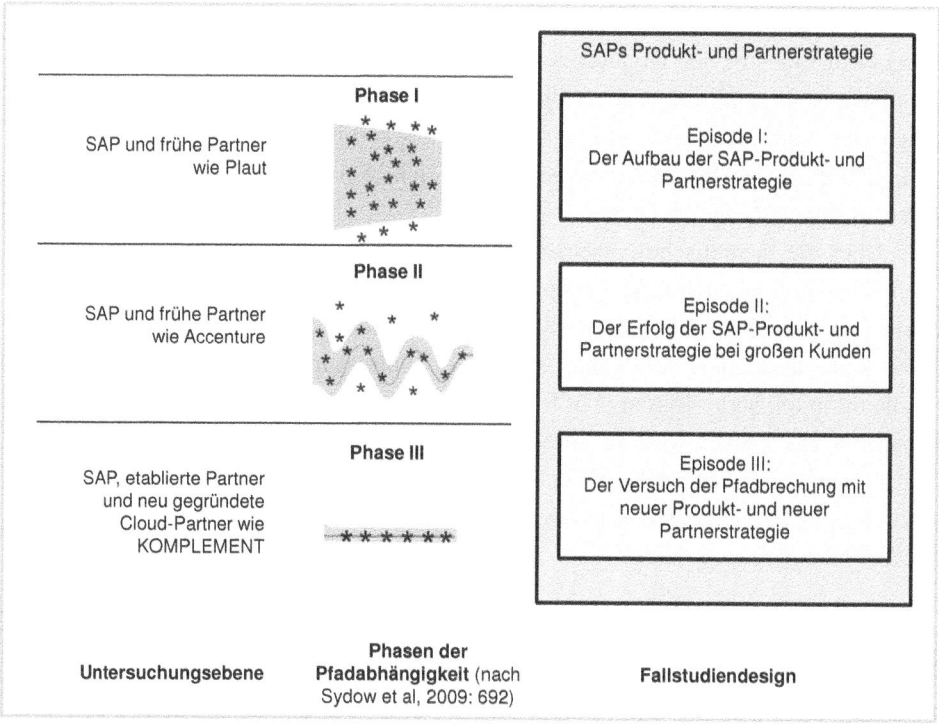

Abbildung 12: Fallstudiendesign

So wird neben der fokalen Organisation SAP die Partnerseite im strategischen Netzwerk[6] anhand ausgewählter Unternehmen vertiefend analysiert. Für die erste und zweite Episode werden große Dienstleistungspartner wie *Accenture* und Systemhäuser wie *itelligence* untersucht. Bei der Analyse der jüngsten und radikalsten Pfadbruchinitiative werden etablierte SAP-Partner sowie ein eigens für diese Initiative neu gegründetes

---

[6] Erwähnt werden soll an dieser Stelle, dass eine Studie zu strategischen Netzwerken nicht zwangsläufig die Verwendung quantitativer Instrumente der Netzwerkanalyse erfordert. Wenn der Begriff des strategischen Netzwerks (Jarillo, 1988), wie in der vorliegenden Arbeit, phänomenologisch im Sinne einer Governanceform verwendet wird (Sydow, 1992: 119), können durchaus auch qualitative Forschungsdesigns zum Einsatz kommen.

SAP-Partnernetzwerk analysiert, das in der vorliegenden Studie mit dem Pseudonym *KOMPLEMENT* bezeichnet wird.

3.3 Datenerhebung

Nach Klärung der Fallauswahl und des Fallstudiendesigns soll nun das Vorgehen der Datenerhebung erläutert werden, das sich an Yin (2009) orientiert. Der Analysezeitraum, auf den sich die vorliegende Arbeit bezieht, umfasst eine Spanne von gut 40 Jahren; von SAPs Entscheidung für Standardsoftware, die langfristig die Zusammenarbeit mit externen Dienstleistungsunternehmen ermöglichte, bis hin zu den Entwicklungen in 2014. Während sich die aktuellen Vorgänge zum Teil auch im Rahmen teilnehmender Beobachtungen erfassen ließen, müssen die Entwicklungen der Vergangenheit retrospektiv über Interviews und die Auswertung von Dokumenten rekonstruiert werden. Für die vorliegende Fallstudie kommen deshalb als Datenquellen *Dokumente und Publikationen*, *Medienbeiträge*, *leitfadengestützte Interviews* und *teilnehmende Beobachtungen* zum Einsatz. Dabei stellen Dokumente, Publikationen und Interviews die Hauptdatenquellen dar.

Insgesamt wurden 48 *Interviews* durchgeführt mit Personen, die für SAP, SAP-Partner, SAP-Anwenderorganisationen, Branchenexperten oder SAP-Wettbewerber tätig sind oder waren. Dabei hatten viele der Interviewpartnerinnen und -partner im Laufe ihres Berufslebens bei verschiedenen Organisationen in verschiedenen Positionen gearbeitet – und zwischenzeitlich zum Beispiel von einem SAP-Partner zu SAP gewechselt oder umgekehrt. Das jeweilige Interview wurde jeweils der Organisation und Position zugeordnet, deren Perspektive schwerpunktmäßig im Interview zur Sprache kam (siehe Tabelle 2). Die Interviews mit SAP-Partnern wurden zum Teil im Rahmen eines anderen Forschungsprojektes gemeinsam mit anderen Forschern oder durch andere Forscher durchgeführt. Die kürzeren Interviews mit den Geschäftsführerinnen und Mitarbeiterinnen der SAP-Partner fanden hauptsächlich telefonisch statt, die längeren Interviews persönlich bei Besuchen der jeweiligen Unternehmen oder auf Messen, Workshops und Konferenzen. Nahezu alle Interviews wurden per Audiorekorder aufgenommen. Zusammen mit den Audioaufnahmen, die im Rahmen der teilnehmenden Beobachtungen entstanden, ergibt sich Audiodatenmaterial von insgesamt 60 Stunden und 41 Minuten. Wichtige Interviews wurden vollständig, weniger wichtige Interviews oder Interviews mit redundantem Inhalt selektiv transkribiert. Die Interviews dauerten im Durchschnitt circa 60 Minuten. Grundlage waren Interviewleitfäden (siehe ein Beispiel im Anhang). Da die Untersuchung nicht nur verschiedene Episoden (bspw. den Aufbau der SAP-Produkt- und Partnerstrategie), sondern auch sehr unterschiedliche Ebenen betrifft (Ebene der Organisation SAP, Ebene der SAP-Partner, Ebene der SAP-Anwender), wurde der Interviewleitfaden jeweils für jede/n Interviewpartner/in individuell angepasst. Auch wurde im Gesprächsverlauf häufig vom jeweils individuell angepassten Leitfaden aufgrund von Rückfragen und spontan aufkommenden Themen abgewichen.

Dokumente und Archivdaten eignen sich im Rahmen von Fallstudien vor allem dazu, Daten aus Interviews zu validieren beziehungsweise in Frage zu stellen (Eisenhardt, 1989; Yin, 2009). Im Gegensatz zu Interviews handelt es sich bei Dokumenten meist um nicht-reaktives Datenmaterial, das heißt die Daten wurden im Gegensatz zu Interviewdaten nicht auf Initiative des Forschers hin erzeugt. Allerdings muss auch mit derlei Daten kritisch umgegangen werden, denn auch diese spiegeln keine „objektiven" Fakten wieder, sondern wurden meist in persuasiver Absicht erzeugt. SAP verfügt offenbar über kein Firmenarchiv (Leimbach, 2007: 34) und ist im Gegensatz zu den meist älteren großen deutschen Unternehmen auch nicht Mitglied im der Gesellschaft für Unternehmensgeschichte (GUG). Dennoch kann die Geschichte des Unternehmens relativ gut rekonstruiert werden, da viele Zeitzeugen der Gründergeneration nun im Ruhestand sind und einfacher interviewt werden können und es diverse *Publikationen* zur Geschichte von SAP gibt. Zum Einsatz kommen in der vorliegenden Studie vor allem wissenschaftliche Publikationen zu SAP und zur Softwareindustrie (Buxmann, Diefenbach & Hess, 2011; Denert, 2011; Ceccagnoli, Forman, Huang & Wu, 2012; Eisenhardt, 2000; Huang, Ceccagnoli, Forman & Wu, 2012; Lehrer & Behnam, 2009; Lehrer, 2000, 2006; Leimbach, 2007, 2008, 2009; Strambach, 2010; Wolf, Geiger, Benlian, Hess & Buxmann, 2008) sowie Sachbücher zur Geschichte von SAP (Meissner, 1997; Plattner, Scheer, Wendt & Morrow, 2000; Siegele & Zepelin, 2009). Technische Informationen wurden direkt über die SAP-Website oder über diverse Fachbücher erhoben (Küting, Snabe, Rösinger & Wirth, 2011; Oswald, 2006; Schreckenbach, 2010; Vogel & Kimbell, 2005). Zudem wurde die offizielle Kommunikation der *SAP AG* (Pressemitteilungen und Informationen von der Website der SAP AG) und die *Medienberichterstattung* über SAP in den Medien rekonstruiert und kontinuierlich analysiert. Neben der Berichterstattung in der deutschsprachigen Tagespresse (*FAZ, FTD, Handelsblatt* usw.) gehört dazu vor allem die Berichterstattung der Fachpresse (*Computerwoche, heise online, golem.de* usw.). Ein besonderes Augenmerk lag hierbei auf der historischen Entwicklung der SAP-Mittelstandsaktivitäten, die unter anderem über das Heftarchiv der Computerwoche erhoben wurde. Die Computerwoche ist ein prominentes Medium der deutschen Computerindustrie und berichtet seit ihrer Gründung im Jahr 1974 über das Unternehmen SAP, das zwei Jahr zuvor gegründet wurde. Außerdem stellt die Wochenzeitung ein vollständiges Heftarchiv im Internet bereit, sodass sich die Datenbank mit den Schlagwörtern „SAP" und „Mittelstand" hinsichtlich aller relevanten Meldungen seit 1974 auswerten ließ. Dabei wurden 291 Artikel identifiziert, gesichtet, und relevante Passagen extrahiert. Als weitere Dokumentenquelle wurden (zum Teil unveröffentlichte) IT-Markt-Schätzungen von SAP-

Partnern und IT-Analysten (PAC, 2012a, 2012b, 2012c, 2012d) verwendet, die dem Verfasser freundlicherweise für die Verwendung in der vorliegenden Arbeit zur Verfügung gestellt worden. Bei diesen Einschätzungen handelt es sich nicht um offizielle Unternehmensangaben, sondern um ungefähre Approximationen durch Marktexperten. Deshalb wurden diese Einschätzungen auch nur dann verwendet, wenn sie in ihrer Tendenz durch die Triangulation mit mindestens einer anderen Datenquelle bestätigt werden konnten. Nur wenn zum Beispiel Interviews oder Medienberichte Indizien dafür liefern, dass der SAP-Marktanteil im unteren Mittelstandssegment geringer ist als im Großkundensegment oder dass der Umsatz der SAP-Partner in den letzten Jahren gestiegen ist, wurden die benannten Schätzungen in der vorliegenden Arbeit verwendet. Konkret fanden die Approximationen Eingang in Tabelle 4, Tabelle 9, Tabelle 10 und Abbildung 19. Darüber hinaus wurden verschiedene interne Dokumente als Datenquelle genutzt, die unter anderem von SAP-Partnern zur Verfügung gestellt worden.

Die Möglichkeit zur teilnehmenden *Beobachtung* ergab sich aus der Zusammenarbeit mit dem jungen SAP-Partner KOMPLEMENT, der sich als Pionier für SAP *Business ByDesign* gegründet hatte. Hier konnten die Entwicklungen in 2012 und 2013 durch regelmäßige Kommunikation laufend begleitet werden. So konnten umfassende Daten aus der teilnehmenden Beobachtung von Vorträgen, Meetings und Workshops gewonnen werden.

Erhebungswellen	Nr.	Nr.	Erhebungsmethode	Organisation/en	Position
Erste Erhebungswelle 2012	1		Interview	SAP-Partner	Geschäftsführung
	2		Interview	SAP-Partner	Niederlassungsleiter
	3		Interview	SAP-Partner	Geschäftsführung
	4		Interview	SAP-Partner	Geschäftsführung
		1	Teilnehmende Beobachtung	SAP & Partner	diverse
		2	Teilnehmende Beobachtung	SAP & Partner	diverse
	5		Interview	SAP-Partner	Mitarbeiter
	6		Interview	SAP-Partner	Geschäftsführung
		3	Teilnehmende Beobachtung	SAP & Partner	diverse
	7		Interview	SAP-Anwender	Mitarbeiter
	8		Interview	SAP-Partner	Geschäftsführung
	9		Interview	SAP-Partner	Mitarbeiter
	10		Interview	SAP-Anwender	Mitarbeiter
	11		Interview	SAP-Partner	Geschäftsführung
	12		Interview	SAP-Partner	Mitarbeiter
	13		Interview	SAP-Partner	Geschäftsführung
	14		Interview	SAP-Partner	Geschäftsführung
	15		Interview	SAP-Partner	Geschäftsführung
	16		Interview	SAP-Anwender	Mitarbeiter
	17		Interview	SAP-Partner	Geschäftsführung
	18		Interview	SAP-Partner	Geschäftsführung
	19		Interview	SAP-Partner	Geschäftsführung
	20		Interview	SAP-Anwender	Mittl. Management
	21		Interview	SAP-Partner	Geschäftsführung
	22		Interview	SAP-Partner	Geschäftsführung
	23		Interview	SAP-Partner	Geschäftsführung
	24		Interview	SAP-Partner	Geschäftsführung
	25		Interview	SAP-Partner	Geschäftsführung
	26		Interview	SAP-Partner	Geschäftsführung
	27		Interview	SAP	Mittl. Management
	28		Interview	SAP	Mittl. Management
	29		Interview	SAP	Mittl. Management
	30		Interview	SAP-Partner	Geschäftsführung
	31		Interview	SAP-Partner	Geschäftsführung
	32		Interview	SAP-Partner	Geschäftsführung
	33		Interview	SAP-Partner	Geschäftsführung
	34		Interview	SAP-Partner	Geschäftsführung
	35		Interview	SAP-Partner	Geschäftsführung
	36		Interview	SAP-Partner	Geschäftsführung
Zweite Erhebungswelle 2013		4	Teilnehmende Beobachtung	SAP & Partner	diverse
	37		Interview	SAP	C-Level
	38		Interview	Branchenexperte	Branchenexperte
	39		Interview	SAP-Partner	Mittl. Management
	40		Interview	Branchenexperte	Branchenexperte
	41		Interview	SAP	Mittl. Management
	42		Interview	SAP-Wettbewerber	Top Management
	43		Interview	SAP	Top Management
	44		Interview	SAP-Partner	Geschäftsführung
	45		Interview	SAP	Top Management
	46		Interview	SAP	Mittl. Management
	47		Interview	SAP	Mittl. Management
	48		Interview	SAP	C-Level

Tabelle 2: Primäre Datenerhebung

3.4 Datenanalyse

Im Folgenden wird das iterative Vorgehen der Datenauswertung beschrieben. Zunächst wurden alle gesammelten Daten (Bücher, Dokumente, Transkripte) zwecks besserer Verwaltung und zur Erhöhung der Reliabilität und Validität (Yin, 2009) in einer qualitativen Fallstudienbank zusammengetragen. Für die Kodierung der Daten kam die qualitative Daten- und Textanalysesoftware *MAXQDA* zum Einsatz.

Die Datenauswertung bestand zu Beginn erst einmal darin, die historische Entwicklung der Produkt- und Partnerstrategie von SAP nachvollziehen zu können. Diese ersten deskriptiven Rekonstruktionen der historischen Entwicklungen konnten dann in Bezug gesetzt werden zu theoretischen Konstrukten. Dabei war die pfadtheoretisch geleitete Kodierung an den von Koch (2008) und Sydow et al. (2012) entwickelten Methodologien und an einem von Burger & Sydow (2014) verwendeten Indikatorenschema orientiert. Demnach gilt es zunächst, das konstante strategische Muster zu identifizieren, das die Pfadabhängigkeit im vorliegenden Fall ausmacht und das durch eine (zunächst rätselhafte) Persistenz geprägt ist. Im nächsten Schritt gilt es, dieses hinsichtlich seiner non-ergodischen Entstehung durch ein kritisches Ereignis, seiner selbstverstärkenden, mehrere Ebenen umfassenden Dynamik und hinsichtlich des strategischen Lock-in und den fehlgeschlagenen Versuchen des Pfadbruchs zu untersuchen. Für die konkrete Kodierung der Daten bedeutete dies, zunächst zu hinterfragen, warum SAP sich schwer damit tat, ein tragfähiges Produkt- und Partnermodell für kleinere Geschäftskunden aufzubauen. Dabei wurden die konkreten organisationalen und intraorganisationalen Aktivitäten betrachtet, die geändert werden sollten, sich aber als rigide erwiesen.

Mit dieser ersten pfadtheoretisch geleiteten Kodierung konnten die Daten grob *temporal differenziert* und verschiedenen Episoden zugeordnet werden. Auf der anderen Seite wurden aus dem Ko-Spezialisierungskonzept Codes abgeleitet, die der dazu *orthogonalen Ebenendifferenzierung* dienten. Durch die Zusammenführung dieser Kodierschemata erster Ordnung entstand ein Kodierschema zweiter Ordnung, mit dem die meisten Daten den verschiedenen theoretischen Konstrukten zugeordnet werden konnten (*pattern matching* gemäß Yin, 2009). Gemäß des Kodierschemas zweiter Ordnung wurde jede der drei Episoden unterteilt in vier Analyseebenen: (a) die Ko-Spezialisierung von SAP, (b) die Ko-Spezialisierung der SAP-Partner, (c) das interorganisationalen Ko-Spezialisierungsmuster sowie (4) die strategischen Ziele und der strategische Erfolg (siehe Abbildung 13). Das Kodierschema für die erste Episode weicht etwas ab insofern, als dass in der ersten Phase noch nicht der strategische Erfolg untersucht wird. Bei der Analyse der ersten Episode geht es viel eher darum, die Existenz realer Alternativen darzulegen und dass diese weder vollständig zufällig noch vollständig vorherbestimmt ausgewählt wurden (Burger & Sydow, 2014). Da aber auch die Zeit vor dem Beginn non-ergodischer Prozesse, also vor Phase I eine Rolle spielt als "*institutional heritage*" (Sydow et al., 2009: 693), wurde diese mit dem Code *Vorbedingungen* analysiert. Zudem handelt es sich bei der Präformationsphase auch – wie der Name schon sagt – um die Phase vor Entstehen des eigentlichen pfadabhängigen Musters, weshalb sich in dieser Phase auch noch kein selbstverstärkendes Muster interorganisationaler Ressourcenkomplementarität analysieren lässt.

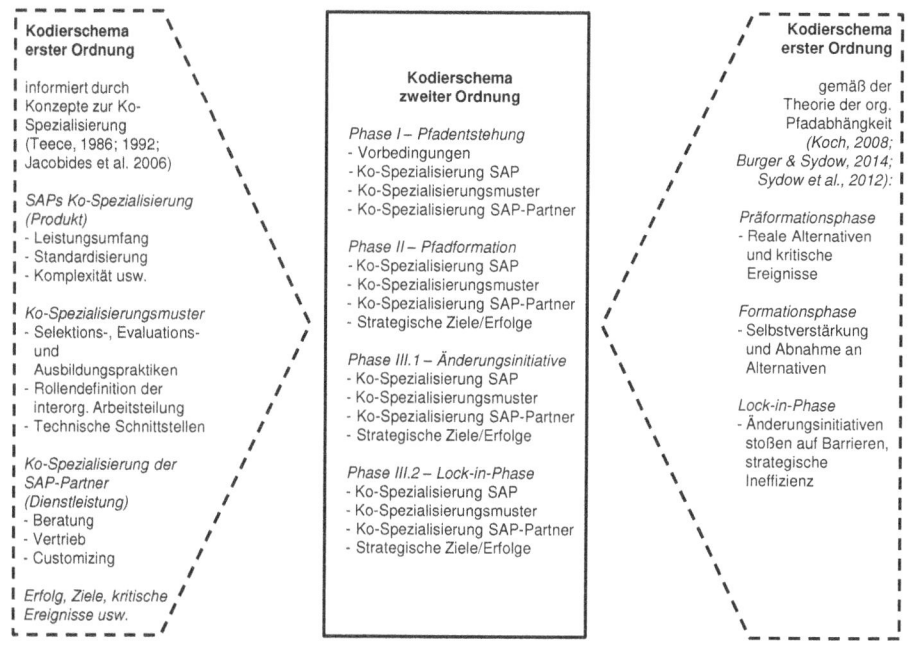

Abbildung 13: Kodierungsprozess

Für die Phase II wird vermutet, dass sich die Ko-Spezialisierungen von SAP und Partnern stetig weiterentwickeln, dass sich das Ko-Spezialisierungsmuster stabilisierte und dass dies zu strategischem Erfolg bei großen Kunden führte. Für Phase III wurde ein zweistufiger Kodierungsprozess durchgeführt. Dafür wurde Kochs (2011) konzeptuelle Unterscheidung zwischen *on-path* und *off-path* genutzt. Dementsprechend lassen sich auch innerhalb pfadabhängiger Systeme vom Pfad abweichende strategische Muster entwickeln (*off-path*). Stoßen diese allerdings bei der praktischen Implementierung auf Barrieren, spricht viel für das Vorhandensein eine strategischen *Lock-in*. Dieser (partielle) Rückfall in pfadabhängige Muster soll im Folgenden als (partieller) *Pfadrückfall* bezeichnet werden. Für Phase III.1 wurde deshalb zunächst kodiert, wie im Rahmen der *Business ByDesign*-Initiative bestehende pfadabhängige Muster gebrochen werden sollten (*off-path*). Unter III.2 hingegen finden sich die Codes, mit denen der (partielle) Rückfall in das pfadabhängige System analysiert wird (*partieller Pfadrückfall*).

Abbildung 14 entstammt der verwendeten *MAXQDA*-Datenbank. Der so genannte *Code-Matrix-Browser* visualisiert die Gewichtung der einzelnen Datenquellen für die jeweiligen Kategorien des Codesystems über die Größe der kreisförmigen Überschneidungen. Die Abbildung verdeutlicht, dass die Daten aus *teilnehmender Beobachtung* und *Medienberichterstattung* vor allem für die Analyse der dritten Episode zum Einsatz kam, während sich die Daten aus *Publikationen, Dokumenten* und *Interviews* für alle Phasen, aber insbesondere für die retrospektive Analyse der ersten und zweiten Episode eigneten.

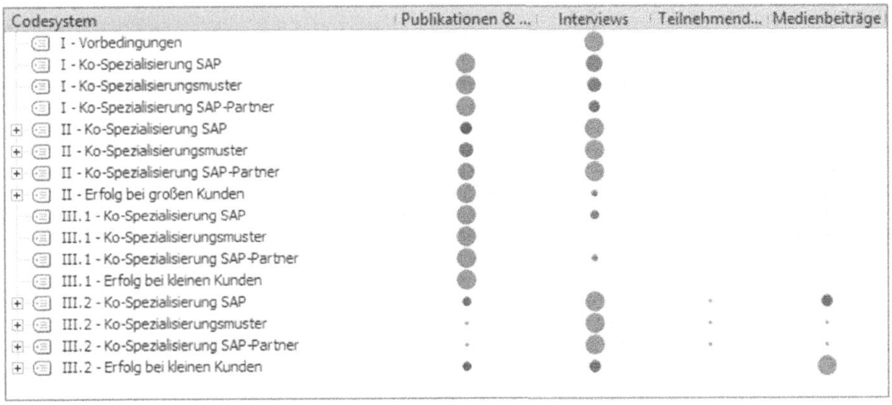

Codesystem	Publikationen & ...	Interviews	Teilnehmend...	Medienbeiträge
I - Vorbedingungen		●		
I - Ko-Spezialisierung SAP	●	●		
I - Ko-Spezialisierungsmuster	●	●		
I - Ko-Spezialisierung SAP-Partner	●	●		
II - Ko-Spezialisierung SAP	●	●		
II - Ko-Spezialisierungsmuster	●	●		
II - Ko-Spezialisierung SAP-Partner	●	●		
II - Erfolg bei großen Kunden	●	●		
III.1 - Ko-Spezialisierung SAP	●	●		
III.1 - Ko-Spezialisierungsmuster	●			
III.1 - Ko-Spezialisierung SAP-Partner	●	●		
III.1 - Erfolg bei kleinen Kunden	●			
III.2 - Ko-Spezialisierung SAP	●	●	●	●
III.2 - Ko-Spezialisierungsmuster	●	●	●	●
III.2 - Ko-Spezialisierung SAP-Partner	●	●	●	●
III.2 - Erfolg bei kleinen Kunden	●	●		●

Abbildung 14: Code-Matrix-Browser

Um die Anonymität der Gesprächspartnerinnen und -partner zu gewährleisten, wurden die jeweiligen Interviewauszüge mit Zahlen kodiert, die keinerlei Rückschlüsse auf die jeweilige Person zulassen. Dabei ist jedem Zahlencode je nach (ehemaliger oder aktueller) Organisationszugehörigkeit der interviewten Person jeweils ein „S" für SAP, ein „P" für SAP-Partnerunternehmen, ein „A" für SAP-Anwenderorganisationen, ein „B" für Branchenexperten oder ein „W" für SAP-Wettbewerber vorangestellt. Zwecks besserer Lesbarkeit wurden einige Auszüge durch das Entfernen von Füllwörtern geringfügig geglättet, ohne dabei aber den inhaltlichen Sinn zu verändern. Tabelle 3 zeigt Beispiele für die verwendeten Codes.

	Codes	Beispiele
Phase I	Vorbedingungen	„[D]ie mussten ja auch hautnah beim Kunden sein, weil die waren ja keine Buchhalter, die waren ja keine Einkäufer, die waren keine Lagerleute. Das waren Leute, die haben Mathematik studiert" (S-046090).
	Ko-Spezialisierung SAP	„Erstens vermied es SAP auf diese Weise, sich selbst bei der Implementation der vielschichtigen Standardsoftware personell zu verausgaben" (Meissner, 1997: 191).
	Ko-Spezialisierungs-muster	„SAP überließ nach dem Marktstart seiner neuen Großrechner-Software R/2 immer öfter die Installation und Programmpflege besonders dafür ausgewählten Beratungsfirmen ..." (Meissner, 1997: 52).
	Ko-Spezialisierung SAP-Partner	„Waren diese Partnerschaften mit IT-Spezialisten noch sehr bedarfsorientiert, erhielt das Verhältnis zu Beratungsgesellschaften Ende der 80er Jahre eine neue Dimension, als vor allem die Wirtschafts- und Steuerprüfungsgesellschaften IT-Consulting/-Services als neuen Geschäftsbereich entdeckten ..." (Leimbach, 2007: 46).
Phase II	Ko-Spezialisierung SAP	„Also Realtime, Online und Standard, das waren die im Kern unverrückbaren Elemente der SAP. Dass wir dann aufgrund der Masse nicht alles allein machen konnten [...]. [D]as wär ja ein viel zu großes Risiko gewesen, da jetzt Tausende von Beratern einzustellen" (S-071111).
	Ko-Spezialisierungs-muster	„Da haben wir auch die Partner, die Mitarbeiter der Partner geschult. [...] Also insofern wurde bei uns unheimlich viel Wert drauf gelegt, dass die Partner gute Leute hatten und gut ausgebildet sind" (S-090129).
	Ko-Spezialisierung SAP-Partner	„Die Wirtschaftsprüfer sind ja gute SAP-Kenner heute. Sonst kannst du ja gar nicht prüfen" (S-115158).
	Strategische Ziele und Erfolge	„Die SAP-R3-Welt zeichnet sich dadurch aus, dass sie sich traditionell mehr mit Großkunden, mit Konzernen, mit large Enterprise, mit gehobenem Mittelstand, mit Firmen oberhalb 1000 Mitarbeiter, mit Firmen oberhalb 100 Millionen Umsatz und ähnlichem beschäftigt hat als Kunden" (P-046053).
Phase III.1	Ko-Spezialisierung SAP	„Ziel des neuen Ansatzes in der On-Demand-Welt ist es, den Aufwand und die Dauer der Implementierung signifikant zu reduzieren" (Faisst, 2011: 29).
	Ko-Spezialisierungs-muster	„SAP muss nicht nur erstmals mit der Komplexität des Systems selbst fertig werden, die es früher den Kunden und deren Beratern überlassen hat" (Siegele & Zepelin, 2009: 208).
	Ko-Spezialisierung SAP-Partner	„Und da ist es manchmal besser, Häuser zu finden als Partner, die eher web-born sind, also aus der Web Generation kommen [...]" (P-040044).
	Strategische Ziele und Erfolge	„Die strategische Stoßrichtung war auf den Mittelstand fokussiert" (B-090132).
Phase III.2	Ko-Spezialisierung SAP	„Doch das Produkt selbst ist von alteingesessenen Entwicklern geplant worden – und entsprechend komplex geraten" (Siegele & Zepelin, 2009: 225).
	Ko-Spezialisierungs-muster	„[U]nd dann hat man gesagt, ,Ja, vielleicht brauchen wir dann doch Partner' " (B-099144).
	Ko-Spezialisierung SAP-Partner	„Aber dann hat man gemerkt: Ja, es gibt Sachen, die man implementieren kann oder anpassen. Die ganzen Formen und Templates, das könnten vielleicht die Service Partner machen" (S-001050).
	Strategische Ziele und Erfolge	„SAP hat ... relativ still die Nutzerzahlen mit dem Release-Wechsel angehoben und sich in diesem Bereich neu dem Direktvertrieb an Grosskunden gewidmet" (IT-Reseller.ch, 2012).

Tabelle 3: Kodierbeispiele

4 Fallstudie

Die folgende Fallstudie untersucht drei kritische Episoden der Entwicklung der SAP-Produkt- und Partnerstrategie:

(I) Präformation: Die Entstehung der SAP-Produkt und Partnerstrategie
(II) Formation: Der Erfolg der SAP-Partnerstrategie im Großkundenmarkt bei gleichzeitigen Schwierigkeiten im Mittelstandsmarkt
(III) Lock-in: Die Schwierigkeiten der Pfadbrechung am Beispiel der *Business ByDesign*-Initiative. Wie im Methodenteil dargelegt, wurde diese dritte Phase analytisch in zwei Teilphasen untergliedert.

4.1 Präformation: Die Entstehung der SAP-Produkt und Partnerstrategie

SAP wurde von den fünf ehemaligen IBM-Mitarbeitern Hans-Werner Hector, Hasso Plattner, Klaus Tschira, Claus Wellenreuther und Dietmar Hopp im Jahre 1972 gegründet. Das Unternehmen ist heutzutage der weltweit größte Anbieter für Unternehmenssoftware. Für den Wirtschaftshistoriker Timo Leimbach waren es im Wesentlichen vier strategische Erfolgsfaktoren, die SAP „[v]om Programmierbüro zum globalen Softwareproduzenten" (Leimbach, 2007: 33) wachsen ließen:

(1) die Nähe zu IBM
(2) die enge Zusammenarbeit mit Kunden
(3) die internationale Ausrichtung sowie
(4) die Zusammenarbeit mit Beratungspartnern (Leimbach, 2007: 53-54).

Diese verschiedenen Faktoren spielten zu verschiedenen Zeitpunkten unterschiedliche Rollen. Der nun folgende Abschnitt geht zurück zu den Anfängen und untersucht, wie die SAP-Produkt und Partnerstrategie in den 1970er Jahren entstand. Dabei wurden – vor dem Hintergrund eines kontingenten Möglichkeitsraums – zunächst kritische produktbezogene Entscheidungen getroffen, die einen Möglichkeitsraum hinsichtlich der späteren partnerstrategischen Entscheidungen eröffneten. Dieser Möglichkeitsraum wurde von SAP in einer exzeptionellen Weise genutzt, sodass frühe partnerstrategische Entscheidungen einen strategischen Pfad eröffneten, der sich von den Strategien der Wettbewerber deutlich unterschied. Die erste Hälfte des folgenden Abschnitts analysiert deshalb die internen produktseitigen Entwicklungen, während die zweite Hälfte die partnerstrategischen Entscheidungen untersucht.

4.1.1 Die Genese der Produktstrategie

Anfang der 1970er Jahre dominierte IBM den Markt für Informationstechnologie und stattete große Organisationen mit Großrechnern, sogenannten *mainframes*, aus. In dieser noch Hardware-dominierten Zeit begann *Software* eine zunehmend kommerzielle Rolle zu spielen, denn IBM war im Zuge der *Unbundling*-Entscheidung dazu übergegangen, Software unabhängig vom Hardware-Leasing als eigenständiges Produkt zu verkaufen (Grad, 2002). Auch der rechtliche Schutz von Software als geistiges Eigentum verbesserte sich seit den 1960er Jahren sukzessive (Institut für Urheber- und Medienrecht, 2013). Allerdings wurde Anfang der 1970er Jahre Unternehmenssoftware üblicherweise für jedes Unternehmen individualisiert entwickelt, weshalb eine Wiederverwendbarkeit einmal geschriebener Programmzeilen nur in eingeschränktem Maße gegeben war. Vor diesem Hintergrund trieb SAP in den 1970er Jahren verschiedene Innovationen voran, so zum Beispiel die Echtzeitdatenverarbeitung: *Realtime* bedeutet, dass die Datenverarbeitung unmittelbar erfolgt und *online* über Terminals gesteuert werden kann. Vorher wurden die Befehlssätze im Stapelverfahren mit zeitlichem Verzug (Batch-Verfahren) verarbeitet. In diesem Zusammenhang vollzog SAP eine weitere wichtige Innovation, die den weiteren Verlauf der Unternehmensgeschichte maßgeblich prägen sollte: die konsequente Standardisierung und der Integration von softwaregestützten Unternehmensprozessen. Viele Funktionalitäten, die SAP für seine ersten Kunden entwickelte, wurden Teil einer standardisierten Softwarelösung, die später auch anderen Kunden zur Verfügung gestellt werden konnte. Dabei bestand der Anspruch darin, die Software für die verschiedenen Unternehmensbereiche (Materialwirtschaft, Finanzen usw.) von Anfang an zu integrieren.

Entwicklung beim Kunden: Voraussetzung für die Entwicklung der ersten Programmmodule war eine enge Zusammenarbeit zwischen SAP und Kunden. Als ehemalige IBM-Mitarbeiter hatten die SAP-Gründer ein gutes Verständnis der IBM-Architektur und somit war jeder der zahlreichen IBM-Kunden auch ein potenzieller Kunde für das neu gegründete Unternehmen SAP. Allerdings konnten sich die SAP-Gründer zunächst keine eigenen IBM-Rechner anschaffen, da dies damals weit außerhalb der finanziellen Möglichkeiten des Start-ups gelegen hätte. So machten sie aus der Not eine Tugend und entwickelten in den ersten Jahren schwerpunktmäßig vor Ort bei den ersten Kunden in der Rhein-Neckar-Region wie zum Beispiel bei *ICI* in Östringen. Zu den ersten funktionalen Anwendungen gehörten die Materialwirtschaft, die Finanzbuchhaltung sowie der Vertrieb (S-010050). Diese praxisbezogene Entwicklungsmethode hatte verschiedene Vorteile. Zum einen konnte den SAP-Kunden von Anfang an Arbeitszeit in Rechnung gestellt werden, weshalb SAP anfangs nie auf Fremdkapital angewiesen war. Wichtig für den späteren Erfolg war aber auch der Aspekt der Ko-Innovation. Die Entwicklung vor Ort beim Kunden ermöglichte inkrementelles Lernen.

Dieses Prinzip der engen Zusammenarbeit mit Kunden wurde zu einer der Leitprinzipien der SAP-Produktstrategie. Auch nachdem das Unternehmen später über eigene IT-Infrastrukturen verfügte, mussten zum Beispiel neu eingestellte Entwickler stets ein gewisses Pensum der Arbeitszeit vor Ort bei der Anwenderorganisation verbringen (S-095135):

> „Sie haben ganz klar damals darauf gesetzt und haben gesagt ‚Wir brauchen das intelligente Terminal und wir brauchen es online und realtime', haben dann sehr hart gearbeitet, haben nachts und tagsüber entwickelt auf den Maschinen, die zur Verfügung gestanden sind, aber der Erfolg war auch, dass sie die Entwicklung hautnah am Kunden gemacht haben" (S-010050).

Standardisierung und integrierte Prozesse: Während Unternehmenssoftware in den 1970er Jahre überwiegend als Individualsoftware für jedes Unternehmen maßgeschneidert wurde, waren die SAP-Gründer überzeugt davon, dass sich Unternehmensprozesse zu einem hohen Grad standardisieren lassen. So floss das im Rahmen der ersten Kundenprojekte entwickelte Wissen ein in eine standardisierte und damit für andere Unternehmen wiederverwendbare Software:

> „Es ist bei allen Firmen Soll und Haben, bei allen Firmen ist die gleiche Buchungsschematik, nur bei dem einen heißt es halt Chemie, beim anderen heißt es Metall, beim anderen heißt es so. Also, mal kann alles strukturieren, man kann alles standardisieren und man muss später die Ausprägungen machen" (S-010053).

Dieser *technologische Anspruch*, dass sich alle Unternehmensprozesse zu einem gewissen Grad standardisieren lassen, prägt SAP bis heute. Der Anspruch der Standardisierung bezog sich dabei aber nicht nur auf einen bestimmten Bereich im Unternehmen wie zum Beispiel der Buchhaltung. Vielmehr wurden nach und nach alle Bereiche eines Unternehmens, vom Controlling, der Logistik, bis hin zur Personalwirtschaft, durch die SAP-Software abgebildet:

> „Standardisiert, das zieht sich als roter Faden bis heute noch" (S-129173).

Allerdings ging die Standardisierung mit standardisierten Möglichkeiten der Anpassung einher, den sogenannten *Customizing*-Möglichkeiten. Bereits in den 1980er Jahren setzte die Informationstechnologie den Programmierern immer seltener technologische Kapazitätsgrenzen und so konnte die Software an Funktionalität (aber dadurch auch an Komplexität) stetig zunehmen; auch und vor allem, weil mit jedem neuen strategischen Kundenprojekt Wissen zurück in die Software floss und „generifiziert" (Pollock & Williams, 2009) wurde. Durch diese zunehmende Standardisierung von Unternehmensprozessen entstand die Möglichkeit, die verschiedenen Module miteinander zu integrieren. So wuchsen die Anwendungsmöglichkeiten der ERP-Software stetig; in den 1970er und 1980er Jahren bereits über verschiedene Branchen und in den 1980er und 1990er Jahren international über verschiedene Rechts- und Währungs-, Sprach- und Schriftgrenzen hinweg (Lehrer & Behnam, 2009). Die SAP-Gründer hatten somit von Anfang an den *technologischen Anspruch*, keinen Flickenteppich von Einzelanwendungen anzubieten, sondern verschiedene Softwaremodule, die vollständig miteinander integriert sind. Mit dieser konsequenten Produktstrategie verschaffte sich SAP einen langfristigen Wettbewerbsvorteil gegenüber anderen Unternehmenssoftwareanbietern:

> „Handicap fast aller SAP-Wettbewerber: Soweit sie integrierte Pakete mit Anwendungsprogrammen für Finanz- und Personalwesen sowie für den Fertigungsbereich anbieten, handelt es sich dabei zumeist um Stückwerk aus Komponenten …" (Meissner, 1997: 88).

Parametrisierbarkeit und Customizing: Dass sich vor SAP kein anderer Anbieter an einer derart radikalen softwaregestützten Standardisierung von Unternehmensprozessen versuchte, hatte natürlich einen Grund. Unternehmen sind komplexe Phänomene und die Skepsis gegenüber Standardisierungsvorhaben verständlicherweise hoch. Der Begriff Standardisierung impliziert ja zunächst einmal Vereinheitlichung und es ist offensichtlich, dass ein „*One-size-fits-all*-Ansatz" hätte scheitern müssen. Wie aber Lehrer & Behnam (2009) darlegen, hat SAP es geschafft, eine sehr dynamische Standardsoftware zu entwickeln, indem sie den Gegensatz zwischen Standardisierung und Individualisierung auflösten durch das Prinzip der *Parametrisierbarkeit*. Innerhalb der Software werden Optionen, sogenannte Parameter, angeboten, mit Hilfe dessen sich die Standardsoftware bei der Implementierung an lokale Gegebenheiten anpassen lässt. Die SAP-Programmierer können bei der Softwareentwicklung nicht wissen, welche Anforderungen ein bestimmtes Unternehmen haben wird. Um die Adaptierbarkeit der Software dennoch zu gewährleisten, werden daher viele mögliche Optionen angeboten innerhalb des Softwarepakets und erst bei der Implementierung muss entschieden werden, welche dieser Optionen im jeweiligen Anwenderunternehmen tatsächlich zum Einsatz kommt. So kann bei der Implementierung eine Fülle unterschiedlicher Optionen genutzt werden, ohne dass dadurch Inkompatibilitäten zu anderen SAP-Modulen entstünden. Praktiker sprechen auch davon „im Standard" zu bleiben. Das heißt, durch das Customizing wird innerhalb eines vorgegeben Standards angepasst, die Softwareinstanz bleibt dennoch für Updates weiterhin kompatibel. SAP-Software ist somit eine Art Baukasten oder offene Werkbank, auf dessen Basis bei der Implementierung sehr verschiedene Lösungen für die jeweilige Anwenderorganisation entstehen.

4.1.2 Analyse der intraorganisationalen Ko-Spezialisierung

Während zu Beginn der 1970er Jahre für Anwenderorganisationen vor allem individualisierte Software entwickelt und implementiert wurde, setzte SAP also von Anfang an auf Standardisierung und Anpassbarkeit innerhalb eines Standards (*Customizing*). So war es möglich, den Wertschöpfungsprozess aufzuteilen in Softwareentwicklung auf der einen und Softwareimplementierung auf der anderen Seite (siehe Abbildung 15).

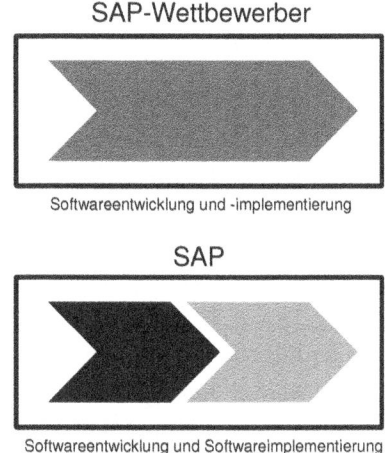

Abbildung 15: Softwareentwicklung und -implementierung in den 1970er Jahren (schematische Darstellung)

Skaleneffekte durch interne Ko-Spezialisierung: Die Vorteile, welche die Standardisierung für einen Softwareanbieter mit sich bringen, entsprechen denen anderer Informationsgüter. Wie bei vergleichbaren digitalen Produkten kann Software, die einmal geschrieben wurde, mehrfach verwendet werden, ohne dass dadurch erhebliche Zusatzkosten entstehen (Buxmann et al., 2011: 23). Die hohen Kosten fallen am Anfang an (*First-Copy*-Prinzip), da SAP aber bereits die ersten Softwarezeilen im Rahmen vergüteter Projekte beim Kunden entwickelte, konnten Liquiditätsprobleme zu Beginn geschickt umgangen werden. Doch nicht nur der Hersteller profitiert aufgrund sinkender Kosten. Auch die Kunden profitieren bei diesem Prinzip der Standardsoftwareentwicklung von Qualitätsvorteilen. So kann bei steigender Kundenbasis davon ausgegangen werden, dass der Inhalt der Standardsoftware bereits bei anderen Unternehmen erfolgreich erprobt wurde.

Interne Ausdifferenzierung aufgrund interner Ko-Spezialisierung: Mit der Ausdifferenzierung der Wertschöpfungskette in Softwareentwicklung und Softwareimplementierung ebnete sich später der Weg für eine organisationale Ausdifferenzierung bei SAP:

> „Wir stellten Entwickler ein, und sie mussten, soweit es möglich war, dasselbe tun wie wir, also sich um das Design kümmern, programmieren, testen, verkaufen und beraten" (SAP-Mitgründer Hasso Plattner, nach Plattner et al., 2000: 24).

Dieses anfängliche Generalistenprofil für die Mitarbeiter hing mit der Vor-Ort-Entwicklung beim Kunden zusammen. Da SAP mit dem Prinzip der Standardsoftware Neuland betrat, war es wichtig, dass die Gründer und ersten Mitarbeiter den gesamten Wertschöpfungsprozess vor Augen hatten:

> „Am Anfang war der Entwickler, Pre-Sales, Sales und Implementierer. In der Anfangsphase, in den 70er, Mitte der 80er Jahre, war das gut, weil der Entwickler hautnah beim Kunden war. Er hat die Schläge abbekommen […]. Er musste die Bugs entfernen, er war First-Level, Second-Level Support, Bugfixer, hat neue Ideen bekommen und musste später auch das alles implementieren" (S-018061).

Das zunehmende Wachstum allerdings erforderte, dass die organisationale Ausdifferenzierung der ausdifferenzierten Wertschöpfungskette folgte. Insbesondere die zeitlichen Kapazitäten der Softwareentwickler waren zu knapp, als dass diese zu viel Zeit für Softwareimplementierung oder Vertrieb hätten aufwenden können. Mithilfe der intraorganisationalen Ko-Spezialisierung konnte somit auch der Ressourceneinsatz verbessert werden:

> „Aber mit der Größe hat es dann nicht mehr funktioniert. Als man dann immer mehr Kunden bekommen hat […], hat man dann auch in der Entwicklung Geschwindigkeit verloren. Neue Dinge dauerten sehr lange, weil […] die Entwickler dann Präsentationen machen mussten, um die Kunden zu überzeugen und dann wieder implementieren mussten. Dann ist die Entwicklung hinten runter gefallen" (S-018060).

Das Wachstum und die in den 1980er Jahren beginnende Internationalisierung führten dazu, dass die verschiedenen Funktionen bei SAP noch deutlicher durch unterschiedliche Abteilungen getrennt wurden. So folgte der Ausdifferenzierung auf Rollenebene eine Ausdifferenzierung auf Ebene der Organisationsstruktur (S-024066) und im Laufe der 1980er Jahre entstanden für die verschiedenen Primäraktivitäten[7] unterschiedliche funktionale Bereiche,

> „[...] eine Service Abteilung, die hat implementiert. Man hat einen Support gehabt, die haben sich um First- und Second-Level gekümmert, die haben die Fehler aufgenommen von dem Kunden. Man hat eine Entwicklung gehabt, die hat entwickelt und vielleicht auch Bugfixing gemacht und man hat einen Vertrieb gehabt" (S-018060).

4.1.3 Die Genese der Partnerstrategie

Die produktstrategischen Entscheidungen (Standardisierung) und die damit einhergehende Differenzierung zwischen Entwicklung und Implementierung begünstigten die Zusammenarbeit mit externen Unternehmen, zum einen weil Partner ihr Wissen einbringen konnten, zum anderen weil Partner die Vertriebsprozesse unterstützten.

Partner für betriebswirtschaftliches Wissen: Wie oben bereits dargelegt, praktizierte SAP von Beginn an einen ko-innovativen Produktentwicklungsansatz. Die Kompetenzen der Gründer lagen im technischen Bereich, und somit konnte das betriebswirtschaftliche Wissen nur von außen, das heißt durch Austausch mit anderen Organisationen, in die Software integriert werden:

> „Die mussten ja auch hautnah beim Kunden sein, weil die waren ja keine Buchhalter, die waren ja keine Einkäufer, die waren keine Lagerleute. Der Plattner hat Nachrichtentechnik studiert. Hopp ist Diplomingenieur. Hector ist Diplommathematiker. Tschira ist Diplomphysiker. Also da ist jetzt kein Einkäufer, kein Logistikmann dabei, da ist kein Bilanzbuchhalter dabei und trotzdem haben sie Software entwickelt für die. Die Fachrichtung musste ja reinkommen" (S-046090).

Neben der engen Zusammenarbeit mit Anwenderorganisationen spielte auch der frühe Kontakt zu Partnern eine wichtige Rolle bei der Integration betriebswirtschaftlichen Wissens. Eine besondere Rolle spielte dabei zum Beispiel das auf Kostenrechnung spezialisierte Beratungsunternehmen *Plaut* (S-012049):

> „ »Wir haben eigentlich einen Deal gemacht«, führt der SAP-Mitgründer aus, »der dazu geführt hat, daß wir sein betriebswirtschaftliches Erbe übernommen, die Software entwickelt, dann in R/2 eingebaut und später ins R/3

---

[7] im Sinne Porters (1985).

integriert haben«" (Zitat im Zitat von SAP-Mitgründer Hasso Plattner, nach Meissner, 1997: 194).

Partner für die Vertriebsstrategie: Die Zusammenarbeit mit Beratungs- und Wirtschaftsprüfungsunternehmen war aber vor allem auch vertriebsstrategisch motiviert. Bereits seit den 1970er Jahren arbeitete SAP mit dem deutschen *EDV Studio Ploenzke* (heute *CSC*) und mit *Andersen Consulting* (heute *Accenture*) zusammen (P-049095). Diese Partner verfügten über eine breite Kundenbasis und warben in den Chefetagen potenzieller Anwenderunternehmen für das SAP-Angebot:

„Also das ging schon sehr sehr früh los, dass die WPs [Wirtschaftsprüfer] unsere besten Leadgenerierer waren. Das war schon in den siebziger Jahren" (S-113155).

Voraussetzung für die Zusammenarbeit mit Beratungsunternehmen war die oben beschriebene Separation der Wertschöpfungskette in Softwareentwicklung und Softwareimplementierung. Nur so konnte sukzessive ein immer größerer Anteil am Dienstleistungsgeschäft an Partner transferiert werden. Zu Beginn wurde der größere Teil der Dienstleistungen noch selbst erbracht. Einen Schub bekam die Partnerstrategie aber jeweils mit den neuen Produktgenerationen R/2 ab 1979, vor allem aber mit R/3 ab 1993 und der damit einhergehenden Internationalisierung (P-025067):

„Das Unternehmen aus Walldorf hat sich zur Software-Weltmacht emporgekämpft, indem es die externen Beraterkohorten geschickt in seine Vertriebsstrategie einband" (Meissner, 1997: 191).

In Tabelle 4 sind die weltweit größten SAP-Partner aufgelistet, jeweils mit dem Jahr in Klammern, in dem die SAP-Partnerschaft begann.

IBM (1972)	Atos Origin (1989)	MHP (1996)
Accenture (1975)	Ciber (1989)	Infosys (1998)
CSC (1979)	HP (1990)	itelligence (1998)
BearingPoint (1982)	T-Systems (1990)	msg systems (1998)
SIS (1982)	Reply (1992)	
Capgemini (1985)	Mahindra (1995)	

Tabelle 4: Die ersten großen SAP-Partner (PAC, 2012a)

4.1.4 Analyse der interorganisationalen Ko-Spezialisierung

Wie in der obigen Abbildung dargestellt, war die SAP-Partnerstrategie eine Folge der Produktstrategie, denn Standardsoftware und Partnerstrategie bedingten einander:

> „Also Realtime, Online und Standard, das waren die im Kern unverrückbaren Elemente der SAP. Dass wir dann aufgrund der Masse nicht alles allein machen konnten [...]. [D]as wär ja ein viel zu großes Risiko gewesen, da jetzt Tausende von Beratern einzustellen" (S-071111).

Und so erlaubte die Separation der Wertschöpfungskette in Softwareentwicklung und Softwareimplementierung nach dem SAP-Prinzip (Integrierte Standardsoftware mit Customizing-Möglichkeiten) die zunehmende Einbindung von Partnerunternehmen für die Implementierung und den Vertrieb. Die Wertschöpfungskette für SAP-Software differenzierte sich im Laufe der Zeit aus und diese Differenzierung wurde später auch von vielen anderen Softwareherstellern kopiert. Bis heute besteht die Wertkette für sogenannte „erklärungsbedürftige Software" gemäß Buxmann et al. (2011) typischerweise aus den folgenden Stufen:

- Software erstellen
- Software implementieren
- Software betreiben (Buxmann et al., 2011: 9)

Während SAPs Umsätze mittlerweile weitestgehend aus dem Softwarelizenzgeschäft und den Wartungserlösen stammen (Software erstellen und warten), wird der Bereich der Softwareimplementierung in weiten Teilen von SAP-Partnern erbracht. Als dritten Teil der Wertschöpfungskette lässt sich das eigentliche Nutzen beziehungsweise *Betreiben* der SAP-Software bezeichnen: Dazu gehört das Management der Software im operativen Betrieb. Dieses wird in der Regel von Angestellten im Anwenderunternehmen (*SAP Customer Competence Center*) durchgeführt, häufig unterstützt durch SAP-Partnerunternehmen. Es gibt für das Anwenderunternehmen aber auch die Möglichkeit, den Betrieb der Software vollständig in das Rechenzentrum eines SAP-Partners auszulagern. Letzteres wird als Hosting bezeichnet. Auch im Hosting-Bereich bietet SAP heutzutage eigene Dienstleistung an (Meyer, 2008: 22). Der Fokus von SAP liegt aber eindeutig im Bereich Softwareentwicklung und Softwaresupport und das Geschäft mit Softwareimplementierung und dem Betreiben der Software wird zu großen Teilen Partnern überlassen.

Während oben herausgearbeitet wurde, welche Vorteile die initiale Separation der Wertkette für SAP mit sich brachte (Skaleneffekte und Optimierung des Ressourceneinsatzes), soll im Folgenden analysiert werden, welche Vorteile die interorganisationale Ko-Spezialisierung attraktiv werden ließ.

Intra- und interorganisationale Komplementarität: Warum hat SAP recht früh damit begonnen, das ko-spezialisierte SAP-Beratungsgeschäft an Partner auszulagern – und warum war SAP mit diesem Ansatz erfolgreicher als vertikal integrierte Wettbewerber? Um dies zu erklären, soll auf die im Theorieteil entwickelte Unterscheidung zwischen intraorganisationalen und interorganisationalen Komplementaritätseffekten zurückgegriffen werden. SAP-Software und SAP-Dienstleistungen sind zwar hochgradig komplementär und ko-spezialisiert zueinander in dem Sinne, dass das eine ohne das andere für den Kunden praktisch von geringem Wert ist. Dies heißt aber nicht, dass beides ausschließlich von SAP alleine erbracht werden musste.

Denn in vielen Fällen war die SAP-Beratung besser in Unternehmen aufgehoben, die über dazu kohärente Aktivitäten wie zum Beispiel eine Managementberatungskompetenz, eine Vertriebskompetenz oder eine gewisse Beratungsexpertise für spezielle Branchen verfügten. Das heißt, obwohl SAP-Software und SAP-Beratung hochgradig ko-spezialisiert zu einander sind, war es sinnvoll, diese in unterschiedliche kohärente Aktivitätssysteme und damit in unterschiedliche Organisationen einzubetten. Somit konnte SAP die begrenzten Ressourcen besser einsetzen (*bounded rationality*) und sich aufs Kerngeschäft, und das heißt auf die Softwareentwicklung fokussieren:

> „»Wir hätten auch ein Beratungshaus für anspruchsvolle BWL werden können«, resümiert Hasso Plattner. Und der SAP-Mitgründer setzt trocken hinzu: »Wir hätten auch eine sich verzettelnde Firma werden können« " (Zitat im Zitat von SAP-Mitgründer Hasso Plattner, nach Meissner, 1997: 191).

Die Vorteile der interorganisationalen Ko-Spezialisierung lagen also zunächst in Spezialisierungsvorteilen. SAP konnte sich besser auf Softwareentwicklung ko-spezialisieren, die Partner hingegen konnten die SAP-Beratungskompetenz mit ihren Vertriebskompetenzen und ihrem betriebswirtschaftlichen Wissen bündeln und sich somit in einer zu SAP unterschiedlichen Weise ko-spezialisieren.

4.1.5 Präformation eines pfadabhängigen Ko-Spezialisierungsprozesses

Die Präformationsphase eines pfadabhängigen Prozesses lässt sich identifizieren anhand realer Alternativen und kontingenter Entscheidungen oder Ereignisse. Im Falle von SAP war eine exzeptionelle Produktstrategie Voraussetzung für eine exzeptionelle Partnerstrategie. Exzeptionell soll hier bedeuten, dass sich SAP mit diesen Entscheidungen von Wettbewerbern derselben Zeit unterschied. Während dabei die frühe produktstrategische Entscheidung als *critical event* zu sehen ist, sind die daraus folgenden partnerstrategischen Entscheidungen der *critical juncture*, der aus der Präformationsphase eines pfadabhängigen Prozesses unumkehrbar überleitet in die Phase selbstverstärkender Effekte. Wir haben es also mit einer kritischen Entscheidung auf Produktebene (anpassbare Standardsoftware) zu tun, die exzeptionelle Entscheidungen hinsichtlich der Partnerstrategie nach sich zog. Umgekehrt wurden durch die Entwicklungen auf der Ebene der Partnerstrategie die Prinzipien der eingeschlagenen Produktstrategie zunehmend unumkehrbar.

Critical Event – kritische produktstrategische Entscheidungen: Wie oben beschrieben, wurde diese Separation der Wertschöpfungskette in Softwareentwicklung und Softwareimplementierung erst durch das Prinzip des Customizing ermöglicht. SAPs Software war zwar Standardsoftware, sie war aber *individualisierbare Standardsoftware*, das heißt, sie konnte vor Ort beim Kunden in einem separaten Arbeitsschritt angepasst werden, weil der Prozess der Individualisierung durch das Bereitstellen von Parametern auch für Nicht-SAP-Entwickler durchführbar wurde. Nur so ließen sich die Arbeitsschritte Softwareentwicklung und Softwareimplementierung voneinander trennen. Das Prinzip des Customizing kann somit als ein soziomaterieller Koordinationsmechanismus betrachtet werden, mit dem sich später auch der Dienstleistungsanteil an der Wertschöpfung auf Partnerunternehmen übertragen ließ:

> „Und das Konzept des Customizing im R/3 war ja revolutionär. [...] Auch im R/2 schon, das war ja der Grund, warum es überhaupt SAP gibt. Weil SAP als erster customizbare Standardsoftware gemacht hat" (S-021054).

Diese Separation der Wertschöpfungskette, ermöglicht durch das Prinzip des Customizing, wurde somit zur Voraussetzung für eine zunächst intra-, und später interorganisationale Ko-Spezialisierung. Die Strategie wurde vor dem Hintergrund realer Alternativen durch kontingente, kritische Ereignisse und Entscheidungen eingeschlagen und unterschied sich damit von den Produktstrategien der Wettbewerber:

> "… SAP developed a *unique* style of tightly integrated generic business software" (Campbell-Kelly, 2003: 172, Auszeichnung nicht im Original).

Die Irreversibilität dieser Prinzipien der Produktstrategie wurde anschließend verstärkt durch partnerstrategische Entscheidungen, die kontingent getroffen wurden – was daran ersichtlich wird, dass vergleichbare Wettbewerber andere Wege gingen.

Critical Juncture – Kritische partnerstrategische Entscheidungen: Bereits seit Ende der 1950er Jahre gründeten sich in Deutschland sogenannte *Systemhäuser* bzw. *Softwarehäuser*, die über ähnliche Strukturen und Kompetenzen wie SAP verfügten. Zu den wichtigsten Unternehmen dieser Art gehörten gemäß Denert (2011) die

Systemhäuser in Tabelle 5 (Gründungsjahr in Klammern). Allerdings setzten vergleichbare Konkurrenten von SAP nicht auf eine derart radikale Standardisierung von Software, auf das Customizing-Prinzip und auf eine vergleichbare Partnerstrategie.

mbp (1957)	GEI (1969)	pdv (1972)
ADV/Orga (1962)	IKOSS (1970)	sd&m (1982)
Software AG (1969)	GMO (1970)	IDS Scheer (1984)
SCS (1969)	Softlab (1971)	IXOS (1987)
EDV Studio Ploenzke (1969)	Schumann (1971)	
PSI (1969)	SAP (1972)	

Tabelle 5: Die ersten deutschen Softwarehäuser, nach Denert (2011: 580)

Wie eingangs erwähnt, macht Leimbach (2007: 53-54) vier strategische Faktoren für den Erfolg von SAP verantwortlich: Die (1) Nähe zu IBM, die (2) enge Zusammenarbeit mit Kunden, durch die aus implizitem Kundenwissen standardisiertes Wissen in Form von Software erstellt werden konnte. Diese Prozess wird auch als *Generifizierung* (Pollock, Williams & D'Adderio, 2007; Pollock & Williams, 2009) bezeichnet. Der dritte Erfolgsfaktor war die (3) internationale Ausrichtung von SAP und als vierten Erfolgsfaktor identifizierte Leimbach die (4) enge Zusammenarbeit von SAP mit Beratungspartnern, insbesondere mit Wirtschaftsprüfungsunternehmen. Vergleicht man diese strategischen Elemente mit den Strategien vergleichbarer Wettbewerber in den 1970er Jahren, so fällt auf, dass die ersten drei strategischen Elemente bis zu einem gewissen Grad auch Teile von Konkurrenzstrategien waren.

Die wesentlichen Punkte aber, in denen sich SAP wirklich von seinen Wettbewerbern unterschied, waren die kompromisslose Standardisierung und die dadurch ermöglichte Zusammenarbeit mit externen Partnern. Der Umstand, dass SAP als einziges Softwarehaus bereits früh damit begann, mit Beratungsunternehmen für die Softwareimplementierung zusammenzuarbeiten, lässt deshalb darauf schließen, dass eine solche Form der Zusammenarbeit in der Branche keineswegs determiniert war, sondern eine exzeptionelle Entscheidung darstellte:

> „Ursache für diese Strategie der SAP gegenüber einer möglichen Konkurrenz, wie beispielsweise der Steeb-Gruppe, war die konsequente Umsetzung der Standardisierung in der R/2-Entwicklung. Die dadurch erreichte Abstraktion erforderte bei der Implementierung in einem konkreten Unternehmen oftmals eine mehr oder minder große Beratung sowie die Ergänzung durch firmen- oder branchenspezifische Lösungen. Diese Aufgabe konnte SAP nicht allein bewältigen, sodass es sinnvoll war, Beratungsgesellschaften als Partner zu suchen" (Leimbach, 2007: 46).

„Wir wollten immer eine Softwareentwicklungsfirma bleiben. Wir wollten nicht zu beratungsorientiert werden und uns zu einer Beratungsfirma entwickeln, die sich keine Softwareentwicklung mehr leisten kann. Das war unsere größte Befürchtung. Also war es natürlich, Partnerschaften mit den Big Six einzugehen. Es ging dabei nicht um Umsatzsteigerung; der Grund war, dass sie die Einführung durchführen konnten oder Firmen bei der Umstrukturierung und Reorganisation unterstützen konnten. Und es ging darum, für die Idee der integrierten Software zu werben" (SAP-Mitgründer Hasso Plattner, nach Plattner et al., 2000: 38).

Mit Hilfe einer solchen Partnerstrategie konnte SAP seine begrenzten Ressourcen für die Ko-Spezialisierung in Software nutzen, und die komplementären Kapazitäten der Partner nutzen, um das Gesamtangebot für den Kunden attraktiver zu gestalten. Heutzutage pflegen nahezu alle großen Softwareanbieter ausgefeilte Partnerprogramme nach dem Vorbild von SAP (Meissner, 1997: 87). In den 1970er Jahren allerdings war das Walldorfer Unternehmen die Ausnahme (siehe Abbildung 16).

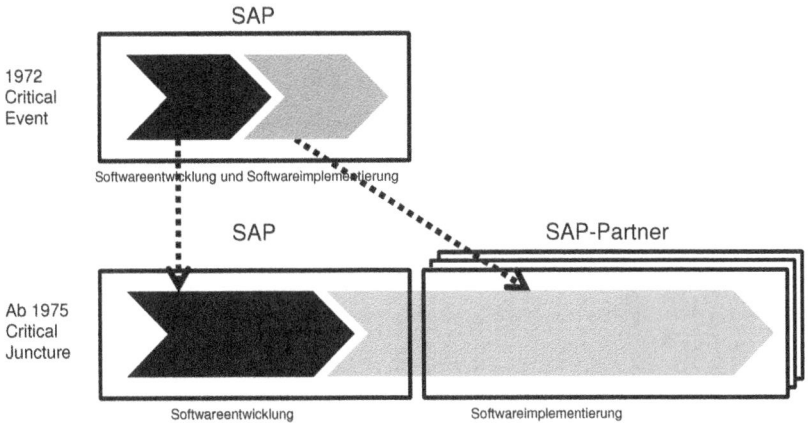

Abbildung 16: Transfer von Wertschöpfungsaktivitäten an Partner (schematische Darstellung)

Dies wird daran sichtbar, dass sich einer der wichtigsten SAP-Konkurrenten zu dieser Zeit, das Softwarehaus *ADV/Orga*, im Gegensatz zu SAP nicht für eine Partnerstrategie entschied. Gemäß Leimbach (2009) war diese Entscheidung gegen eine Partnerstrategie der Grund, warum das Unternehmen gegenüber SAP ins Hintertreffen geriet. ADV/Orga scheiterte demnach an einer Wachstumsfalle, weil im Gegensatz zur SAP-Strategie Ressourcen gleichermaßen sowohl für die Softwareentwicklung, als auch für Vertrieb und Implementierung aufgewendet werden mussten:

„Gerade dabei spielten aber anfänglich die Wirtschaftsprüfungs- und Unternehmensberatergesellschaften eine wichtige Rolle. …. Damit reduzierten sie aber auch die strategische[n] und ökonomische[n] Risiken in dieser Wachstumsphase von SAP, denn durch die Zusammenarbeit entgingen sie einer Expansionsfalle, die beispielsweise mit zum Niedergang von ADV/Orga [führte], die versuchten gleichzeitig sowohl als Produkt- als auch Dienstleistungsanbieter zu wachsen und dann letztlich an der Kombination resultierende[r] Probleme scheiterten" (Leimbach, 2009: 428).

Abbildung 16 fasst die pfadtheoretische Interpretation der ersten Phase noch einmal grafisch zusammen. Die kritische produktstrategische Entscheidung, konsequent auf anpassbare Standardsoftware zu setzen (*critical event*), ermöglichte zunächst eine intraorganisationale Ausdifferenzierung und wurde zur Voraussetzung für die vertikale Desintegration (*critical juncture*), der Zusammenarbeit mit Partnern. Durch diese Zusammenarbeit mit Partnern verfestigte sich ein sehr erfolgreiches strategisches Muster.

4.2 Formation: Der Erfolg der SAP-Partnerstrategie im Großkundenmarkt

Der nun folgende Abschnitt setzt sich mit der Formation der pfadabhängigen Produkt- und Partnerstrategie von SAP auseinander. Begonnen wird dabei mit einer kurzen narrativen Darstellung der erfolgreichen Kooperation zwischen SAP und Partnern, die in den 1980er Jahren und vor allem in den 1990er Jahren durch eine zunehmende Internationalisierung vorangetrieben wurde. Anschließend werden die Ko-Spezialisierungseffekte zwischen SAP und Partnern untersucht. Danach wird analysiert, wie sich das Unternehmen SAP und wie sich die Partnerunternehmen durch die Ko-Spezialisierungsprozesse veränderten und welche interorganisationalen Folgen die Ko-Spezialisierung mit sich brachte. Anschließend werden auch die nachteiligen Aspekte der eingeschlagenen Ko-Spezialisierungsstrategie untersucht, die sich vor allem seit den 1990er Jahren zeigten. Das Kapitel endet mit einem Zwischenfazit.

4.2.1 Der Erfolg der komplementaritätsbasierten Kooperationsstrategie

Wie oben diskutiert, manifestierte sich gegen Ende der Präformationsphase ein stabiles und stabilisierendes Wechselverhältnis zwischen SAPs Produkt- und Partnerstrategie. Darauf folgte eine außergewöhnliche Erfolgsphase. Im vorliegenden Kapitel wird weiter unten dargestellt, wie die sich selbstverstärkenden Effekte der Ko-Spezialisierung zu exponentiellem Wachstum in Kundenanzahl und Umsatz führten: Seit der Gründung in 1972 ist der Umsatz von SAP jährlich um durchschnittlich 33 Prozent gewachsen (siehe Tabelle 7), und es gab nur zwei Jahre mit negativem Wachstum; im Jahr 2003 nach der New-Economy-Hausse und im Jahr 2009 während der globalen Finanzkrise. Geht man davon aus, dass für jede verkaufte SAP-Lizenz noch einmal das Fünf- bis Zehnfache an SAP-bezogenen Dienstleistungen ausgegeben wird (siehe Abbildung 19), so wird verständlich, warum das SAP-Dienstleistungsgeschäft im Verhältnis zum SAP-Produktgeschäft mit exponentieller Geschwindigkeit wachsen konnte.

Somit ist die Geschichte von SAP und seinen Partnern spätestens seit Ende der 1970er Jahren eine Geschichte des Wachstums und der vertikalen Desintegration (Wolf et al., 2008). Während SAP zu Beginn die vollständige Wertschöpfung – Entwicklung und Implementierung von Unternehmenssoftware – selbst erbrachte, wurden Teile des Wertschöpfungsprozesses mit zunehmendem Wachstum kontinuierlich an ein Netzwerk von Partnern, und später auch an den freien Markt ausgelagert. Wolf et al. (2008) unterteilen die vertikalen Desintegrationsprozesse von SAP in vier Phasen. Danach erfolgte in Phase 1 (1972-1980) die Erbringung der Wertschöpfung noch weitestgehend innerhalb der Unternehmensgrenzen, in Phase 2 (1980-1990) begann die sukzessive Übertragung bestimmter Aktivitäten auf die Partner, die in Phase 3 (1990-2000) und Phase 4 (ab 2000) weiter vorangetrieben wurde und durch einen Transfer hin zu ungebundenen Akteuren (zum „freien Markt") ergänzt wurde.

Hardware- und Softwareinnovationen: Dabei gab es verschiedene Faktoren, die das Wachstum von SAP und seinen Partnern begünstigten. Ein wichtiger exogener Faktor waren technologische Innovationen im Hardwarebereich. So hat sich in den letzten 40 Jahren der Preis für Computerhardware dramatisch verringert. Konnten sich in den 1970er Jahren nur große Organisationen so genannte *mainframes* anschaffen, führte eine zunehmende Miniaturisierung dazu, dass Computerelektronik heutzutage zu einem ubiquitären Alltagsgut geworden ist. Diese Innovationen im Bereich der Computerhardware beeinflussten in hohem Maße auch die Strategie von SAP. Im Jahre 1982, zehn Jahre nach der Unternehmensgründung, veröffentlichte SAP R/2, und damit ein Produkt, das erstmals nicht nur auf IBM-, sondern auch auf SIEMENS-Hardware betrieben werden konnte (Wolf et al., 2008: 62). Dies hatte unmittelbar Auswirkung auf die Partnerstrategie, da dadurch eine größere Gruppe an Partnerunternehmen für die Kooperation in Frage kam:

> „SAP überließ nach dem Marktstart seiner neuen Großrechner-Software R/2 immer öfter die Installation und Programmpflege besonders dafür ausgewählten Beratungsfirmen, die auch spezielle Fach- oder Branchenkenntnisse zu Neuentwicklungen beizusteuern vermochten. Schon früh übernahm beispielsweise das EDV-Studio Ploenzke aus Wiesbaden (heute: CSC Ploenzke AG) die »Implementation« von SAP-Software ..." (Meissner, 1997: 52-53).

Das Nachfolgeprodukt R/3 erweiterte den potenziellen Anwenderkreis ab 1992 noch einmal deutlich, da es auf der im Vergleich zu Großrechnern wesentlich leichtgewichtigeren UNIX-Client-Server-Architektur (Wolf et al., 2008: 63) einsetzbar ist.

Partner hebeln das (internationale) Wachstum: Ein wichtiger endogener Faktor für die rasante Verbreitung der SAP-Software war die rasche Internationalisierung von SAP. Bereits früh konnten die deutschen Niederlassungen multinationaler Konzerne als Kunden gewonnen werden. Dies ebnete den Weg auch zum internationalen Wachstum. Bei dieser Internationalisierung spielte die SAP-Partnerstrategie eine entscheidende Rolle. Das in den 1980er Jahren auch in Deutschland noch recht unbekannte Unternehmen war auf Partner angewiesen, um das Wachstum in andere Länder bewerkstelligen zu können:

> „Die Nähe zu unseren Kunden hat uns immer geholfen, innovativ zu sein. John Deere bat uns, die Software zu internationalisieren, und wir taten es. Das war der Anfang der internationalen Versionen der SAP-Systeme. Das

war damals ein großer Schritt" (SAP-Mitgründer Hasso Plattner, nach Plattner et al., 2000: 24).

„Das war für beide Seiten ein Lernprozess. Aber '84, als wir international gegangen sind, haben wir Partner gebraucht. [...] Wir waren ganz stark mit Andersen zusammen. Das war der erste große, der hat uns auch nach Amerika gebracht. In Amerika kannte uns doch keiner" (S-111148).

Zu ihrer stärksten Dynamik gelang die internationale SAP-Partnerstrategie während der Erschließung des US-amerikanischen Marktes, der bis heute der wichtigste Markt für das Unternehmen ist. Dabei war es von Vorteil, dass SAP bereits in Deutschland mit *Andersen* zusammenarbeitete. Auch die anderen großen Wirtschaftsprüfungsunternehmen mit Beratungssparten engagierten sich fortan als SAP-Partner:

„Es stand ebenfalls außer Frage, dass wir in den Vereinigten Staaten mit den eingeführten Service- und Beratungsunternehmen im IT-Geschäft zusammenarbeiten würden, also den Big Six. .... SAP hat integrierte Anwendungen auf den Markt gebracht, und die Big Six haben uns dabei geholfen, dieses Konzept zu verbreiten und Überzeugungsarbeit bei den großen Unternehmen zu leisten" (SAP-Mitgründer Hasso Plattner, nach Plattner et al., 2000: 38-39).

Den endgültigen Durchbruch auf dem US-amerikanischen Markt erreichte SAP zusammen mit seinen Partnern durch R/3 und die *Client-Server*-Technologie, die Anfang der 1990er Jahre zum Einsatz kam (Meissner, 1997: 126). Dabei bauten die *Big Six* der Wirtschaftsprüfungsgesellschaften, die in den 1990er Jahren den US-amerikanischen Markt dominierten, ihr Geschäft mit Management- und IT-Beratung stetig aus:

„Durch die Größe der SAP waren wir gar nicht in der Lage so viele Leute am Markt zu rekrutieren und zu finden, die die Software installiert haben. Und da haben wir uns dann Partner gesucht, [...] PriceWaterhouse [...] und wie sie alle hießen, die ganzen großen. Die haben nur von uns keine Provision bekommen, aber sie waren später der Partner, der es installiert hat dort" (S-036080).

Diese Partner verfügten über exzellente Kontakte in allen großen Konzernen, halfen SAP bei der Markterschließung (Meissner, 1997: 91-92) und übernahmen so eine wichtige Rolle im Vertriebsprozess. Denn auch wenn die Partnerunternehmen vertraglich nicht an SAP gebunden waren, entwickelte sich SAP zu einem *De-facto*-Standard für die Branche. Von großem Vorteil war auch, dass die Wirtschaftsprüfer bereits über beste Kontakte in die Chefetagen ihrer großen Bestandskundenbasis verfügten, als in den 1990er Jahren Managementmoden (Kieser, 1996) wie das *Business Reengineering* (Hammer & Champy, 1993) aufkamen, die Hoffnungen auf die „Wunderwaffe IT" weckten:

> „Die Implementation der Systeme würden eingeführte US-Partner bewerkstelligen, die sich mit den Anforderungen der amerikanischen Industrie auskannten. Topmanager nutzen die Gunst der Stunde, um mit Hilfe der Berater ihre Firma durch grundlegendes »Business Reengineering« umzugestalten" (Meissner, 1997: 105).

Überhaupt wurde die die Erfolgsdynamik immer wieder durch einmalige Sondereffekte verstärkt. So zum Beispiel zur Zeit der Jahrtausendwende durch das *Y2K*-Problem oder die *Euro*-Währungsumstellung, im Zuge dessen sich Unternehmen von ihren bestehenden Softwaresystemen trennten und fortan auf den Marktführer SAP setzten. Nachdem sich SAP als De-facto-Standard etabliert hatte, wurde nur noch SAP und seinem breiten Partnernetzwerk der Umgang mit solch komplexen Problemen zugetraut. So entstand zwischen SAP und seinen Partnern eine Interessenkongruenz. Partner können mit SAP-bezogener Beratung ihr eigenes Beratungsgeschäft ankurbeln. Und je eher sich SAP aus dem Beratungsgeschäft raushält, desto weniger fühlen sich die Partner durch SAP bedroht (Meissner, 1997: 126-127):

> „Ja, und das war ein Selbstläufer für SAP. [....] Und die Unternehmen oder die Beratungsunternehmen, die hatten natürlich ein großes Eigeninteresse neben der Wirtschaftsprüfung auch noch weitere Projekte an Land zu ziehen und haben das Ganze betrieben. [...] Die Beratungsunternehmen, die haben natürlich ein großes Interesse, Projekte an Land zu ziehen und damit werden natürlich auch SAP-Lizenzen verkauft" (P-009043).

Neben der Implementierung der Software und der Vertriebsunterstützung bildeten die SAP-Partner aber auch viele neue Berater aus und verringerten somit das Ressourcenproblem, das sich während der rasanten Verbreitung der SAP-Software ergab.

4.2.2 Analyse der Ko-Spezialisierung

Im nun folgenden Abschnitt werden die konkreten Mechanismen untersucht, die den sich selbstverstärkenden Ko-Spezialisierungsprozess zwischen SAP-Software und SAP-bezogener Beratung vorantrieben.

Von Pilotkundenprojekten zur Standardsoftware: Ein Grundprinzip der SAP-Softwareentwicklung ist das inkrementelle Lernen, das „Lernen aus der Praxis". Wenn ein neues Themenfeld erschlossen werden soll, werden zunächst Pilotkunden für die

Ko-Innovation gesucht. Bei diesen Pilotkundenprojekten tauscht SAP mit Kunden und Partnern neues Wissen aus und lässt wiederverwendbare Funktionalitäten in die Standardsoftware einfließen:

> „Also dieses Standardisieren, dieses online Verarbeiten und dieses Vernetzte. Ja, das war der Erfolg, und immer in Verbindung mit dem Kunden. Sie haben sich Pilotkunden gesucht, mit denen sie das entwickelt haben. So ist unheimlich viel Know-how von der Anwenderseite in das Produkt reingeflossen. Ja und das ist die Stärke von der SAP. […] Wenn wir was Neues entwickelt haben, dann hat die SAP immer gesagt ‚Ich suche mir 4, 5, 6, 7 [Kunden]. Seid ihr bereit, euer Wissen darein zu bringen?' […]. Es wurde immer untersucht, ist das ein strategic development, was in den Standard geht oder ist das ein custom development" (S-010049).

Da die Software bei Erschließung eines neuen Themenfeldes zu Beginn noch alles andere als ausgereift sein kann, kommen als Pilotkunden vor allem solche Kunden in Frage, die technisch aufgeschlossen sind und sich durch die frühe Implementierung einen Wettbewerbsvorteil für ihre Organisation versprechen:

> „[A]m Anfang war fast 80 Prozent strategic development […]. Man brauchte auch so ein paar early birds, Kunden, […] die wussten ‚Ok, selbst wenn das ein Jahr holprig läuft, sind wir dabei'. […] Was ist der Vorteil für den Anwender? Er hat eine Anwendung und hat einen Zeitvorsprung zum Wettbewerb" (S-012054).

Sobald aber neue Funktionalität im Rahmen von Pilotkundenprojekten der SAP-Standardsoftware hinzugefügt wurde, kann diese auch bei anderen Anwenderorganisationen zum Einsatz gebracht werden. Durch dieses Prinzip ergab sich im Laufe der Zeit eine zunehmende Abstraktion und damit eine zunehmende Ko-Spezialisierung von SAP in Standardssoftwareentwicklung. Hatten die ersten Pilotkundenprojekte noch sehr stark den Charakter von Individualsoftwareentwicklung, ergab sich im Laufe der Zeit eine zunehmende Fokussierung in Richtung Standardsoftware.

Lernende Standardsoftware: Allerdings befindet sich auch die Standardsoftware in permanenter Weiterentwicklung. Je besser Anwenderunternehmen die SAP-Software kennenlernen, desto besser können Anforderungen artikuliert werden:

> „Die Entwickler saßen da und die Fachleute da und dann wurde gesagt ‚Was habt ihr denn, wie wollt ihr es haben?'. Und dann haben die das umgesetzt und gesagt ‚Habt ihr euch das so vorgestellt?' […] Und über die Zeit hat man halt ein Produkt entwickelt" (S-012058).

In dem Zusammenhang ist es von Vorteil, dass SAPs Softwaremodule für die verschiedenen Funktionsbereiche stets miteinander integriert wurden. Ein Anwenderunternehmen beginnt häufig mit der Implementierung eines bestimmten Moduls und weitet die Anzahl der genutzten SAP-Funktionalitäten sukzessive aus. Reichen die Funktionalitäten der Standardsoftware dem Kunden nicht aus, so kann gegenüber SAP ein Entwicklungsantrag gestellt werden. Vor allem aber werden Anforderungen an neue Funktionalitäten über branchenbezogene Arbeitsgruppen an SAP herangetragen (siehe auch Pollock et al., 2007):

> „Viele Anforderungen kommen auch über Arbeitsgruppen zustande. SAP organisiert sogenannte Arbeitsgruppen bei SAP selbst, in Walldorf findet das in der Regel statt. […] Da sitzen dann die großen Unternehmen […] und dann kommen die Entwicklungsanforderungen der Kunden, die kommen auf den Tisch. […] Dann kommen beispielsweise noch neue gesetzliche Anforderungen. Dann wird das dann besprochen, wie das unterstützt wird. Es gibt für jede Branche eine Arbeitsgruppe, wo SAP dann auch den Markt, die Kunden zu sich holt und die Anforderungen aufnimmt" (P-014051).

Im Wechselspiel mit den Kundenbedürfnissen steigt somit auch der Funktionsumfang der Standardsoftware stetig:

> „[E]s kommen jeden Tag neue Funktionalitäten hinzu. Es werden immer mehr Bereiche abgedeckt, die das Unternehmen, die die Betriebe brauchen können" (P-011050).

Lernende Software durch Partnerwissen: Im Zusammenhang mit der Standardisierung branchenbezogenen Wissens spielen SAP-Partner eine wesentliche Rolle. Zusammen mit *Arthur Andersen* (heute *Accenture*) entwickelte SAP zum Beispiel eine Lösung für Energiewirtschaft – mit der klaren Aufgabenteilung, dass SAP für die Entwicklung der Standardsoftware und *Arthur Andersen* für die Softwareimplementierung zuständig war (S-077123).

Heute gliedert SAP sein Portfolio in 26 Branchenkategorien (Tabelle 6). Diese Branchenkategorien wiederum werden in drei verschiedene Cluster zusammengefasst: (1) *Manufacturing*, (2) *Financial and Public Services* und (3) *Service* (Meyer, 2008: 25). Unterhalb jeder Branchenkategorie entstanden im Laufe der Zeit viele Subkategorien, spezielle Branchenlösungen, die häufig von Partnern bereitgestellt werden.

Sich wechselseitig verstärkende Komplexität: Die offene und „mächtige" Auslieferung der Software, die sich von Beratern über etliche Parametereinstellungen sehr spezifisch an die jeweiligen Notwendigkeiten anpassen lässt, führte allerdings auch zu erhöhter Komplexität:

> "... SAP's use of programmability to resolve the standardization-adaptation tradeoff came at the cost of increasing product complexity and hence difficulty of implementation by users ..." (Lehrer & Behnam, 2009: 286).

Denn SAP-Software ist weder reine Standardsoftware, noch reine Individualsoftware, sondern *anpassbare Standardsoftware*, und wird in der Praxis mitunter auch als *"development workbench"* oder *"quasi open source"* bezeichnet, weil SAP-Berater vor Ort die Software an fast alle denkbaren Gegebenheiten anpassen können.

• Automobilindustrie	• Handel	• Medienbranche
• Banken	• Hightech- und Elektronikindustrie	• Metall-, Holz- und Papierindustrie
• Bauwirtschaft	• Hochschulen und Forschungseinrichtungen	• Öffentliche Verwaltung
• Anlagen- und Schiffbau	• Innere & Äußere Sicherheit	• Öl- und Gasindustrie
• Bergbau	• Konsumgüterindustrie	• Sport und Entertainment
• Chemieindustrie	• Life Sciences	• Telekommunikation
• Dienstleistungsbranche	• Logistikdienstleister	• Versicherungen
• Gesundheitswesen	• Luft- und Raumfahrtindustrie	• Versorgungswirtschaft
• Großhandel	• Maschinen-, Geräte- und Komponentenbau	

Tabelle 6: SAPs Branchenkategorien (SAP, 2013b)

Die Software war sowohl bei den Produkten R/2, als auch bei R/3 darauf ausgelegt, dass sie durch Dienstleistungen lokalisiert wird (P-065111; siehe auch Pollock et al., 2007) – durch Beratung, Customizing und die Entwicklung von kundenspezifischen Funktionalitäten:

> „Die Einstellungen vorzunehmen, das nennt sich Customizing, da gibt es einen Einführungsleitfaden. Und in diesem Einführungsleitfaden, da werden dann diese Einstellungen vorgenommen. Und da gibt es auch eine empfohlene Vorgehensweise von SAP, einen Blueprint. Dann wird das System eingerichtet und eventuell reichen die Funktionalitäten nicht aus, dann finden noch Zusatzentwicklungen statt, also kundeneigene Entwicklungen, dass da

noch irgendwelche Stammdatenfelder definiert werden oder Validierungen, die im System programmiert werden oder irgendwelche zusätzlichen Berichte. Das heißt, die Funktionalitäten, die SAP anbietet, die werden übers Customizing eingerichtet, und dann gibt es Dinge, die werden dazu entwickelt. Dann erfolgt eine Datenmigration ins SAP-System rein, dann geht es produktiv. Die Anwender, die Berechtigungen müssen angelegt werden. Es ist viel zu tun, und das wird halt vom Partner unterstützt" (P-043080).

Den Vorteil der hohen Individualisierbarkeit von Standardsoftware erkaufte sich SAP folglich mit einer erhöhten Beratungsintensität. So übersteigen in der Regel die Kosten der Implementierung die der Softwarelizenzen um ein Vielfaches und dies ist der Grund dafür, dass sich eine eigene Dienstleistungsbranche ausbilden konnte, da meist auch die internen IT-Abteilungen in den Organisationen nicht über das notwendige Know-how verfügten:

"The complexity of the undertaking exceeds the capability of company IT departments, thus requiring SAP or (more often) an external IT service or consulting company to supervise implementation of the ERP system" (Lehrer, 2006: 197).

Durch die Zunahme an Funktionalität und Integrationsmöglichkeiten stieg auch die Zahl der Parameter und der Schnittstellen, wodurch sich wiederum die Komplexität im Laufe der Zeit weiter erhöhte. Allerdings profitiert der SAP-Beratungspartner von dieser zunehmenden Funktionsvielfalt, da diese vom Kunden nachgefragt wird (P-043076):

„Da war das Standard-Modell [einer bestimmten Branchenlösung] noch wesentlich einfacher. Bei [einer bestimmten Branchenlösung] wurde im Jahre 2004 die alte Entwicklung abgelöst durch eine neue, und das ist schon wesentlich komplexer als das vorherige. Es ist aber auch deutlich besser. Es deckt die Marktanforderungen ab" (P-027064).

Daneben fördert SAP den Aufbau standardisierter SAP-bezogener Dienstleistungsmethoden. Bei neuen Funktionalitäten verfügen zu Beginn häufig nur Experten über das erforderliche Dienstleistungswissen. Durch die Kodifikation der Dienstleistungsmethoden, zum Beispiel durch Darlegung einer Implementierungsmethode in Leitfäden, kann aber auch dieses Know-how standardisiert und damit einfacher weitergegeben werden:

„Serviceprozeduren und ein umfassendes Repertoire an vorgefertigten Inhalten und Best Practices ermöglichen einen breiten Zugang zu dem benötigten Wissen und sorgen für eine sehr hohe Servicequalität" (Oswald, 2006: 23).

Durch eine derartige Kodifizierung von Dienstleistungswissen kann der ko-spezialisierte Aufbau von SAP-bezogenen Beratungskompetenzen auf Seiten der SAP-Partner wiederum deutlich beschleunigt werden.

Ko-Spezialisierungsspirale

Im Rahmen dieser Arbeit wird Ko-Spezialisierung als dynamischer Prozess untersucht. Der Zusammenhang zwischen den oben dargestellten Lernmechanismen soll mit Abbildung 17 illustriert und nun kurz zusammengefasst werden:
(1) Im Rahmen der ersten Pilotkundenprojekte floss spezifisches Kundenwissen in die von SAP entwickelte Software.
(2) Wiederverwendbares Wissen wird dem Standardsoftwarepaket hinzugefügt. Für komplexe Anforderungen wird eine Vielzahl von Parametern bereitgestellt, über die sich die Software im konkreten Implementierungsprojekt „*customizen*" lässt.

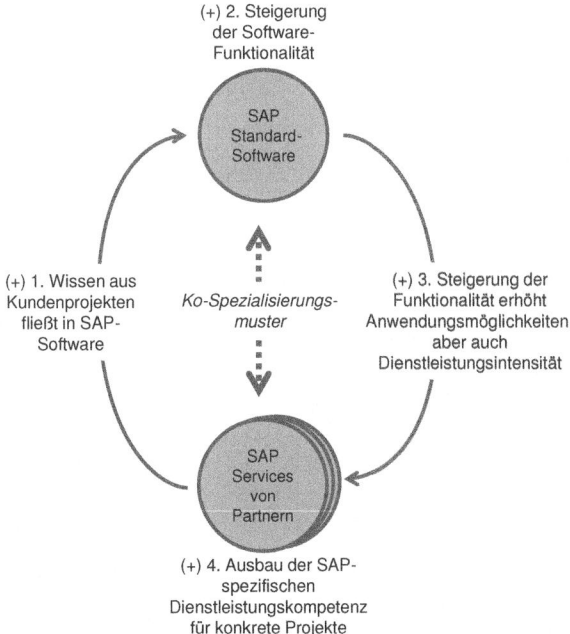

Abbildung 17: Mikromechanismen der interorganisationalen Ko-Spezialisierungsspirale (schematische Darstellung)

(3) Der steigende Funktionsumfang erhöht die Anwendungsmöglichkeiten. Die SAP-Software kommt für eine größere Zielgruppe in Frage. Allerdings steigt mit dem Funktionsumfang auch die Komplexität der Software und damit der Dienstleistungsaufwand. Eine steigende Anzahl an Dienstleistungspartnern übernimmt diesen Teil des Wertschöpfungsprozesses.

(4) Um dem steigenden Funktionszuwachs der Software und der steigenden Anzahl an konkreten Kundenprojekten umgehen zu können, müssen die Dienstleistungspartner sich zunehmend ko-spezialisieren und ihre Dienstleistungskompetenz ausbauen. Mit der steigenden Anzahl an konkreten Kundenprojekten führt die Spirale wieder zurück zu (1): Wissen aus Kundenprojekten fließt zurück in die lernende Software.

Langfristiger Erfolg der Ko-Spezialisierung

Die oben dargelegte Dynamik der interorganisationalen Ko-Spezialisierungsspirale führte im Laufe der Zeit dazu, dass das durch SAP und Partner angebotenen Funktionalitäts- und Dienstleistungsangebot stetig wuchs und zu einer einmaligen Erfolgsgeschichte führte. Sowohl das Softwareangebot von SAP auf der einen, als auch das Dienstleistungsangebot der SAP-Partner auf der anderen Seite wurden im Laufe der Zeit nicht nur besser, sondern auch breiter.

Angelehnt an die Kern-Schalen-Abbildung von Teece (1986) veranschaulicht Abbildung 18 diese Ko-Spezialisierungsspirale auf Makroebene: Das Wachstum des fokalen *asset* (SAP-Software) entwickelt sich in gegenseitiger Abhängigkeit zum Wachstum des ko-spezialisierten *asset* (den komplementären Dienstleistungen der SAP-Partner).

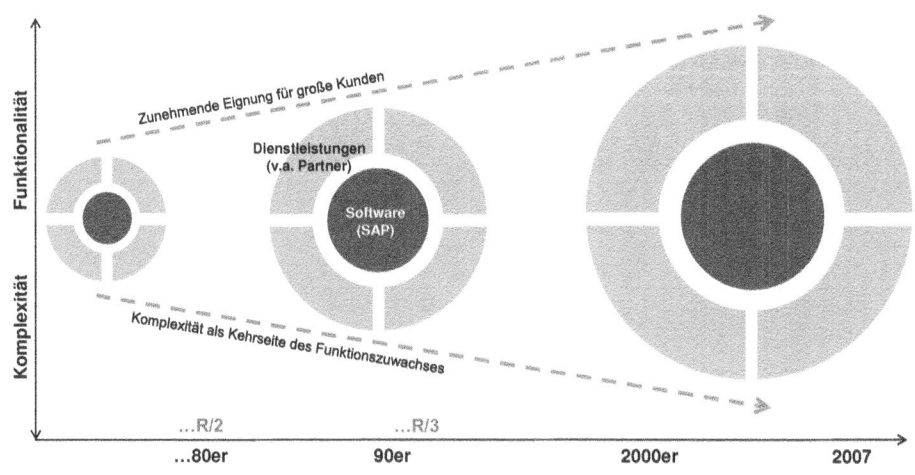

Abbildung 18: Ko-Spezialisierungsspirale auf Makroebene (schematische Darstellung)

Zusammen mit seinen Partnern wurde SAP in den 1980er und 1990er Jahren zum größten Anbieter für Unternehmenssoftware der Welt. Der Umsatz wuchs von 92 Mio. € in 1988, als SAP an die deutsche Börse ging, auf 11.575 Mio. € in 2008. In derselben Zeit wuchs die Zahl der Mitarbeiter von 940 auf 51.400 (Leimbach, 2009: 395; SAP, 2008a). Aber auch immer mehr Dienstleistungspartner profitierten von diesem Erfolgsmodell:

> "At the same time the consulting partners were able to grow with the increasing SAP software business. They even made more consulting revenue than SAP was creating by selling their software" (Meyer, 2008: 25).

Allein die Betrachtung der Umsatzzahlen zwischen 2005 und 2012 zeigt, dass der Umsatz, der den SAP-Partnern mit SAP-bezogenen Dienstleistungen entsteht, ein Vielfaches dessen beträgt, was SAP mit Lizenzverkäufen umsetzt (siehe Abbildung 19). Dieser Erfolg beruht aber noch bis heute zu großen Teilen auf Umsätzen im Markt für große Kunden und im gehobenen Mittelstandsegment. Hier verfängt das Prinzip der interorganisationalen Ressourcenkomplementarität, da große Unternehmen den steigenden Funktionsumfang der SAP-Software und die umfangreiche Beratungskompetenz zu schätzen wissen, sodass SAP hier mittlerweile zu einem De-facto-Standard geworden ist.

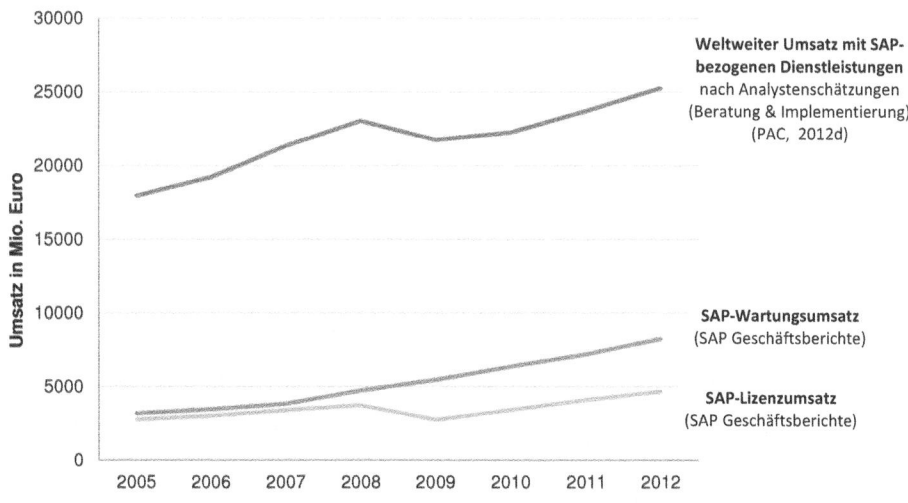

Abbildung 19: Umsatzentwicklung im SAP-Ökosystem (SAP-Geschäftsberichte[8]; PAC, 2012d)

---

[8] http://global.sap.com/corporate-en/investors/reports/zip/sap-key-figures-since-ipo.xlsx, abgerufen am 19. November 2013.

Abbildung 19 verdeutlicht in dem Zusammenhang allerdings auch ein strategisches Problem für SAP: Seit 2007 spreizt sich die Schere zwischen Lizenz- und Wartungserlösen. Das heißt, SAPs Erfolg beruht zunehmend auf Umsätzen aus dem Bestandskundengeschäft. Mit verschiedenen Initiativen versuchte SAP deshalb bereits in der Vergangenheit neue Wachstumsfelder im Mittelstandsmarkt zu erschließen. Im unteren Mittelstandsegment stößt die dargestellte Strategie allerdings an ihre Grenzen (siehe Abschnitte 4.2.5 und 4.3).

4.2.3 Organisationale Folgen der Ko-Spezialisierung

Die Ko-Spezialisierungsspirale trieb die vertikale Desintegration zwischen SAP und Dienstleistungspartnern voran. So entstand eine zunehmende Ausrichtung von SAP auf die Softwareentwicklung, während sich die Service-Partner verstärkt auf dazu komplementäre Aktivitäten fokussierten: SAP-bezogene Dienstleistungen. Dadurch entwickelten sich SAP und SAP-Partner hinsichtlich Geschäftsmodell und Unternehmensidentität in völlig unterschiedliche Richtungen. SAP wurde zu einem *Produktunternehmen*. Auch wenn Dienstleistungen weiterhin eine wichtige Rolle im SAP-Portfolio spielen, ist die Entwicklung der ERP-Software die dominierende Kernkompetenz von SAP. Die damit einhergehenden organisationalen Folgen werden in diesem Abschnitt diskutiert.

Folgen für die Organisation SAP

Mithilfe der Fokussierung auf das margenträchtige Softwaregeschäft hat SAP ein sehr lukratives Geschäftsmodell etabliert. Einmal entwickelte Software kann wiederverwendet werden und da SAP-Installationen tief in der betriebswirtschaftlichen Logik eines Anwenderunternehmens verankert werden, besteht eine hohe Kundenbindung gegenüber SAP mit permanenten Wartungserlösen (S-249288). So prägt SAP bis heute das Image eines Premiumanbieter für hochpreisige, dafür aber hochwertige Software:

> „SAP hat es geschafft, wie Apple so ein bisschen eine Marke zu etablieren. Dass die Anwender eben gerne dabei sind, wenn sie ein SAP-Logo sehen" (P-054085).

Die Fokussierung führte auch zu den im Softwaregeschäft üblichen hohen Margenerwartungen und dazu, dass die komplementären Dienstleistungen eine untergeordnete Rolle spielen:

"SAP hat ja ein Margenziel von 35%. Und da müssen wir natürlich sehr genau gucken, wie wir unsere Ressourcen verwenden" (S-001035).

Somit versteht sich SAP selbst auch *nicht* als Dienstleistungsunternehmen. Sowohl aus Geschäftsmodellsicht, als auch mit Blick auf Image und Identität ist SAP vor allem ein Produktunternehmen:

"Wir hätten das [Dienstleistungsgeschäft] ausweiten können zu mehr, aber das war nicht unsere Strategie. Wir haben gesagt, wir sind eine Produkt-Company und keine Service-Company" (S-077114).

Dennoch muss SAP einen gewissen Anteil der margenschwächeren Dienstleistungen selbst erbringen, da dies von Kundenseite erwartet wird und eine qualitätssichernde Notwendigkeit darstellt:

"Wir müssen auch Consulting haben, einfach als Enabler für unseren Softwareverkauf. Weil zum einen viele Kunden, die SAP kaufen und implementieren, Wert darauf legen. [...] Viele Kunden legen Wert darauf, dass der Anbieter selber die Implementierung macht. Zum anderen haben wir selber auch ein Interesse daran zumindest qualitätssichernd tätig zu sein in Projekten, selbst wenn Partner die Projekte durchführen" (S-005036).

Das heißt, eine vollständige vertikale Desintegration der SAP-bezogenen Dienstleistungen hat nie stattgefunden (SAP, 2008a: 74). Der Anteil des Dienstleistungsumsatzes am Gesamtumsatz lag für SAP seit 1993 aber stets zwischen lediglich 15 und 30 Prozent, wie Tabelle 7 verdeutlicht:

"Erstens vermied es SAP auf diese Weise, sich selbst bei der Implementation der vielschichtigen Standardsoftware personell zu verausgaben. Der Anteil des Beratungsgeschäfts am SAP-Ergebnis betrug nur rund 20 Prozent. Zweitens geriet die Firma dadurch im Service-Bereich nicht in Konkurrenz zu den großen Beratungs- und EDV-Firmen" (Meissner 1997: 191).

Mit den Dienstleistungen, die SAP selbst erbringt, möchte SAP in erster Linie als *Enabler* und qualitätssichernd im Partnernetzwerk auftreten. Nichtsdestotrotz wird die SAP-eigene Dienstleistungssparte von externen Dienstleistungspartnern mitunter als Wettbewerber wahrgenommen. Auch wurde von SAP-Seite zum Teil versucht ins Kerngeschäft großer Partner einzudringen, ins *Management Consulting*. Auf der anderen Seite gab es auch immer wieder Initiativen von Partnern, eigene Softwareangebote am Markt zu etablieren. Dass die Versuche von jeweils der anderen Seite ins Geschäft der Partner einzusteigen, eher erfolglos blieben, zeigt, dass sich die Kernkompetenzen entlang der Wertschöpfungskette in unterschiedliche Richtungen entwickelt haben. SAPs eigene Dienstleistungssparte spielt vor allem im deutschsprachigen Raum eine große Rolle, da im Heimatmarkt viele Kunden traditionell direkt von SAP betreut wurden (B-007053). Die Dienstleistungssparte wird aber auch dazu genutzt, um das SAP-Dienstleistungsgeschäft strategisch beeinflussen zu können:

> „Die geringeren Margen nehmen wir bewusst in Kauf, um das Software-Geschäft besser vorantreiben zu können" (Co-CEO Jim Hagemann Snabe zur SAP-eigenen Beratungssparte, nach Handelsblatt, 2012a: 25).

Allerdings wird die SAP-Dienstleistungssparte von SAP als getrennte Organisationseinheit geführt mit eigenen Vertriebsstrukturen und sauber getrennten Geschäftsbereichen (B-009051):

> „SAP Services, die Serviceorganisation der SAP, bietet ein breites Spektrum an Services einschließlich Support, Beratung, Schulung, kundenspezifischer Entwicklung und Managed Services" (Oswald, 2006: 21).

Typischerweise kauft eine Anwenderorganisation – meist ein Großunternehmen – die SAP-Lizenzen mitsamt Wartungsverträgen direkt von SAP, und kann dann entscheiden, ob die Dienstleistungen von SAP-Partnern oder von *SAP Services* bezogen werden. Häufig sind auch eine Vielzahl unterschiedlicher Dienstleistungspartner, Freelancer und interne SAP-Berater an einem Implementierungsprojekt beteiligt, die ihre Arbeit mittels interorganisationaler Schnittstellen, Routinen und Praktiken koordinieren.

Jahr	SAP Gesamtumsatz (in Mio. €)	SAP-Mitarbeiter	SAPs Umsatz mit Beratung, Schulung und anderen Dienstleistungen (in Mio. €)	Anteil Beratung, Schulung und anderer Dienstleistungen am SAP-Gesamtumsatz
1972	0,32	9	k.A.	k.A.
1973	0,54	11	k.A.	k.A.
1974	0,96	13	k.A.	k.A.
1975	1,17	18	k.A.	k.A.
1976	1,95	25	k.A.	k.A.
1977	3,19	38	k.A.	k.A.
1978	4,34	50	k.A.	k.A.
1979	5,07	61	k.A.	k.A.
1980	7,00	77	k.A.	k.A.
1981	8,33	84	k.A.	k.A.
1982	12	105	k.A.	k.A.
1983	21	125	k.A.	k.A.
1984	25	163	k.A.	k.A.
1985	31	224	k.A.	k.A.
1986	54	290	k.A.	k.A.
1987	78	468	k.A.	k.A.
1988	125	940	k.A.	k.A.
1989	188	1.367	k.A.	k.A.
1990	255	2.138	k.A.	k.A.
1991	362	2.685	k.A.	k.A.
1992	425	3.157	k.A.	k.A.
1993	563	3.648	147	26%
1994	936	5.229	184	20%
1995	1.379	6.857	255	19%
1996	1.903	9.202	376	20%
1997	3.076	12.856	640	21%
1998	4.316	19.308	1.121	26%
1999	5.110	20.975	1.547	30%
2000	6.265	24.178	1.645	26%
2001	7.341	28.410	2.083	28%
2002	7.413	28.797	2.204	30%
2003	7.025	29.610	1.954	28%
2004	7.514	32.205	1.971	26%
2005	8.509	35.873	2.071	24%
2006	9.393	39.355	2.249	24%
2007	10.242	44.023	2.221	22%
2008	11.575	51.544	2.498	22%
2009	10.672	47.584	2.074	19%
2010	12.464	53.513	2.197	18%
2011	14.233	55.765	2.341	16%
2012	16.223	64.422	2.442	15%

Tabelle 7: SAP – Entwicklung Umsatz, Mitarbeiter, Anteil Beratung (SAP Geschäftsberichte[9]; Leimbach, 2009: 395)

---

[9] http://global.sap.com/corporate-en/investors/reports/zip/sap-key-figures-since-ipo.xlsx, abgerufen am 19. November 2013.

Organisationale Folgen für die SAP-Partnerunternehmen

Der Ko-Spezialisierungsprozess manifestierte sich auch auf Seiten der SAP-Partner auf intraorganisationaler Ebene, da sich diese hinsichtlich ihrer Aktivitäten und Kompetenzen zunehmend auf SAP-Dienstleistungen fokussierten. Viele dieser Unternehmen boten, bevor sie SAP-Partner wurden, eigene Softwarelösungen an. Doch mit der ausgereiften Software von SAP konnten die Lösungen der SAP-Berater und anderer IT-Anbieter häufig nicht mithalten. Deshalb erhöhten viele Beratungs- und IT-Unternehmen im Laufe der Zeit ihre Aktivitäten im SAP-bezogenen Dienstleistungsgeschäft – auf Kosten ihrer hauseigenen Lösungen:

> „Wir haben ja gesehen, dass die großen Beratungshäuser, die früher auch selbst Software entwickelt haben, die Software fallen ließen wie eine heiße Kartoffel, beispielsweise Andersen. IBM ist aus dem Anwendungssoftware-Markt ausgeschieden" (August-Wilhelm Scheer, nach Plattner et al., 2000: 182).

Die Orientierung eines Unternehmens hin zu SAP-Software wurde umso wahrscheinlicher, je mehr SAP-Berater dieses Unternehmen ausgebildet hat. Dies wiederum stärkt die SAP-Plattform in Beratungsunternehmen gegenüber Eigenentwicklungen und den Softwareprodukten anderer Anbieter:

> „Die sind ja nicht interessiert, dass eine Eigenentwicklung kam oder dass eine amerikanische Software reinkam, weil die haben ja Hunderte von SAP-Beratern da sitzen" (S-055097).

Die Entwicklungsgeschichte der großen SAP-Dienstleistungspartner ist relativ heterogen, lässt sich aber in verschiedene Gruppen einteilen (P-044090): Zum einen gab es *Hardwarehersteller*, die aufgrund der Partnerschaft mit SAP ihr Dienstleistungsgeschäft ausbauten. Das Traditionsunternehmen IBM zum Beispiel, der ehemalige Arbeitgeber der SAP-Gründer, wandelte sich vor allem in den 1990er Jahren von einen Hardwarehersteller zu einem Service-Unternehmen (Dittrich, Duysters & De Man, 2007; Hamel, 2000) und ist heute der größte Anbieter für SAP-bezogene Dienstleistungen:

> „Die IBM hat von PriceWaterhouse irgendwann Ende der neunziger Jahre oder Anfang 2000 das ganze Beratungsgeschäft gekauft, das war ja ein Milliardengeschäft. [....] Dadurch ist ja IBM riesengroß geworden auf der Service-Seite" (S-055099).

Weitere Hardwarehersteller mit SAP-Dienstleistungsangebot sind zum Beispiel *DEC*, *compaq* oder *Hewlett-Packard*. Eine andere wichtige Gruppe sind die bereits häufiger erwähnten SAP-Dienstleister, die aus *Wirtschaftsprüfungsunternehmen* hervorgegangen sind, wie zum Beispiel *Accenture*, der Nachfolger von *Andersen Consulting*. Für diese Wirtschaftsprüfer war das Beratungsgeschäft zum Teil wesentlich attraktiver als klassische Wirtschaftsprüfung, was dazu führte, dass sich diese Unternehmen zunehmend in Richtung Beratung orientierten und später eigene Beratungsunternehmen ausgründeten (S-058104). Ein weiteres Beispiel für diese Entwicklung ist *KPMG*, aus denen *BearingPoint* hervorgegangen ist, oder *Ernst & Young*, die ihre Beratungssparte später an *Capgemini* verkauften (B-011053).

Wichtige SAP-Partner aus dem deutschsprachigen Raum waren und sind zum Beispiel *Ploenzke*, *INTEGRATA*, *IDS Scheer*, *Plaut*, die *Software AG* oder *itelligence*. Aus den IT-Divisionen großer deutscher Konzerne gingen weitere SAP-Partner hervor wie zum Beispiel *T-Systems*, die ursprünglich als *debis* zum *Daimler*-Konzern gehörten. Die deutschsprachigen Partner arbeiten zum Teil bereits seit den 1970er oder 1980er Jahren mit SAP zusammen. Mit R/3 stieg in den 1990er Jahren auch die Bedeutung amerikanischer Partner; neben den oben genannten Wirtschaftsprüfern sind hier vor allem IT-Unternehmen wie *EDS* und *CSC* zu nennen. Aber auch französischer Unternehmen wie *Bull* und *Alcatel* engagierten sich als SAP-Dienstleister. Seit Ende der 1990er Jahre stieg dann die Rolle indischer SAP-Dienstleistungspartner wie *mahindra* oder *Infosys*.

Insgesamt weist SAP heute auf seiner Website[10] 8.613 Partnerschaften aus (Stand: 27. August 2013). (Dazu gehören auch 24 *Hosting Partner* und 40 *Education Partner*, die für die folgende Analyse vernachlässigt werden.) *Service Partner* sind die klassischen SAP-Beratungsunternehmen wie *Accenture* oder *T-Systems*, die vornehmlich im Großkundensegment SAP-Dienstleistungen anbieten. *Channel Partner* haben ein ähnliches Geschäftsmodell wie *Service Partner*, allerdings verkaufen *Channel Partner* neben Dienstleistungen auch SAP-Lizenzen im gehobenen Mittelstandssegment und bieten hier zusätzliche Angebote wie zum Beispiel einen First-Level-Support oder das Bereitstellen von Hardware an. Dabei sind reine *Channel Partner* in der Regel kleiner als *Service Partner*, weshalb deren Umsatz wesentlich geringer ausfällt, obwohl es insgesamt mehr *Channel*-Partnerschaften gibt. Die dritte wichtige Kategorie ist die der *Software Solution and Technology Partner*. Hierzu zählen vor allem andere Softwarehersteller, die zur SAP-Software kompatible Softwareprodukte herstellen.

---

[10] http://www.sap.com/germany/partners/directories/searchpartner.epx, zuletzt abgerufen am 27. August 2013.

	Gesamt	Nur Services	Nur Channel	Nur Software	Services & Channel	Services & Software	Channel & Software	Channel & Services & Software	SAP Services Partner	SAP Channel Partner	SAP Software Solution and Technology Partner	SAP Hosting Partner	SAP Education Partner
Gesamt	8.613	2.155	4.477	1.089	739	44	87	22	2.960	5.325	1242	24	40
nach Kontinenten[10]:													
1. Europa	3.639	1.140	1.594	455	386	20	30	14	1.560	2.024	519	8	10
2. Nordamerika	2.012	377	1.073	396	114	14	36	2	507	1.225	448	12	29
3. Asien	1.784	386	1.105	144	133	5	9	2	526	1.249	160	4	0
4. Südamerika	649	140	363	61	69	4	10	2	215	444	77	0	1
5. Afrika	345	49	271	6	18	0	0	1	68	290	7	0	0
6. Australien/Ozeanien	184	63	71	27	19	1	2	1	84	93	31	0	0
nach Ländern[10]:													
1. USA	1.550	315	765	345	88	12	24	1	416	878	382	12	24
2. Deutschland	888	311	267	202	79	12	10	7	409	363	231	5	6
3. China	346	25	282	15	21	0	2	1	47	306	18	3	0
4. Japan	323	165	97	31	25	4	0	1	195	123	36	1	0
5. Indien	307	61	207	20	17	0	2	0	78	226	22	0	0
6. Russland	296	128	114	5	49	0	0	0	177	163	5	0	0
7. Mexiko	237	21	183	7	18	0	7	1	40	209	15	0	0
8. Kanada	158	33	78	38	5	2	2	0	40	85	42	0	5
9. Süd-Korea	114	7	100	4	2	1	0	0	10	102	5	0	0
10. Singapur	103	30	56	8	9	0	0	0	39	65	8	0	0

Tabelle 8: SAP-Partnerschaften nach Kontinenten und Ländern

		Weltweiter Umsatz mit IT-bezogenen Project Services[11] in Mio. Euro in 2011 nach Analystenschätzungen (PAC, 2012b)	Umsatz mit IT-bezogenen Project Services in Deutschland in Mio. Euro in 2011 nach Analystenschätzungen (PAC, 2012c)	Anzahl der SAP-Partnerschaften[10]	SAP Services Partner	SAP Channel Partner	SAP Software Solution and Technology Partner	SAP Hosting Partner	SAP Education Partner
		Die weltweit größten IT-Dienstleister:							
1	IBM	15.335	819	147	56	45	45	1	0
2	Accenture	9.475	464	60	55	3	1	0	1
3	Fujitsu	6.090	135	68	20	21	26	1	0
4	HP	5.609	495	103	50	10	41	1	1
5	NTT DATA	5.186	218	38	20	18	0	0	0
6	CSC	5.113	245	23	15	6	0	2	0
7	Capgemini	5.005	350	46	34	10	0	2	0
8	TCS	4.374	k.A.	1	1	0	0	0	0
9	Hitachi	4.150	k.A.	29	20	5	4	0	0
10	Deloitte	3.214	k.A.	51	43	8	0	0	0
		Die größten deutschen IT-Dienstleister:							
1	IBM	15.335	819	147	56	45	45	1	0
2	T-Systems	k.A.	617	31	15	13	0	3	0
3	SAP	2.713	602	2	1	0	1	0	0
4	HP	5.609	495	103	50	10	41	1	1
5	Accenture	9.475	464	60	55	3	1	0	1
6	Capgemini	5.005	350	46	34	10	0	2	0
7	Atos	2.003	305	81	48	30	0	3	0
8	msg systems	k.A.	258	8	5	2	1	0	0
9	CSC	5.113	245	23	15	6	0	2	0
10	Allgeier	k.A.	230	0	0	0	0	0	0

Tabelle 9: Umsätze der größten IT-Dienstleister und SAP-Partnerschaften

---

[11] Die folgenden Dienstleistungen gehören nicht zu den *Project Services*: Outsourcing-Dienstleistungen, Management-Beratungsdienstleistungen oder Hardware-Instandhaltungsdienstleistungen (PAC, 2009: 10).

Der SAP-Partner-Finder weist 2.155 Partnerschaften exklusiv in der Kategorie *Service Partner*, 4.477 Partnerschaften exklusiv in der Kategorie *Channel Partner* und 1.089 Partnerschaften exklusiv in der Kategorie *Software Solution and Technology Partner* aus. Es gibt 739 Partner, die sowohl als *Service Partner*, als auch als *Channel Partner* gelistet sind, 44 Partner sind sowohl als *Service Partner*, als auch als *Software Solution and Technology Partner* gelistet. Daneben gibt es 87 Partner, die sowohl *Channel Partner*, als auch *Software Solution and Technology Partner* sind, und 22 Partner fallen in alle drei Kategorien (siehe Abbildung 20).

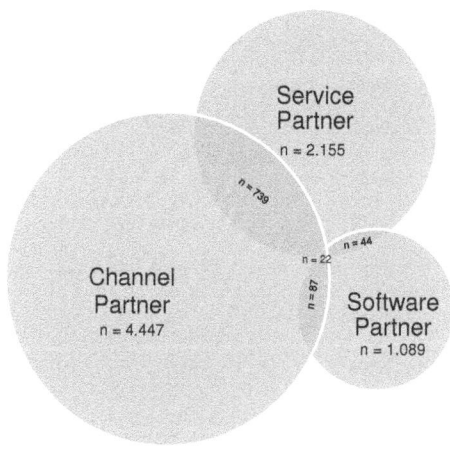

Abbildung 20: VENN-Diagramm der SAP-Partnerschaften (Stand: 27. August 2013)

Dabei unterhält SAP die meisten Partnerschaften in den USA, gefolgt von Deutschland und China (siehe Tabelle 8). Betrachtet man die weltweit und in Deutschland hinsichtlich ihrer IT-Dienstleistungen umsatzstärksten Unternehmen, so fällt auf, dass diese auch die meisten SAP-Partnerschaften unterhalten (Tabelle 9). Unter den zehn größten IT-Dienstleistern der Welt ist ausschließlich *TCS* nicht als strategischer SAP-Partner aktiv. In Deutschland sind alle der zehn größten IT-Dienstleister bis auf *Allgeier* als SAP-Partner tätig. Auffällig ist auch, dass der deutsche Markt eine Sonderstellung hat, da sich SAP hier selbst häufig als Dienstleistungsunternehmen betätigt.

Diese Zahlen belegen nicht nur, dass nahezu alle namhaften IT-Dienstleister das Geschäft mit SAP-Dienstleistungen in ihr Portfolio aufnahmen, sondern auch, dass sich Unternehmen aus benachbarten Domänen wie Hardwareherstellung oder Wirtschaftsprüfung zunehmend in Richtung SAP-Dienstleistungen ko-spezialisierten. Bereits 1997 waren SAP-Berater in deutschen Großunternehmen nicht mehr wegzudenken:

„Bei 95 der 100 größten Unternehmen in Deutschland wird der Betriebsablauf mit Hilfe der Computer-Software aus Walldorf gesteuert. Vom Anpassen der komplexen Programme an die Betriebsabläufe der Kundenfirmen profitiert inzwischen eine hochspezialisierte Beraterkaste" (Meissner, 1997: 12).

Dies lässt sich auch auf der individuellen Ebene der SAP-Berater festmachen. Zuletzt wurde die Anzahl der SAP-Berater im Jahre 2009 auf weltweit 160.000 Personen geschätzt (CIO.de, 2009):

„Wir wollen das ja gar nicht, weil die Implementierung ist ja nicht sehr margenstark, an der hat SAP nicht viel Geld verdient und wir wollten auch gar nicht das Risiko eingehen. Als wir so 25.000 Mitarbeiter hatten, da haben wir immer geschätzt, dass etwa 120.000 draußen bei Partnern sind, die die Implementierung machen" (S-049092).

Das Geschäft mit SAP-Dienstleistungen erweist sich demzufolge nicht nur aus organisationaler Sicht der SAP-Partnerunternehmen als attraktiv, sondern auch aus individueller. Denn der persönliche Aufbau von SAP-Beratungsfähigkeiten gilt häufig als Treiber für die individuelle Karriere für das IT-Fachpersonal:

„Ich denke, in den Unternehmen wollen auch viele das SAP-Know-how haben, weil sie [die Mitarbeiter] damit auch beruflich von der Perspektive her eine bessere Perspektive haben. Wenn man das Know-how hat, hat man auf dem Arbeitsmarkt gute Möglichkeiten" (P-056095).

Allerdings ist der Kompetenzaufbau für SAP-Berater auch entsprechend aufwendig, da der Funktionalitätsumfang der SAP-Software stetig zunimmt:

„Die Funktionalitäten, die haben sehr stark zugenommen. Man muss sich permanent mit dem System beschäftigen, um die Funktionalitäten zu kennen und auch das Customizing dazu, wie richte ich das System ein" (P-043081).

4.2.4 Interorganisationale Folgen der Ko-Spezialisierung

SAP und Partner konnten von interorganisationalen Komplementaritätseffekten profitieren, weil sie passende Praktiken der interorganisationalen Koordination fanden. Die separaten Stufen der Wertschöpfung im strategischen Netzwerk – Softwareentwicklung auf der einen und Dienstleistungen auf der anderen Seite – mussten miteinander koordiniert werden. Teil dieses Ko-Spezialisierungsmusters sind zum einen technische

Schnittstellen wie Softwareparameter oder eine gemeinsame Programmiersprache. Einen Softwareparameter kann man sich vereinfacht als Schalter vorstellen, der von Beratern verwendet wird, um eine Kopie eines standardisierten ERP-Paketes an die individuellen Bedürfnisse eines Unternehmens anzupassen. Eine solche Parameterlogik erlaubt es SAP auf der einen Seite, die Standardsoftware laufend mit neuer Funktionalität auszustatten durch das Hinzufügen von Code und Parametern in sogenannten Steuertabellen. Auf der anderen Seite können die SAP-Berater das Softwarepaket umso besser individualisieren, je mehr Parameter von SAP zur Verfügung gestellt werden (Lehrer & Behnam, 2009). Neben dieser technischen Koordination wurden im Laufe der Zeit aber auch spezielle Netzwerkmanagementpraktiken entwickelt und verfeinert.

Strategisches und operatives Partnermanagement

Zu Beginn der 1980er Jahre professionalisierte sich das SAP-Partnermanagement vor dem Hintergrund der zunehmenden Internationalisierung (S-103147), sodass mittlerweile unterschieden wird zwischen einem operativen und einem strategischen Partnermanagement. Auf operativer Ebene sind jedem SAP-Partner ein oder mehrere Partnermanager auf SAP-Seite zugeteilt, mit denen Ziele, KPIs etc. vereinbart und kontrolliert werden. Zu den Vereinbarungen gehört zum Beispiel, dass die Partnerunternehmen eine bestimmte Anzahl an SAP-Beratern beschäftigen sollen (B-017058). Die Partner spiegeln diese Struktur, indem sie neben den SAP-Beratern auch dedizierte SAP-Partnermanager benennen (Schreiner et al., 2009).

Die übergeordnete SAP-Partnerstrategie hingegen entwickelt die grundlegenden Konzepte des Partnermanagements und untersteht derzeit dem Vertriebsvorstand (B-023067). Im Rahmen dieser Strategie werden Kriterien für die Selektion, Evaluation und die Ausbildung von Partnern sowie die Partnerprogramme mit den entsprechenden Konditionen festgelegt. Diese Koordinationspraktiken fördern die weitere Ko-Spezialisierung der Partner in ihre Beratungskompetenz:

> „Ein Partner, der im ERP-Umfeld eine Implementierung machen will oder auch Erweiterungen entwickeln will, der wird erst mal ein paar Wochen auf Schulung geschickt und sämtliche seiner Angestellten und dann wird der zertifiziert und eine unserer Metriken, um die Qualität des Partner-Ökosystems zu beurteilen, ist dann immer die Anzahl der zertifizierten Mitarbeiter bei dem Partner, denn das heißt halt, die sind besonders gut, besonders gut ausgebildet" (S-002037).

Ausbildungspraktiken: Da sich die SAP-Software in den 1990er Jahren auch in den USA zu einem De-facto-Standard entwickelte, war der Andrang externer Beraterinnen und Berater entsprechend hoch. SAP musste im Zuge der Expansion Strukturen und Prozesse etablieren, um die Ausbildung der externen Berater bewerkstelligen zu können:

„Also mit ein großer Erfolg war, dass wir uns damals die WP [Wirtschaftsprüfer], die ja damals eine ganz andere Macht hatten wie heute […], die haben wir zu unseren Freunden gemacht. Denen haben wir gesagt ‚Mensch, komm, wir bilden eure Leute aus, kostenlos am Anfang, und ihr macht die Implementation' " (S-049090).

Dazu gehört zum Beispiel auch das Bereitstellen von Dokumentationen und anderen Wissensressourcen. Damit so viele Dienstleistungen wie möglich von Partnern erbracht werden können, hat SAP die Einführungsmethoden weitestgehend standardisiert:

„Das Know-how geben wir eigentlich komplett auch nach außen. Denn es ist ja ein Fakt, dass die meisten Implementierungen von Partnern gemacht werden oder zumindest teilweise von Partnern gemacht werden. Und deswegen versuchen wir die Partner so gut es geht auszubilden und enthalten ihnen keine Informationen vor über SAP-Produkte oder Methodologien, um die Implementierung effizienter und erfolgreicher zu machen" (S-007040).

Auch wurden die Partner selber dazu angehalten, Berater auszubilden (S-166204). Seit 1988 betreibt SAP ein internationales Schulungszentrum in Walldorf (Meissner, 1997: 56) und im Jahr 1995 wurde in den USA vom SAP-Partner *PriceWaterhouse* das *Global Training Center* zur Ausbildung von SAP-Beratern eröffnet (Meissner, 1997: 194-195). Diese Schulung von SAP-Experten entwickelte sich mit der Zeit für SAP zwar zu einer zusätzlichen Einnahmequelle, im Vordergrund stehen aber auch hier Qualitätssicherungsgründe:

„Da haben wir auch die Partner, die Mitarbeiter der Partner geschult. Weil wir gesagt haben, wenn die Fehler machen in der Implementation, dann hieß es nicht ‚Der Partner ist schlecht', es hieß immer ‚SAP ist schlecht'. Also insofern wurde bei uns unheimlich viel Wert drauf gelegt, dass die Partner gute Leute hatten und gut ausgebildet sind" (S-090129).

Auch sei an dieser Stelle erneut auf die strategische Bedeutung des Standardsoftwareprinzips hingewiesen. Die Standardsoftware war eine Voraussetzung dafür, dass SAP überhaupt mit Dienstleistungspartnern zusammenarbeiten und diese schulen konnte:

„Wenn alles eh Individualsoftware wäre, wie hätten sie die Partner schulen sollen?" (S-067107).

Zertifizierungspraktiken: Ein wichtiges Instrument der Koordination mit Partnern sind zudem Zertifikate, die erworben werden können, um SAP-bezogenes Wissen zu belegen. Dabei werden nicht nur SAP-Berater als Personen zertifiziert, auch erhalten die SAP-Partner einen Status als Bronze-, Silber- oder Gold-Partner, je nach Kriterien des SAP-Partnerprogramms (SAP, 2013a). Das Partnermanagement von SAP umfasst aber auch weitere, vor allem vertriebsunterstützende, Maßnahmen. So werden Partnertage veranstaltet und auf Messen wird SAP-Partnern die Möglichkeit gegeben, sich neben SAP zu positionieren:

„Und die durften auch mit auf die Messe um die SAP. Es gab ja den Partnerstand um die SAP […]. Auf der Cebit gab es die Riesen-Partnerstände, wo alle Partner in der Nähe des SAP-Standes waren und dadurch waren sie visible, sie waren da, wir konnten uns mit ihnen unterhalten, sie hatten Kundenzulauf. Und viele Partner haben auch gesehen, es gibt eine Nische, etwas was die SAP nicht abdecken kann. Die SAP kann ja nicht alles abdecken, da gibt es also Nischen und da haben sich die Partner auch dann reingesetzt sehr erfolgreich" (S-084127).

Seit den frühen 2000er Jahren hat SAP damit begonnen, die verschiedenen partnerbezogenen Aktivitäten, die bislang eher dezentral in verschiedenen Landesgesellschaften abgewickelt worden, innerhalb eines übergeordneten Partnerprogramms namens SAP *PartnerEdge* zusammenzuführen (SAP, 2008b; S-002050).

Weitere Formen der Vernetzung im SAP-Netzwerk

Auch wenn es sich bei den oben beschriebenen SAP-Partnerschaften in erster Linie um dyadische Beziehungen zwischen SAP und seinen Partnern handelt, lebt das SAP-Netzwerk durchaus von weiteren Formen der Vernetzung auf interorganisationaler und interpersoneller Ebene. Zum einen sind die SAP-Kunden auf Organisationsebene untereinander vernetzt. Im deutschsprachigen Raum gibt es die größte SAP-Kundenvereinigung, die *Deutsche SAP-Anwender-Gruppe* (*DSAG*), in den USA die *Americas' SAP user group* (*ASUG*), und es gibt Anwendergruppen in allen wichtigen regionalen SAP-Märkten (Meyer, 2008: 59-60). Je nach Branche sind Partner- und Anwenderunternehmen mit SAP in sogenannten *Industry Value Networks* (*IVNs*) vernetzt, die eine wichtige Rolle bei der Standardisierung von branchenspezifischem Wissen spielen (Meyer, 2008: 65). Auf interpersoneller Ebene sind SAP-Fachleute zum anderen weltweit über das *SAP Developer Network* (*SDN*) miteinander vernetzt (Meyer, 2008: 62). Vorwiegend im deutschsprachigen Raum haben sich mittlerweile auch rund 50 SAP-Partner zu einer Interessenvertretung zusammengeschlossen, der *International Alliance for SAP Partners* (*IA4SP*) (Meyer, 2008: 68). Vereinzelt gibt es mittlerweile auch SAP-Partnerunternehmen, sich mit anderen Partnern der SAP zu strategischen Sub-Netzwerken zusammenschließen, um Kompetenzen zu bündeln und Risiken abzufedern.

4.2.5 Die Kehrseite der SAP-Produkt- und Partnerstrategie

Auch wenn der Aufstieg von SAP und seinen Partnern eine Erfolgsgeschichte ist, die ihresgleichen sucht, erkaufte sich SAP mit dem Umfang des Produktes und der Beratungsintensität einige strategische Nachteile, die im Folgenden diskutiert werden.

Probleme mit Produktkomplexität und Beratungsintensität

Integrationsprinzip und Customizing erhöhen Komplexität: Der produktbezogene Wettbewerbsvorteil von SAP lag bereits früh darin, dass integrierte Prozesse mit hohen Individualisierungsmöglichkeiten angeboten wurden. Allerdings entstand aus dieser Fülle an Möglichkeiten auch der Nachteil erhöhter Komplexität. Durch die Integration der verschiedenen funktionalen Bausteine (FI, SD usw.) erhöhen sich Abhängigkeiten und damit die Vielschichtigkeit einer SAP-Installation:

> „Die vielschichtige Wechselbeziehung der SAP-Module untereinander, einer der größten Vorteile des Systems, erschwert zugleich die Einführung. So läßt sich beispielsweise eine Bestellung in R/3 als Normalbestellung, Lieferplan oder Rahmenvertrag definieren; sie kann kontiert sein oder mit einer Bestellanforderung verknüpft werden. Tausende von Software-Schaltern müssen fehlerfrei eingestellt werden, was ein umfassendes Verständnis der betriebswirtschaftlichen Prozesse voraussetzt; Parameter etwa, die im Modul SD (Vertrieb) gesetzt werden, beeinflussen andere Zweige des Systems, beispielsweise im Modul CO (Controlling)" (Meissner, 1997: 202).

Daneben waren die Individualisierungsmöglichkeiten (und -notwendigkeiten) durch *Customizing*, Erweiterungen oder Modifikationen von Beginn an ein enormer Vorteil der SAP-Software, brachten aber auch einen hohen Dienstleistungsaufwand mit sich:

> „Je stärker die angeschaffte Standardsoftware »individualisiert« wird, desto heikler die Installation; das Einführungsrisiko wächst" (Meissner, 1997: 202).

Vertikale Desintegration führt zu divergierenden Interessen: Die interorganisationale Arbeitsteilung, die Ko-Spezialisierung von SAP in Softwareentwicklung bei gleichzeitiger Ko-Spezialisierung der Partner in SAP-Beratung, hatte, wie oben beschrieben, organisationale Auswirkungen, insbesondere auf die jeweiligen Geschäftsmodelle. Partnerunternehmen, deren *assets* in erster Linie hoch qualifizierte Berater sind, müssen für eine permanente Auslastung dieser Berater sorgen. Da SAP seinen Partnern gegenüber aber keine „Weisungsbefugnis" hat, muss in Kauf genommen werden, dass diese sich im Zweifelsfall für längere und damit für sie erträglichere Beratungsprojekte einsetzen:

> „Wir wollten das Produkt verkaufen, eine Lizenz und eine schnelle Implementation. Der Partner sagte ‚Warum soll ich das schnell machen, ich habe tausend Mann sitzen und für mich ist es schön, wenn ich die mal ein Jahr verkaufen kann'. Der Partner war nicht immer interessiert an einer schnellen Implementation. [....] Wir sagten ‚schnell, zügig', diese Total Cost of Ownership, TCO, das war unser Interesse. Der musste gering sein. Der Partner, der hat natürlich gesagt ‚Aber ich hab keinen Anschlussauftrag. Wenn wir ein Implementierungsende nächsten Monat haben, was mache ich denn dann im März mit meinen hundert Beratern?' " (S-158197).

> „Das eigentliche Geschäft beginnt für die Berater, nachdem der Kunde das SAP-Paket erworben hat. Je länger die anschließende Software-Installation, desto besser für die Consultants: Sie rechnen zumeist auf Stundenbasis ab" (Meissner, 1997: 193).

Die hohe Nachfrage nach SAP-Beratern treibt den Preis: Wie oben erläutert, hebelte SAP mit seiner Partnerstrategie geschickt den Erfolg der eigenen Software, denn durch das Engagement externer Berater konnten wesentlich mehr Installationen betreut werden, als wenn SAP versucht hätte, dies alleine zu stemmen. Die Dynamik, die dieser strategische Schachzug verursachte, ist aber auch daran zu erkennen, dass die Nachfrage nach SAP-Beratern vor allem in den 1990er Jahren das verfügbare Angebot deutlich überstieg (B-059101):

> „Doch zusätzlich hochgetrieben wurden die Kosten durch einen akuten Mangel an SAP-qualifizierten Systemberatern. Infolge des anhaltenden Standardsoftware-Booms war auch die Nachfrage nach R/3-Consultants im amerikanischen Markt regelrecht explodiert. Die Honorarsätze hatten inzwischen schwindelerregende Höhen erreicht" (Meissner, 1997: 125-126).

Tagessätze von über 1.000 € sind keine Seltenheit und tragen mit dazu bei, dass sich in erster Linie große Unternehmen den Einsatz von SAP-Software leisten können.

Image & Kritik: Das Problem der hohen Beratungskosten wirkte auch auf das öffentliche Image von SAP und wurde von Wettbewerbern gezielt als Angriffsfläche genutzt (Meissner, 1997: 214):

> „Mit der Partnerstrategie nahm SAP allerdings auch einen Grundkonflikt in Kauf, der seither das Image des Unternehmens geprägt hat" (Meissner, 1997: 53).

> „Für die einträgliche Symbiose mit der Consulter-Branche muß SAP allerdings zuweilen einen hohen Preis zahlen. Kommen die Berater ins Gerede, stehen auch das Unternehmen aus Walldorf und sein Produkt am Pranger" (Meissner, 1997: 195).

Dabei wurde die mediale Kritik in Deutschland vor allem in 1995 durch Artikel der Wirtschaftswoche und der Computerwoche angeheizt, auf die SAP wiederum mit einer Anzeigenkampagne reagierte (Meissner, 1997: 214). Die Kritiker führen dabei häufig das Verhältnis zwischen Software- und Serviceaufwendungen an, die im Rahmen der SAP-Nutzung anfallen:

> „Auch die eilig in Walldorf zusammengestellte Gegendokumentation konnte jedoch nicht verhindern, daß nun auch andere Zeitschriften und Zeitungen sich für die wunden Punkte des Marktführers zu interessieren begannen. Bis zu 500 Dollar oder 800 Mark pro Stunde, so rechneten Analysten der Gartner Group und von Forrester Research (eine Firma, die selbst im Beratungsgeschäft tätig ist) den Walldorfern noch 1996 vor, forderten zum Beispiel die Consultants der Big Six" (Meissner, 1997: 214).

Das Verhältnis zwischen Lizenz- und Dienstleistungskosten wird oft von SAP-Kritikern ins Feld geführt, allerdings sind diese Verhältnisrechnungen erstens methodisch schwierig zu belegen und zweitens auch zu unterkomplex, um dem Phänomen ERP-Software gerecht zu werden. Denn SAP-Software zeichnet sich ja gerade durch sehr hohe Funktionalitätsvielfalt aus, deren Nutzung entsprechender Anpassungen bedarf. Wird nun nur ein geringer Teil der Funktionsvielfalt genutzt, fallen die Dienstleistungskosten niedrig aus. Werden viele Funktionalitäten genutzt, ist der Dienstleistungsaufwand jedoch entsprechend hoch (P-001045). Von daher sind pauschale Verhältnisangaben von Software- zu Dienstleistungsaufwand irreführend, da mit dem zusätzlichen Aufwand für SAP-bezogene Dienstleistungen in aller Regel auch ein

Mehrwert einhergeht und nicht unbedingt nur Ressourcenverschwendung, wie es das Anführen hoher Verhältniszahlen suggeriert.

Nichtsdestotrotz bleibt die Nutzung von SAP-Systemen mit hohem Dienstleistungsaufwand verbunden. Von daher steht die Frage im Raum, inwieweit diese Art der Wertschöpfungsorganisation auch strategische Nachteile für SAP birgt. Zwar ist dieses Angebot, umfangreiche Software kombiniert mit weitgehenden Anpassungsmöglichkeiten und -notwendigkeiten, im Großkundensegment ein eindeutiger Wettbewerbsvorteil für SAP und seine Partner. Geringe Marktanteile sind bislang nur bei kleineren Kunden zu beobachten. Allerdings lassen sich auch in der SAP-Großkundenstrategie einige Gefahren ausmachen. Nach der Jahrtausendwende und der Euro-Umstellung hat die gesamte SAP-Dienstleistungsindustrie einen Reifungsprozess durchlaufen. Kunden fordern geringere Beratungskosten (P-059100). So gab es zum Beispiel zwischen 2002 und 2006 global gesehen ein leichtes Überangebot an SAP-Beratern (P-002050). Insgesamt sind SAP-Kunden auch kompetenter geworden, insbesondere was das Anpassen von SAP-Systemen angeht und verzichten häufiger auf allzu starke Individualisierungen, um Folgekosten zu vermeiden.

Die Entwicklung des SAP-Umsatzes zeigt auch, dass das Bestandskundengeschäft als Einnahmequelle in den letzten Jahren stets an Bedeutung gewonnen hat. Umsatztreiber waren vor allem die Wartungserlöse bei aktiven SAP-Anwendern; bei den Lizenzneuverkäufen hingegen tritt eine gewisse Sättigung ein (siehe Abbildung 19).

Probleme bei kleineren Geschäftskunden

Um weiter wachsen zu können, wollte SAP deshalb neue Marktsegmente erschließen. Das bewährte Wertschöpfungsmodell aus mächtiger Software und umfangreichen Dienstleistungen stand einem Durchbruch bei kleineren Kunden allerdings bislang im Wege. Der hohe Beratungs- und Betriebsaufwand von SAP-Software führt dazu, dass dieses Angebot sich nur für Organisationen aber einer bestimmten Größenordnung lohnt. Denn dem Anwenderunternehmen entstehen dabei nicht nur Kosten für Lizenzen und Implementierung, auch müssen die Kunden selbst Personal für den SAP-Betrieb beschäftigen:

> „Ich würde einmal sagen, es hat keinen Wert das mit weniger als fünf Leuten [SAP-Experten] zu betreiben. Man muss ja Ausfallsicherheit haben. Die Leute haben ja Urlaub oder sind krank, dann muss es jemand anderen geben, der das dann übernimmt, weil im Endeffekt stellt sich heraus, ein SAP-System ist typischerweise ein System, das ziemlich weit in die Lebensadern von Unternehmen reingreift" (A-099119).

So muss das SAP-System laufend betreut werden, es müssen zum Beispiel sogenannte *Support* oder *Enhancement Packages* in das System eingespielt werden, um die Fehler zu korrigieren oder um veränderten Anforderungen gerecht zu werden (P-032071) – und dieser Aufwand kann ein kleines Unternehmen überfordern.

Die Absicht, den Mittelstandsmarkt erschließen zu wollen, ließ sich bei SAP bereits in den 1980er Jahren beobachten und die verschiedenen folgenden Initiativen zeigen, dass die strategische Intention im Laufe der Zeit nicht nachließ. Wie aber oben bereits dargelegt, stand dieser Intention die eingeschlagene Partner- und Produktstrategie entgegen. Im Mittelstand sind Budgets knapper und deshalb haben es komplexe Softwareprodukte und teure Beratungsdienstleistungen schwer.

So zeigt Tabelle 10, dass SAP auch im Jahre 2012 nach mehr als 20 Jahren Mittelstandsinitiativen weit davon entfernt ist, im Mittelstand vergleichbar hohe Marktanteile zu erzielen wie im Großkundensegment. Im Vergleich dazu gelingt es Microsoft mit seinem diversifizierten Angebot, sowohl bei kleinen als auch bei großen Kunden Umsätze zu erwirtschaften.

Kundengröße global	Marktanteile Microsoft weltweit	Marktanteile SAP weltweit
TOP 500	88%	93%
Großkunden (LE)	81%	64%
Mittelgroße Kunden (ME)	75%	25%
Mittelstand (SME)	69%	3%
Kleinere Kunde (SB)	64%	0%

Tabelle 10: Globale Marktanteile in 2012 (nach internen Schätzungen eines SAP-Partners)

Im Folgenden werden die verschiedenen Mittelstandsinitiativen analysiert, mit denen SAP im Laufe der Zeit zwar Marktanteile im Mittelstand steigern konnte, allerdings in vergleichsweise geringem Ausmaß – insbesondere im Vergleich zu den hohen Marktanteilen bei Großkunden.

Erste Mittelstandsaktivitäten 1987-1990

Meldungen über die ersten Mittelstandsaktivitäten stammen aus den Jahren 1987 bis 1990. Um den Mittelstand zu adressieren, gründete SAP 1987 gemeinsam mit *Andersen Consulting* (heute *Accenture*) die *SAP Consulting*. Drei Jahre später folgten Beteiligungen an den auf den Mittelstandsmarkt ausgerichteten Unternehmen *Steeb* und *CAS*. 1992 wurde *SAP Consulting* dann mit der *Steeb* und der *CAS* zu einer Mittelstandstochter fusioniert. Allerdings konnte diese Mittelstandsinitiative nicht reüssieren und da Markterfolge ausblieben, wurde die SAP-Mittelstandsgesellschaft später wieder geschlossen und das Beteiligungsmodell zugunsten eines Partnermodells zurückgefahren:

> „Nachdem die SAP mit ihrem bisherigen Konzept keinen Erfolg hatte – die Mittelstandsgesellschaft SAP-M wurde in aller Stille wieder aufgeloest –, verlaesst [sic] man sich nun weitgehend auf fremde Hilfe" (Computerwoche, 1995a).

Dass SAP zu der Zeit auch falsche strategische Erwartungen an den Mittelstand richtete, wird daran deutlich, dass das 1992 vorgestellte *R/3* – welches später fulminante Erfolge im Großkundensegment feierte – ursprünglich als Mittelstandsprodukt konzipiert war. Schon damals wurde offensichtlich, warum das Mittelstandsegment für SAP schwer erschließbar blieb. Umfang und Komplexität des Produkts erforderten einen hohen Implementierungsaufwand, der das Gesamtpaket für den Mittelstand zu teuer werden ließ:

> „Der Mittelstand indes mag sich auf die komplexe, beratungsintensive Standardsoftware nach wie vor nicht einlassen" (Computerwoche, 1995a).

Die Systemhausinitiative 1995 – 1999

Im Rahmen einer sogenannten „Systemhausinitiative" sollte R/3 1995 in den gehobenen Mittelstandsmarkt eingeführt werden. Das Problem der hohen Beratungskosten sollte gelöst werden, indem 19 neue Partner

> „… vorkonfigurierte R/3-Pakete mit ihren Branchenloesungen koppeln und selbstaendig oder mit Hilfe weiterer Partner an mittelgrosse Unternehmen verkaufen" (Computerwoche, 1995b).

Damit musste für den Mittelstand kein völlig neues Produkt entwickelt werden, die grundlegende Plattform blieb R/3, allerdings sollten durch eine Vorkonfiguration die Dienstleistungskosten gesenkt werden. 1996 startete SAP mit zehn amerikanischen Systemhäusern auch eine USA-Mittelstandsinitiative, im selben Jahr zeigte sich aber bereits in Deutschland, dass das Konzept eher enttäuschend verlief:

> „Für die Aufbauphase habe die SAP ‚doch etwas länger gebraucht' als vorgesehen. …. Im laufenden Jahr haben die Partnerunternehmen durchschnittlich nur zwei bis drei R/3-Anwender gewonnen" (Zitat im Zitat von SAP-Mitgründer Dietmar Hopp, nach Computerwoche, 1996).

Lediglich bei mittelständischen Tochterunternehmen großer Konzerne konnte SAP nennenswerte Erfolge verbuchen. Im Jahr 1997 nimmt SAP-Mitgründer Hasso Plattner in einem Interview Stellung zu der Problematik. Darin räumt er die Schwierigkeiten im Mittelstand ein, führt diese auf Imageprobleme und Verunglimpfungen zurück, erklärt aber auch, dass R/3 zum Teil einfach überdimensioniert ist für den Mittelstand. Die Misserfolge begründet er darüber hinaus damit, dass die Partner im *Low-end*-Segment mit dem bloßen Vertrieb von R/3 nicht besonders viel verdienen können. Indirekt räumt er damit ein, dass die Partner an eher komplexen Aufträgen (und damit an lukrativen Vergütungen) interessiert sind. Mit verschiedenen Instrumenten versuche SAP, diesem Problem Herr zu werden:

> „Aber es ist psychologisch schwer, diese Haltung in die Beratungswelt hinein zu vermitteln, die sich um SAP herum gebildet hat" (SAP-Mitgründer Hasso Plattner, nach Computerwoche, 1997).

So wird an dieser Stelle sichtbar, dass die Kombination aus komplexer Software und umfangreichen Implementierungsaufträgen für SAP-Partner wesentlich attraktiver zu sein scheint als der Vertrieb von vorkonfigurierter oder fertiger Software. Eine grundlegende Herausforderung besteht für SAP deshalb bis heute darin, Anreizstrukturen im Partnernetzwerk entsprechend so zu gestalten, dass sich auch der Vertrieb von Produkten mit geringerem Dienstleistungsanteil lohnt. Unterm Strich erzielte SAP durch die Systemhausinitiative zwar Teilerfolge im Mittelstandssegment. Aber die Kombination aus mächtiger Software und umfangreichen Beratungsaufträgen war für die meisten Beteiligten offenbar zu attraktiv, als dass man sie zu Gunsten des Mittelstandsgeschäfts fundamental hätte ändern können. Mit vorkonfigurierten Branchenlösungen konnten Marktanteile im gehobenen Mittelstandssegment aufgebaut werden, der untere Mittelstandsmarkt blieb aber weiter schwieriges Terrain für SAP und Partner.

New Economy 1999 – 2001

Im Zuge des Internet-Booms um die Jahrtausendwende experimentierte SAP mit seinen Produktnamen. Das Erfolgsprodukt R/3 wurde umbenannt in MySAP.com und SAP witterte,

> „… eine neue Chance, den Mittelstand zu erobern. Die Oberfläche ist weit einfacher als bisher, so daß der Einarbeitungsaufwand sinkt" (Computerwoche, 1999).

Außerdem wurde versucht, mit sogenannten *ASP*-Modellen (*Application Service Providing*), einer frühen Variante des Cloud Computing, den Mittelstand zu adressieren.

Allerdings kollidierten auch diese Mittelstandsinitiativen mit Schwierigkeiten im Partnernetzwerk:

> „Mit MySAP.com will die SAP offenbar nicht nur den ERP-Markt, sondern auch ihr eigenes Mittelstandsgeschäft revolutionieren. Dafür spricht die Modularisierung der Suite sowie ein neues Lizenzierungsmodell. Doch viele ‚Channel'-Probleme der Vergangenheit sind damit noch nicht gelöst" (Computerwoche, 2001).

Im Jahr 2001 übernahm SAP auch das israelische Softwareunternehmen *TopTier*. Aus der *TopTier*-Lösung *Top Manage* wurde *Business One*, das neue SAP-Produkt für den unteren Mittelstand. Auch dieses Produkt sollte über Partner vertrieben werden, doch zeigte sich hier erneut, dass zumindest die bestehenden SAP-Partner in erster Linie Berater und erst danach Vertriebler sind:

> „Für seine neue Mittelstandsoffensive hat SAP ein Produkt, aber noch keine klare Partnerstrategie. …. SAPs bisherige Systemhauspartner für den Mittelstand sind anders positioniert. Sie nehmen vor allem im Rahmen von Projekten Anpassungen an den Standardprodukten MySAP.com und R/3 vor …" (Computerwoche, 2002).

> „ ‚Jemand, der jahrelang die S-Klasse verkauft hat, tut sich schwer, auf einmal die A-Klasse zu vermarkten', vergleicht er [ein SAP-Partner]. Viele Partner hätten Business One zu R/3 dazugenommen, aber keine eigenen Vertriebsstrukturen dafür aufgebaut" (Computerwoche, 2004).

Insgesamt verzeichnete SAP zwar einige Teilerfolge mit dem neuen Produkt, musste seine Zielmarken aber später nach unten korrigieren. Dies ist überraschend, schaffen es doch andere Softwareanbieter wie Microsoft mit unterschiedlichen Produkten sowohl bei sehr großen als auch bei sehr kleinen Kunden hohe Marktanteile aufzubauen. Weitere SAP-Mittelstandsinitiativen gab es zum Beispiel auch in den Vereinigten Staaten (Eisenhardt, 2002) mit dem Produkt *Pandesic*. Dort hatte SAP zusammen mit *Intel* ein Joint Venture zur Vermarktung mittelstandsgerechter Software gegründet. Doch laut Christensen & Raynor (2003) scheiterte diese Mittelstandsinitiative am Geschäftsmodell und der unterschiedlichen Interessenlage der SAP-Partner:

> "Pandesic's managers decided to take their lower-priced, easier-to implement ERP package to market through the same channel partners. But when the IT implementation consultants had to choose whether to spend their time selling huge multimillion-dollar SAP implementation projects to global corporations or selling lower-ticket Pandesic software and straightfor-

ward implementation projects to small businesses, how would you expect them to expend their energy? Naturally, they pushed big-ticket SAP product implementations that helped them make the most money given their size and cost structure. There was no energy for Pandesic's disruptive product in the channel that Pandesic chose, and the venture failed" (Christensen & Raynor, 2003: 119).

4.2.6 Zwischenfazit

Die vorangehende Analyse zeigt, dass interorganisationale Ko-Spezialisierungsprozesse organisationale Folgen entfalten. SAPs Ko-Spezialisierung auf Softwareentwicklung prägte zunehmend das Gesicht der Organisation als Produktunternehmen:

> „Wir haben gesagt, wir sind eine Produkt-Company und keine Service-Company" (S-077114).

Das wesentliche Geschäft wurde mit Lizenz- und Wartungserlösen erwirtschaftet, und die Dienstleistungserlöse standen im Hintergrund. SAP hat damit zwar keinen gravierenden Kompetenzverlust in Richtung seiner Partner erlitten. Das Unternehmen verfügt nach wie vor über Beratungskompetenzen. Dennoch gibt es eine ganz klare Hierarchie bei SAP zwischen Produkt und Dienstleistung. Das Produkt ist SAPs Geschäftszweck, die Dienstleistung hingegen soll weitestgehend von Partnerunternehmen erledigt werden, unter anderem weil es den hehren Margenzielen im Wege steht. Diese Logik ist Folge der jahrelangen interorganisationalen Ko-Spezialisierungsprozesse und tief in die organisationale Struktur, Identität und ins Geschäftsmodell eingewoben.

Bei der Frage nach etwaigen Rigiditäten, die aus interorganisationalen Ko-Spezialisierungsprozessen entstehen können, muss deshalb mehr als die Ressourcen und Kompetenzen in den Blick genommen werden. Ko-Spezialisierte *assets* prägen auch die organisationale Struktur, Identität und das Geschäftsmodell der kooperierenden Unternehmen (siehe Abbildung 21). Im Gegensatz zu SAP ko-spezialisierten sich die SAP-Dienstleistungspartner zunehmend in Richtung Beratung. Selbst für Unternehmen wie *IBM*, die aus der Hardwareproduktion kommen, rückte das Geschäft mit den Dienstleistungen sukzessive in den Vordergrund (Dittrich et al., 2007). Diese Ko-Spezialisierung in Richtung Dienstleistungen hat enorme Auswirkungen auf die Strukturen und Geschäftsmodelle der beteiligten Organisationen. So unterschiedlich die Geschichten der vielen SAP-Service- und Channel-Partner auch sein mögen: Für alle gilt, dass sie SAP-Berater beschäftigen, deren Engagement sich nur lohnt, wenn sie laufend in Dienstleistungsprojekte eingebunden sind.

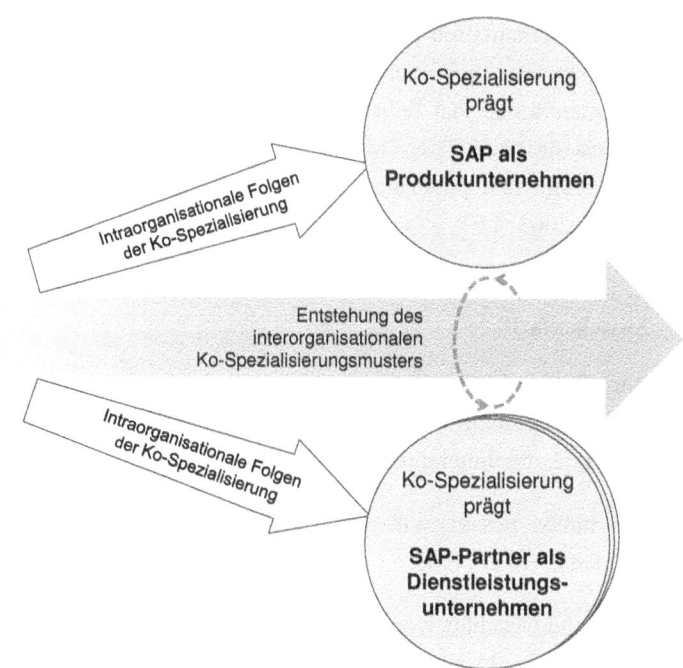

Abbildung 21: Folgen der Ko-Spezialisierung (schematische Darstellung)

Durch die Kooperation entstanden aber nicht nur unterschiedlichen Ko-Spezialisierungstrajektorien auf organisationaler Ebene, auch das interorganisationale Ko-Spezialisierungsmuster verfestigte sich zunehmend, zum Beispiel in Form aufgefeilter Partnerprogramme. Damit führte die selbstverstärkende Dynamik der interorganisationalen Ko-Spezialisierung zwischen SAP und Partnern neben enormen Erfolgen auch zu strategischen Problemen, insbesondere bei der Erschließung kleinerer Geschäftskunden.

4.3 Strategischer Lock-in: Barrieren der Pfadbrechung am Beispiel der Business ByDesign-Initiative

Die oben dargestellten Schwierigkeiten im unteren Mittelstandssegment und der Verlauf der verschiedenen Mittelstandsinitiativen deuten darauf hin, dass der strategische Pfad der Ko-Spezialisierung trotz aller beachtlichen Erfolge gewisse Rigiditätstendenzen aufweist.

Um dies als strategischen Lock-in untersuchen können, soll im Folgenden die bislang umfassendste und prestigeträchtigste Mittelstandsinitiative von SAP untersucht werden: *Business ByDesign*. Der Fokus dieser Initiative betraf zunächst vor allem die Entwicklung eines neuartigen Produktes (*Business ByDesign*) und später die Entwicklung einer neuartigen Partnerstrategie. Somit umfasste die Initiative zunächst eher intra-, später aber auch interorganisationale Aspekte. Das folgende Kapitel beginnt mit einer narrativen Darstellung des Falls, auf die eine pfadtheoretische Analyse folgt. Die Analyse untersucht die verschiedenen SAP-bezogenen und Partner-bezogenen Barrieren, die sich in weiten Teilen auf historisch entstandene Ko-Spezialisierungsprozesse zurückführen lassen.

Im Vergleich zu den vorhergehenden Teilstudien konnte in dieser Teilstudie aufgrund der Aktualität eine besondere Methodenvielfalt zum Einsatz gebracht werden. So wurde nicht nur auf Interviewdaten, Dokumente und die laufende Medienberichterstattung zurückgegriffen, sondern auch auf Daten, die durch teilnehmende Beobachtungen erhoben werden konnten.

4.3.1 Chronologie der strategischen Initiative

SAPs strategische Probleme im Mittelstandsmarkt erschienen während des Jahrtausendwechsels in neuem Lichte, als im Zuge schnellerer Internetverbindungen die *New Economy* entstand und parallel dazu der *Cloud Computing*-Trend aufkam. So ließ der Aufstieg dieser neuen Technologien und Geschäftsmodelle das mittlerweile fast 30 Jahre alte Geschäftsmodell von SAP vergleichsweise angestaubt aussehen und verstärkte bei SAP den Wunsch nach Innovationen:

> „Doch 1999 gerät der Riese aus Walldorf in eine Sinnkrise" (Wirtschaftswoche, 2009).

Eine wichtige externe Entwicklung begann, als 1999 der erste Anbieter für *Cloud*-basierte[12] Unternehmenssoftware – *salesforce.com* – von ehemaligen *Oracle*-Managern um Marc Benioff gegründet wurde.

Salesforce.com war das erste Unternehmen, das Unternehmenssoftware im großen Stil als *SaaS* anbot und damit SAP unter Zugzwang setzte. Während etablierte SAP-Wettbewerber im Mittelstandsmarkt wie *SAGE* oder *Lexware* (analog zu SAP) auf *On-Premise*-Technologie setzten, bot der neue Wettbewerber *salesforce.com* ausschließlich Software über das Internet an, und konnte damit sowohl bei großen als auch bei kleineren Kunden überzeugen, die über geringe IT-Budgets verfügen. Diese neue Wettbewerbslage veränderte deshalb die Wahrnehmung bei SAP (B-170215).

So entstehen rund um die Jahrtausendwende auch eine Reihe neuer Konzepte bei SAP. Wie oben beschrieben, wurde die R/3-Software zeitweise in *mySAP.com* umbenannt. Neue Impulse brachte ab 2001 auch der israelische Unternehmer Shai Agassi ins Unternehmen, der ab 2002 in den Vorstand aufrückte. Er bezeichnete die herkömmliche SAP-Software als zu komplex für den Mittelstand (Siegele & Zepelin, 2009: 255) und war Befürworter sogenannter serviceorientierter Ansätze, bei denen sich Softwarefunktionalitäten flexibler kombinieren lassen. Agassi verkaufte an SAP unter anderem auch das Unternehmen *TopTier Software*, aus dessen Portalsoftware später die SAP-Plattform *NetWeaver* werden sollte.

Allerdings war Shai Agassi kein direkter Wegbereiter der neuen Cloud-Mittelstandssoftware von SAP, die später *Business ByDesign* heißen sollte. Viel eher vertrat er eine konkurrierende Idee. Er wollte SAPs R/3-Software mit Hardware bündeln und als vorkonfigurierte, einfache Pakete in den Mittelstand verkaufen (Siegele & Zepelin, 2009: 204). Mit diesem pragmatischen „Projekt Kayak" konnte er sich aber intern nicht durchsetzen, denn das neue Produkt sollte nach Willen anderer SAP-Manager den Unternehmenssoftwaremarkt – wie R/2 und R/3 – ein weiteres Mal revolutionieren, und so wurde kompromisslos auf Innovation gesetzt:

> „Zu viel Geld und Reputation hatte das Unternehmen schon in das ehrgeizige Projekt Business ByDesign gesteckt, da war kein Platz für ein weiteres alternatives Konzept – zumal es schon der dritte große Versuch war, den Mittelstand zu erobern" (Siegele & Zepelin, 2009: 204-205).

Vor dem Hintergrund dieses *hohen Anspruchs* ist die Entwicklung der neuen Softwaregeneration bei SAP zu verstehen. Bereits Ende 2001 begannen ca. 600 Programmierer mit dem Entwicklungsprojekt,

---

[12] Cloud Computing ist ein Überbegriff für die folgenden drei Unterkategorien: (1) *Software-as-a-Service* (bspw. webbasierte CRM-Software), (2) *Platform-as-a-Service* (bspw. webbasierte Entwicklungsplattformen) und (3) *Infrastructure-as-a-Service* (bspw. webbasierte Rechenkapazitäten) (National Institute of Standards and Technology, 2011).

> „… das sind in jener Frühphase immerhin beachtliche acht Prozent der weltweit tätigen SAP-Entwickler" (Wirtschaftswoche, 2009).

Verantwortlich war dabei zu Beginn der Bereich von Vorstand Peter Zencke, zu dem der SAP-Entwicklungschef Peter Lorenz gehört. In dem kleinen Ort St. Leon-Rot wurden neue Räumlichkeiten für das Projekt geschaffen, das zunächst den Namen *„Projekt Vienna"* trug:

> „Mitte 2002 wurde auch das Projekt Vienna in den Spargelfeldern südlich von Walldorf angesetzt" (FTD.de, 2004).

Ein Jahr später verstärkten die Folgen des Niedergangs der *New Economy* den Druck auf SAP. Zwar gingen die Walldorfer mit ihrem etablierten Geschäft vergleichsweise gestärkt aus der Krise. Doch sanken die weltweiten Budgets für Software im Jahr 2003 um 10 Prozent (FTD.de, 2004). So sollte das neue Mittelstandsprodukt in jeder Hinsicht neue Maßstäbe setzen und einen Weg in die Zukunft weisen. In 2003 wurde auch die Entscheidung getroffen, die neue Software kompromisslos auf der neuartigen *NetWeaver*-Plattform aufzubauen.

NetWeaver ist eine Geschäftsplattform, die technologisch eine Ebene unter Anwendungen wie ERP-Software betrieben wird. Durch eine derartige Geschäftsplattform ist es beispielsweise möglich, die ERP-Software von SAP mit Softwarekomponenten anderer Anbieter über eine serviceorientierte Architektur als softwaregestützte Geschäftsprozesse zu integrieren. Die strategische Entscheidung, dass auch das *Projekt Vienna* auf der *NetWeaver*-Plattform aufbauen sollte, führte dazu, dass die Mittelstandssoftware in 2003 von Grund auf neu programmiert werden musste (Siegele & Zepelin, 2009: 203-204; Wirtschaftswoche, 2009). Dass die neue Anwendung später ausschließlich als *SaaS* zu haben sein sollte, war zu diesem Zeitpunkt noch nicht klar.

Im Jahre 2005 schließlich wurde aus dem *Forschungsprojekt Vienna* das Produktentwicklungsprojekt *A1S* (Wirtschaftswoche, 2009). In dem Zusammenhang wurde auch die strategische Entscheidung getroffen, das Produkt ausschließlich über das Internet als *SaaS* anzubieten (Siegele & Zepelin, 2009: 203; Wirtschaftswoche, 2009). Initiator des Projekts und Befürworter einer webbasierten Herangehensweise war von Anfang an SAP-Mitgründer Hasso Plattner (S-002050).

Der Vorteil von *Cloud Computing* besteht darin, dass IT-Ressourcen von Nutzern über das Internet abgerufen werden und nicht mehr lokal in Anwenderunternehmen installiert werden müssen. Software, die nach dem Cloud-Paradigma funktioniert, wird deshalb als *SaaS* bezeichnet, da Kunden nicht mehr für Hardware, Lizenzen, Wartung und Dienstleistungen getrennt zahlen, sondern stattdessen eine monatliche „Service"-Gebühr an den *SaaS*-Anbieter entrichten (Yang & Tate, 2012).

Ein weiteres Ziel des Projekts bestand darin, Innovationen in den Entwicklungsmethoden zu etablieren, die die SAP-eigenen Entwicklungskosten reduzieren, um auch damit die Anschaffungskosten für mittelständische Kunden zu senken (FTD.de, 2004b). Um Kosten und Entwicklungskomplexität zu verringern, orientierten sich die neuen Entwicklungsmethoden stark an *E-Manufacturing-* und an Plattformentwicklungskonzepten aus der Automobilindustrie. Auch wurde von Anfang an auf globale Arbeitsteilung gesetzt, um Personalkosten zu senken (S-004059). So entwickelten die deutschen Programmierer zwar weiterhin die betriebswirtschaftliche Systematik der neuen Software, andere Arbeitsschritte wurden jedoch im Rahmen des *A1S*-Projekts in Asien vollzogen, so zum Beispiel die Entwicklung von Benutzeroberflächen in Bangalore, Indien, oder die Branchenspezifizierung in Shanghai (Siegele & Zepelin, 2009: 134).

Vier Jahre nachdem in 2003 die Entscheidung getroffen wurde, eine Mittelstandssoftware von Grund auf neu zu programmieren auf Basis der zukunftsweisenden *NetWeaver*-Technologie, führte die Arbeit von mehr als 1.000 Entwicklern zu einem ersten Ergebnis, das der Öffentlichkeit in 2007 präsentiert wurde (Computerwoche, 2007). Dabei wählte Henning Kagermann, der damalige CEO von SAP, bei der Produktankündigung – einer viel beachteten Veranstaltung in New York am 19. September 2007 – die folgenden Worte:

> "I have been at SAP for 25 years, and this is the most important announcement I have made in my career here [...]. We designed this product to launch a new business model. It's a new way to design, develop and implement business software" (Ehemaliger SAP-CEO Henning Kagermann, nach CNET News, 2007).

Die Erwartungen, die SAP durch diese Ankündigung weckte, konnten somit kaum größer sein. So sollte das Produkt bereits ein halbes Jahr später, noch im ersten Quartal 2008, verfügbar sein und bis 2010 wollte man 10.000 mittelständische Kunden gewinnen (Wirtschaftswoche, 2009). Dies stellte allerdings bereits eine Verzögerung dar, denn in 2004 hieß es noch, das Produkt könne 2005 oder 2006 fertig werden (FTD.de, 2004b).

Umso größer war die Enttäuschung, als SAP die Markteinführung erneut hinausschiebe musste. Die Markteinführung verzögert sich schließlich bis 2010. Auch mehrten sich in 2008 und 2009 immer wieder Gerüchte, dass das Produkt kurz vor dem Scheitern stünde (Wirtschaftswoche, 2009) beziehungsweise dass ein „Verkaufsstopp" für das Produkt verhängt werden würde (Computerwoche, 2009a). Die offizielle Sprachregelung in 2008 war, dass sich die Markteinführung um ein bis anderthalb Jahre verschiebt (Wirtschaftswoche, 2009). Selbst dieser Zeitraum konnte aber nicht eingehalten werden, sodass auch in 2009 noch kein Termin feststand, an dem *Business ByDesign* für den Gesamtmarkt erhältlich sein würde (Wirtschaftswoche, 2009; Computerwoche, 2009a).

Die Ursachen für die Verzögerung hingen zum einen mit der Produktkomplexität und zum anderen mit dem Distributionsmodell zusammen. So mussten die Projektverantwortlichen feststellen, dass es die falsche Entscheidung war, auf die *NetWeaver*-Plattform zu setzen, da der Betrieb die Software dadurch erstens zu schwerfällig wird und damit zweitens zu hohe Kosten verursacht für einen Betrieb im *SaaS*-Modell. In der Folgezeit arbeiten rund 2.500 Programmierer am Umbau von *Business ByDesign*. Um die Komplexität des Produktes handhabbar zu machen, wurde die *NetWeaver*-Plattform vollständig aus dem neuen Produkt entfernt, und erst in 2009 reduzierte der damalige CEO Leo Apotheker das Entwicklungsteam auf rund 1.700 Programmierer (Wirtschaftswoche, 2009).

Ein anderes Hemmnis lag in der Distribution begründet. Das ursprüngliche Vermarktungs- und Implementierungskonzept sah eine weitestgehende Automatisierung vor, sodass mittelständische Kunden sich diese neue „beratungsfreie" Software im Internet kaufen und selbst durch eine simple Routine implementieren. Dabei würde weder Vertriebs- noch Beratungspersonal zum Einsatz kommen. Doch scheiterte dieses Konzept unter echten Bedingungen ebenfalls an der Produktkomplexität. Auch wenn SAP das Produkt im Vergleich zu R/3 vereinfachte, funktionierte es praktisch nicht, dass sich mittelständische Unternehmen ein derart erklärungsbedürftiges Produkt wie eine vollintegrierte ERP-Suite online kaufen und ohne Berater selbst einrichten.

Vor diesem Problemhintergrund wurde bis 2010 eine Partnerstrategie für *Business ByDesign* entwickelt. Allerdings war lange nicht klar, ob es völlig neuer Partnertypen und -aktivitäten bedurfte oder ob Partner eine klassische Wiederverkäufer- und Beraterfunktion übernehmen sollten – ähnlich wie im Geschäft für den gehobenen Mittelstandsmarkt. In 2010 erfolgte dann endlich die lang ersehnte Markteinführung von *Business ByDesign* ohne *NetWeaver* und vermarktet durch ein eigens dafür aufgebautes Partnernetzwerk mit etablierten und neu engagierten SAP-Partnern (Computerwoche, 2010). Nachdem einige der neuen Partner bereits damit begonnen hatten, die neuartige Software im eigenen Unternehmen zu implementieren, konnte im Laufe des Jahres 2010 mit der offiziellen Markterschließung begonnen werden (P-008032).

Doch ist auch die neue Strategie mit vereinfachtem Produkt und modifizierter Partnerstrategie bislang eher mäßig erfolgreich. Laut Plan sollte bis im Jahr 2010 jährlich mit 10.000 mittelständischen Kunden ein Umsatz von einer Milliarde Euro erzielt werden. Im Jahr 2011 wurde allerdings mit 1.000 Kunden lediglich 18 Millionen Euro Umsatz erwirtschaftet (stern.de, 2012). Auch die grundsätzlichen Probleme, die SAP immer hatte, wenn zusammen mit Partnern der untere Mittelstand erreicht werden sollte, werden durch das neuartige Produktparadigma in gewisser Hinsicht noch einmal verschärft. Da das bestehende SAP-Partnernetzwerk in erster Linie ein Beraternetzwerk ist, das von der Implementierung lebt, kann die Hauptbarriere, die hohen Beratungskosten, im Mittelstandsmarkt nicht gebrochen werden.

So stand die Initiative in 2012 ein weiteres Mal kurz vor dem Aus (Wirtschaftswoche, 2012). Der in 2012 neu als Vorstand berufene Cloud-Pionier Lars Dalgaard stellte das Produkt *Business ByDesign* in Frage (Wirtschaftswoche, 2012) und kritisierte insbesondere die Komplexität des Produkts, die den Zugang zum Kunden im Cloud-Markt erschwere (Handelsblatt, 2012b); ein Punkt, der zum Beispiel auch in 2012 von Kundenseite kritisiert wurde (automotiveIT, 2012). Mehr als ein Jahr später berichtete die Wirtschaftswoche, dass SAP *Business ByDesign*, den „größten Flop der Unternehmensgeschichte" (Wirtschaftswoche, 2013) nun vollständig einstellen möchte, was allerdings umgehend von SAP dementiert wurde.

Aufgrund des fehlenden Erfolgs mit *Business ByDesign* im Cloud- und Mittelstandsgeschäft geht SAP seit 2011 parallel dazu über, Cloud-Unternehmen zu akquirieren und sich so ein Portfolio an zugeschnittenen Cloud-Lösungen zumindest für das Großkundensegment zusammenzustellen (S-034078). Diese Akquisitionsstrategie wird zum Teil allerdings durch Experten kritisiert (CIO.de, 2012), stellt sie doch eine Abkehr von SAPs Prinzip der Eigenentwicklungen dar, und viele fragen sich aufgrund fehlender Neuigkeiten, was aus dem Prestigeprodukt *Business ByDesign* geworden ist (CIO.de, 2012). Sowohl Partner, als auch Kunden sind verunsichert, und die verschiedenen Cloud-Strategien von SAP werden als „Parallelwelten" (B-123165) wahrgenommen.

4.3.2 Analyse der Beharrungstendenzen

Nachdem die Entwicklung der *Business ByDesign*-Initiative chronologisch dargestellt wurde, soll nun analysiert werden, warum SAP mit der Initiative trotz des enormen Aufwands noch keinen Durchbruch im unteren Mittelstandsmarkt erzielen konnte, und inwieweit sich diese Rigiditäten auf pfadabhängige Entwicklungen der Vergangenheit zurückführen lassen.

Der erste Abschnitt trägt den Titel *Intraorganisationaler Wandel: Pfadbrechung ohne Partner*, weil die *Business ByDesign*-Initiative zunächst ausschließlich innerhalb der Unternehmensgrenzen von SAP initiiert wurde und somit auch die Barrieren, auf die die Initiative stieß, eher intraorganisationaler Natur waren. Der Wandel war aber nicht nur limitiert insofern, als dass er ausschließlich innerhalb der Organisationsgrenzen von SAP angestoßen wurde. Auch betraf der Wandel nur einen bestimmten Teil der Organisation, denn es wurde versucht, den neuen Produktpfad parallel zum bestehenden einzuschlagen. Damit stand die Dynamik der Initiative nicht nur inter-, sondern auch intraorganisational in Konkurrenz zu einem parallel existierenden Pfad.

Im Laufe der Zeit stellte sich zudem zunehmend heraus, dass der Pfad ganz ohne Beratungspartner nicht gebrochen werden kann. So entstand mit zeitlichem Abstand eine Partnerstrategie, die wiederum auf Barrieren bei Partnern und andere, spezifisch interorganisationale Barrieren stieß. Dieser *Interorganisationaler Wandel (Pfadbrechung mit Partnern)* und die Barrieren, die in dem Zusammenhang entstanden, werden in einzelnen Unterabschnitten analysiert.

Intraorganisationaler Wandel: Pfadbrechung ohne Partner

Wie oben in Abschnitt 4.2.5 dargelegt, unternahm SAP in der Vergangenheit immer wieder Versuche, den Mittelstandsmarkt zu erschließen, konnte dabei aber bei Weitem nicht an den Erfolg im Großkundensegment heranreichen. Neben dem globalen Erfolg im Großkundensegment blieb die fehlende Erschließung des unteren Mittelstandsmarktes deshalb stets ein ambivalentes Thema in der ansonsten so erfolgreichen SAP-Geschichte. Aus diesem Grund verglich der Fachjournalist Peter Färbinger SAP auch mit dem „Zerrissenen" aus der gleichnamigen Posse von Johann Nestroy:

> „SAP ist zerrissen! Das klassische R/3 in Form von ERP 6.0 und Business Suite 7 verkauft sich hervorragend – aber der Mittelstand ist noch nicht erobert" (Färbinger, 2011: 3).

Strategische Bedeutung erlangte das Thema Mittelstand zu einer Zeit, als nach Potenzialen gesucht wurde, um die hohen Wachstumsziele erreichen zu können (S-002056). Wie oben dargestellt, beschloss SAP deshalb um die Jahrtausendwende, ein völlig neuartiges Produkt mit viel Aufwand für das bis dahin noch schlecht erschlossene Segment zu entwickeln. Allerdings war und ist es in diesem fragmentierten Segment immer auch schwer, konkrete Zielsegmente zu identifizieren (B-158201). Im Rahmen der *Business ByDesign*-Initiative bestand der Plan in 2007 zunächst darin, bis 10.000 kleine und mittelständische Kunden mit dem Produkt bis 2010 zu gewinnen und dabei einen Gewinn von 1 Milliarde Euro zu erzielen. Dabei wurde das Marktvolumen auf 15 Milliarden Dollar geschätzt (Computerwoche, 2007).

Die *Business ByDesign*-Initiative unterschied sich aber nicht nur in den hoch gesteckten Zielen von vorhergehenden SAP-Mittelstandsinitiativen, auch sollte diesmal nicht nur ein bestehendes Produkt mit bestehendem Geschäftsmodell abgewandelt, sondern etwas grundlegendes Neues auf Basis einer neuen Technologie entwickelt werden. Neue Konzepte wie die serviceorientierte Architektur und der *SaaS*-Ansatz sollten zu einem großvolumigen Durchbruch im Mittelstandsmarkt führen. Mit SAP *Business ByDesign* adressierte das Unternehmen somit deshalb nicht nur ein neues Kundensegment, auch wurde ein neues Produkt auf Basis einer neuen Technologie und eines neuen Abrechnungsmodells eingeführt. Eine solche Diversifikationsstrategie (neuer Markt, neues Produkt) ist im Gegensatz zu einfachen Marktentwicklung (neuer Markt, altes Produkt) oder Produkt-Entwicklung (alter Markt, neues Produkt) mit wesentlich höheren Risiken und Unsicherheiten verbunden[13]. Darüber hinaus ist SAP *Business ByDesign* als Cloud-Produkt nicht nur ein neues technologisches Paradigma für einen neuen Markt, sondern auch ein neues Abrechnungsmodell (Miete statt Kauf) sowie ein neues Distributionsmodell (Online- bzw. indirekter Vertrieb). Später entstand daraus zudem ein modifiziertes Partnermodell (*Reseller/Add-on*-Entwickler).

Damit dehnte SAP seinen Anteil an der gesamten Wertschöpfung erheblich aus. Tabelle 11 vergleicht die *Business ByDesign*-Initiative mit der früheren *Systemhaus-Initiative* (heute *All-in-One*) und stellt dar, inwieweit sich die einzelnen Initiativen vom Kerngeschäft der *Business Suite* (vormals R/3) entfernen. Während *All-in-One* dem Kerngeschäft noch recht ähnlich ist, kann *Business ByDesign* als echter *Pfadbruchversuch* interpretiert werden.

Produkt	Technologie	Kundengröße	Erlösmodel SAP	Partnermodell	Erlösmodel Partner
Kerngeschäft: Business Suite (R/3 und Nachfolger)	On premise, R/3	Großkunden (Large Enterprise)	Lizenz, Service & Wartung	Etablierte Service-Partner	Services
Vergleich mit dem Kerngeschäft:					
Systemhausinitiatve All-in-One 1995	Geringer Wandel On premise, R/3-Basis	Moderater Wandel Gehobener Mittelstand	Geringer Wandel Lizenz & Wartung	Moderater Wandel Etablierte Partner & Systemhäuser	Moderater Wandel Services, Resellling & Add-ons
Business ByDesign 2007	Radikaler Wandel On demand, nicht auf R/3-Basis	Radikaler Wandel? Mittlerer und unterer Mittelstand	Radikaler Wandel SaaS-Miete	Radikaler Wandel? Ohne Partner oder mit neuen Partnern?	Radikaler Wandel? Add-ons, Anteil SaaS-Miete, Service?

Tabelle 11: Vergleich großer SAP-Mittelstandsinitiativen mit dem SAP-Kerngeschäft

Stoßrichtung der Initiative: Nach den mäßig bis wenig erfolgreichen Mittelstandsinitiativen der Vergangenheit war den Verantwortlichen bei SAP durchaus bewusst, dass der Mittelstand ein für SAP schwieriges Terrain darstellt (S-002057). Und so wurden intensive Analysen durchgeführt, um die Fehler der bisherigen Mittelstandsinitiativen

---

[13] Die gedanklichen Unterscheidungen entstammen der Produkt-Markt-Matrix von Igor Ansoff (1957).

zu identifizieren (S-002057). Wie oben bereits erwähnt, hatte das Projekt aber vor allem auch deshalb strategische Bedeutung, weil einige Akteure bei SAP im *Business ByDesign* den potenziellen Nachfolger der R/3-Architektur gesehen hatten. Diese neue Software wurde zwar zunächst für mittelständische und kleine Kunden konzipiert, hätte im Erfolgsfall aber auch den Großkundenmarkt für Unternehmenssoftware erneuern können, ähnlich wie R/3 in den frühen Neunzigern, und damit langfristig eine echte *Pfadbrechung* herbeigeführt (B-090136):

> „SAP fange mit Business ByDesign klein an und wolle sich dann nach oben bewegen, erklärte Plattner während der Debatte mit Benioff: »Das wird kommen, da habe ich keine Zweifel.« " (Zitat im Zitat von SAP-Mitgründer Hasso Plattner, nach Siegele & Zepelin, 2009: 225).

Nicht nur die strategischen Ziele waren also hoch gesteckt, auch die Investitionen waren außergewöhnlich umfangreich. Wie oben bereits ausgeführt, sollten bis zum Jahr 2010 10.000 mittelständische Kunden mit dem neuen Produkt ausgestattet werden, und das Unternehmen plante, 300 bis 400 Millionen Euro in unterstützende Vertriebs- und Serviceaktivitäten zu investieren (Computerwoche, 2007). Die Gesamtkosten für die Entwicklung von *Business ByDesign* wurden in 2009 bereits auf bis zu anderthalb Milliarden Euro geschätzt. Dabei arbeiteten in den ersten Jahren bis zu 700 Entwickler für das Vorläuferprojekt *Vienna* (FTD.de, 2004b; FTD.de, 2004a) und deren Anzahl stieg auf bis zu 3.000 Entwickler bis 2009 (Wirtschaftswoche, 2009), bevor sie dann wieder deutlich abnahmen. Die Erwartungen des SAP-Managements und die Investitionen in das neue Produkt *Business ByDesign* waren deshalb enorm:

> „Bei Business ByDesign haben wir uns schon sehr viel vorgenommen" (Ehemaliger SAP-CEO Henning Kagermann, zitiert nach Siegele & Zepelin, 2009: 207).

Vertikale Reintegration durch Automation

Die strategische Initiative zielte vor allem darauf ab, technische Innovationen in der gesamten *Wertschöpfungsarchitektur* durchzuführen, die neben einer Integration des Hardwarebetriebs eine massive vertikalen Reintegration von bislang vertikal nachgelagerten Aktivitäten vorsah. Vor allem sollten die externen SAP-Berater und -Fachkräfte nicht mehr die herausragende Rolle spielen, die sie im alten Geschäft innehatten. Die Cloud-Technologie sollte es ermöglichen, personalintensive Beratung, Vertriebsaktivitäten sowie Schulungen zu automatisieren beziehungsweise zu „produktisieren" (S-026077), und das hieß: in die Cloud-Software „einzubauen".

Reintegration der Dienstleistungen: Neben der Produktkomplexität wurden die damit zusammenhängenden Kosten für die Beratung als eine der wichtigsten Barrieren für einen Erfolg im Mittelstandsmarkt identifiziert (S-003055). Aus diesem Grund sollte die Beratung weitestgehend obsolet werden durch eine Integration der Implementierungsaktivitäten in die Cloud-Software (S-004051). Vor dem Hintergrund der oben analysierten interorganisationalen Ko-Spezialisierung (Abschnitt 4.2), kann dieser Schritte als *vertikale Reintegration durch technische Innovation* interpretiert werden. Seit seiner Gründung war SAP darum bemüht, das Dienstleistungsgeschäft zu desintegrieren bzw. desintegriert zu halten. Dieses Geschäft wird durch Berater durchgeführt, die häufig nicht bei SAP, sondern bei externen SAP-Partnern beschäftigt sind. So konnten sich die Berater auf SAP-bezogene Dienstleistungen und SAP auf Software ko-spezialisieren.

Diese Ausdifferenzierung sollte nun durch die vertikale Reintegration im Rahmen der *Business ByDesign*-Initiative rückgängig gemacht werden (siehe Abbildung 22).

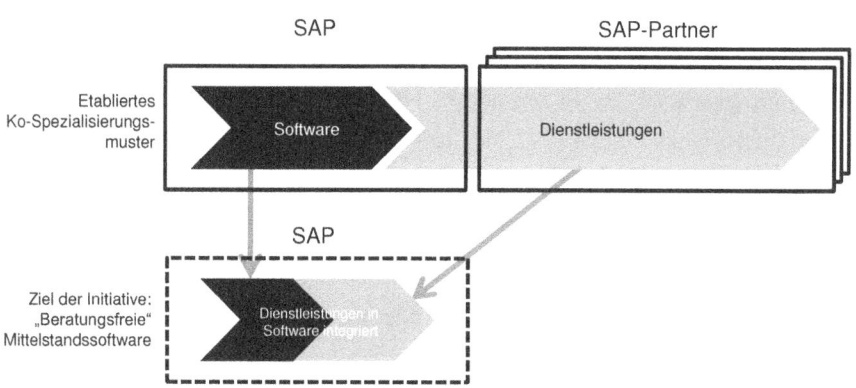

Abbildung 22: Pfadbrechung – Vertikale Reintegration durch Automation am Beispiel von Business ByDesign (schematische Darstellung)

Mittelständische Kunden sollten dazu in die Lage versetzt werden, diese „beratungsfreie Software" mithilfe von einfachen Checklisten in Eigenregie an ihre spezifischen Bedingungen anpassen zu können:

„Und um Business ByDesign im Unternehmen zu installieren, müssen IT-Verantwortliche – meist unterstützt von Heerscharen von teuren Berater – nicht mehr wie noch bei R/3 Tausende von Software-Schaltern umlegen, bis die Software zum Betrieb und der Betrieb zur Software passt. Jetzt gibt es nur noch eine Art Frage-Antwort-Spiel, mit der das Programm Informationen sammelt, mit deren Hilfe es sich dann selbst konfiguriert" (Siegele & Zepelin, 2009: 193-194).

Im Gegensatz zur etablierten Software sollte *Business ByDesign* eine Lösung werden, „[...] für die ich keine SAP-Experten brauche" (S-004056).

Damit die neue Lösung aber auch ohne Experten funktionieren konnte, sollte auch mit einem anderen Paradigma der etablierten SAP-Welt gebrochen werden: der Notwendigkeit, Mitarbeiterinnen mithilfe aufwendiger SAP-Schulungen auszubilden. Auch der „Wissenstransfer" für Anwender sollte in das „Produkt eingebaut" werden (S-004061).

Reintegration des Vertriebsprozesses: Ähnlich wie bei den Dienstleistungen ist es auch beim Vertriebsprozess in der etablierten SAP-Welt so, dass SAP-Partner hier eine exponierte Rolle spielen. Verkaufsprozesse für ERP-Software sind komplex und strecken sich mitunter über mehrere Jahre. SAP konnte nur deshalb so erfolgreich werden, weil die Vertriebskompetenzen der Partner geschickt in SAP-Strategie eingebunden werden konnten (siehe Abschnitt 4.2.1.). Doch gerade diese aufwendigen Vertriebsprozesse mit der starken Beteiligung von SAP-Partnern waren stets ein weiteres Hemmnis bei der Erschließung des unteren Mittelstandsmarktes. Aus diesem Grund sollten im Rahmen der *Business ByDesign*-Initiative Innovationen im sogenannten *Go-to-market* etabliert werden, die einen Vertriebsprozess ohne SAP-Partner möglich gemacht hätten (S-017053). Im besten Falle sollte dieses neuartige Vertriebsmodell sogar gänzlich ohne Vertriebsmitarbeiterinnen auskommen können (S-026080). Den SAP-Entwicklern war bewusst, dass sich dieses Vertriebssystem auch technisch deutlich vom klassischen Vertriebsprozess unterscheiden muss. Aus diesem Grund wurde der Vertriebsablauf als webbasierter Prozess von Grund auf neu gestaltet (S-015052).

Aus theoretischer Perspektive lässt sich hier eine weitere Dimension identifizieren, in der eine historisch desintegrierte Wertschöpfungsaktivität durch Produktinnovation reintegriert werden sollte. Der neue Ansatz bestand darin, dass Kunden online auf das neue Produkt aufmerksam werden und sich dann auf der SAP-Webseite mithilfe eines voll automatisierten Prozesses ein sogenanntes *Trial*-System einrichten.

Innovation im Produkt

Auch wenn SAP im Rahme der *Business ByDesign*-Initiative vieles anders machen wollte, so hielt das Unternehmen dennoch an bestimmten Alleinstellungsmerkmalen fest, die SAP in der Vergangenheit zum herausragenden Erfolg verhalfen. Während andere Cloud-Anbieter relativ kleine und simple Geschäftsprozesse anbieten, sollte die neue SAP-Lösung eine voll integrierte ERP-Suite werden (B-001039).

Der amerikanische Cloud-Anbieter und SAP-Wettbewerber *salesforce.com* fokussiert sich beispielsweise hauptsächlich auf das Bereitstellen von *Customer-Relationship-Management*-Funktionalität. SAP hingegen wollte mit *Business ByDesign* von Anfang an eine Integration der wichtigsten betriebswirtschaftlichen Funktionalitäten anbieten. Dazu gehören (siehe Tabelle 12):

Financial Management	Supply Chain Management (SCM)
Human Resources (HR)	Project Management
Customer Relationship Management (CRM)	Compliance Management
Supplier Relationship Management (SRM)	Executive Management Support

Tabelle 12: Funktionsvielfalt von *Business ByDesign* (Computerwoche, 2007)

Damit verfügt *Business ByDesign* zwar über weniger Funktionalität als die auf R/3 basierende *Business Suite*, allerdings ist das Ausmaß der Modulvielfalt im Cloud-Bereich einzigartig. Um dennoch eine ausreichende Komplexitätsreduktion für mittelständische Kunden erreichen zu können, entschied sich SAP dazu, auf ein anderes der etabliertes Alleinstellungsmerkmale zu verzichten: die Anpassbarkeit (*Customizing*). *Business ByDesign* sollte soweit wie nur irgendwie möglich im strengen Sinne standardisiert werden. Um das Produkt einfach zu halten, sollte vor allem die Variationsmöglichkeit eingeschränkt werden:

„Rechnete man bei SAP R/3 mit mehreren Tausend Parametern, so kommt SAP Business ByDesign mit etwa 300 aus" (Faisst, 2011: 29).

Aus theoretischer Perspektive lässt sich diese Entscheidung folgendermaßen interpretieren: In der Vergangenheit konnte SAP vor allem durch zwei produktseitige Alleinstellungsmerkmale überzeugen: (a) integrierte Prozesse und (b) die Möglichkeit der Anpassung. Beides wurde ermöglicht durch intra- und interorganisationale Ko-Spezialisierungsprozesse, vor allem dadurch dass eine auf SAP-Software (ko-)-spezialisierte Beraterbranche entstand.

Da im Zuge der der *Business ByDesign*-Initiative Produktkomplexität und Beratungskosten gesenkt werden sollten, sollte ein Alleinstellungsmerkmal aufgegeben werden, nämlich (b) die Möglichkeit der Anpassung. Das andere Alleinstellungsmerkmal hingegen wurde beibehalten, das Bereitstellen (a) integrierter Modulvielfalt. So wurde ein Produkt konzipiert, das zwar weniger komplex als die etablierte ERP-Software von SAP ist, das aber dennoch wesentlich umfangreicher ausfiel als die kleinen Speziallösungen anderer Cloud-Anbieter (siehe Abbildung 23).

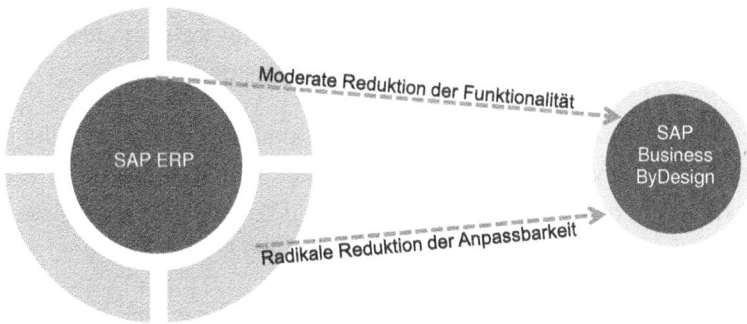

Abbildung 23: Ziele der Produktinnovation (schematische Darstellung)

SAP-bezogene Barrieren

Im Folgenden werden die intraorganisationalen Barrieren diskutiert, auf die die *Business ByDesign*-Initiative am Anfang stieß und die sich in weiten Teilen direkt oder indirekt auf die Historie der interorganisationalen Ko-Spezialisierung (Abschnitt 4.1 & 4.2) zurückführen lassen.

Intraorganisationale Barrieren

Im Laufe seiner Firmengeschichte hatte sich SAP von einem Start-up zum weltweit größten Anbieter für integrierte und anpassbare Standardsoftware entwickelt. Permanentes Feedback aus der Praxis von Kunden und Partnern half dem Unternehmen dabei, die Funktionalitäten der Software stetig und inkrementell weiterzuentwickeln. Aus dieser Ko-Spezialisierung heraus entstand auch ein hoher technologischer Anspruch an die eigenen Softwareprodukte. Im folgenden Abschnitt wird dargelegt, warum einige aus der Ko-Spezialisierungshistorie von SAP entstanden Prinzipien sich als Barrieren für die *Business ByDesign*-Initiative erwiesen.

Fehlendes Feedback aus der Praxis: SAP setzte stets auf eigenständige Softwareentwicklung und unterschied sich damit insbesondere vom Wettbewerber *Oracle* mit seiner aggressiven Akquisitionsstrategie. Deshalb sollte auch die Entwicklung von *Business ByDesign* vollständig aus eigener Kraft gestemmt werden:

„SAP wolle nur aus eigener Kraft wachsen und vor allem dank Business ByDesign sein selbst gestecktes Ziel von 100 000 Kunden im Jahre 2010 erreichen. Das war es schließlich auch, was die SAP-Oberen immer wieder als den besseren Weg gegenüber den Wettbewerbern herausgestellt hatten, die sich ein Software-Portfolio zusammenkauften" (Siegele & Zepelin, 2009: 199).

So wurde die Entwicklung der neuen Mittelstandssoftware zum aufwendigsten Produktentwicklungsvorhaben der globalen Softwareindustrie:

„Zeitweise galt Zenckes Entwicklungsprojekt als das weltweit größte in der Branche. Im Jahr 2006 beschäftigte es rund 2 000 Programmierer. Analysten schätzten, dass SAP schon damals über 1 Milliarde Euro für dieses Vorhaben ausgegeben hatte" (Siegele & Zepelin, 2009: 193).

Allerdings unterschied sich diese radikale Neuentwicklung von *Business ByDesign* deutlich von der eher inkrementellen Produktentwicklung der Vergangenheit. Bislang waren SAP-Entwickler daran gewohnt, stets sehr frühes Feedback aus der Praxis bei der Softwareentwicklung zu bekommen. Bereits die allerersten Programmzeilen wurden von Hasso Plattner und Kollegen 1972 vor Ort beim Kunden geschrieben und dieser ko-innovative Ansatz setzte sich beim R/2 und R/3 weiter fort. SAP steht im engen Kontakt mit Kunden und mit Partnern und kann so Wissen aus der Praxis inkrementell in seine Standardsoftware einfließen lassen. Außerdem verkaufte SAP nie ein „fertiges" Produkt, sondern eine Art Baukasten, der vor Ort von SAP-Beratern an spezifische Kundenbedingungen angepasst wird.

Bei *Business ByDesign* war dies erstmals anders. Diesmal musste die Produktentwicklung isoliert von der Außenwelt ablaufen. Vor allem zu Beginn erfolgte die Entwicklung unter höchster Geheimhaltung an einem neu errichteten Standort südlich der Walldorfer Unternehmenszentrale in St. Leon-Rot (Wirtschaftswoche, 2009). Wie oben bereits erwähnt, war der technologische Anspruch dabei immens, und trotz der abgeschotteten Verhältnisse sollte ein Produkt entstehen, das von Anfang an im Mittelstand ohne großen Beratungsaufwand eingesetzt werden konnte. *Business ByDesign* sollte von Anfang an ausgereift sein (S-021072):

„Während aber R/3 über Jahre reifen konnte und auch das Nachfolgeprodukt SAP ERP von diesen Erfahrungen profitiert, betritt SAP mit Business ByDesign Neuland" (Computerwoche, 2009b).

Aufgrund des inkrementellen und ko-innovativen Entwicklungsansatzes war SAP in der Vergangenheit daran gewohnt, schnell aus der Praxis heraus lernen zu können (B-099141). Diesmal jedoch fehlte der laufende Austausch mit der Praxis und es gab keine „schnelle Lernkurve" (S-001058). So entstanden im „Elfenbeinturm" (S-014062) Ansätze, die für den Kunden vor Ort zum Teil nicht praktikabel waren, und für SAP war es schwierig damit umzugehen, denn es waren erstmals ja vor Ort keine Berater vorgesehen:

> „Das lag aber auch an der Historie, aus der man abgeleitet hat, dass man eine relativ schnelle Lernkurve bekommt. […] Früher sind wir rausgegangen und hatten eine sehr schnelle Lernkurve gehabt. Das war hier nicht so […]" (S-001058).

Durch diese abgeschotteten Entwicklungsverhältnisse mussten die Entwickler stark auf ihre Kenntnisse aus dem Großkundensegment zurückgreifen. Das heißt, auch wenn sich SAP von alten Pfaden lösen wollte, musste in vielerlei Hinsicht auf altes Erfahrungswissen zurückgegriffen werden:

> „Jeder hat einen begrenzten, aus der Erfahrung gewonnenen Schatz an Erfahrungswissen. Das ist ja nicht theoretisches Wissen, wie viele glauben. Das ist ja nicht Wissenschaft, sondern es ist viel Erfahrungswissen auch bei Großprojekten dieser Art. Leute haben es mal gemacht und kennen diese ganzen Dinge. […] Und hier war es so, dass man sich in einem sehr breiten Neuland bewegt hat" (S-003054).

Dabei mussten die etablierten SAP-Entwickler, die bisher komplexe und auf *Customizing* ausgerichtete ERP-Software programmiert hatten, nun eine ausgereifte mittelstandsfähige Cloud-Software entwickeln (B-126171):

> „Jedes Mal war vor allem die Komplexität Grund für den Richtungswechsel, der aber seinerseits an anderer Stelle noch höhere Komplexität schaffte. Das erste Team scheiterte an der Mächtigkeit der vorhandenen Software" (Siegele & Zepelin, 2009: 204).

> „Doch das Produkt selbst ist von alteingesessenen Entwicklern geplant worden – und entsprechend komplex geraten" (Siegele & Zepelin, 2009: 225).

Aus pfadtheoretischer Perspektive lässt sich schlussfolgern, dass sich historisch eine Fokussierung auf ko-innovative Softwareentwicklung herausgebildet hatte. Zu den Prinzipien gehörten zum einen das frühe Feedback aus der Praxis und zum anderen das Bereitstellen eines Baukastens beziehungsweise einer „Werkbank", die vor Ort von Beratern angepasst wird. Diese Prinzipien widersprachen allerdings dem Ansatz der isolierten Softwareentwicklung im Rahmen der *Business ByDesign*-Initiative (siehe Tabelle 13).

Höchster technologischer Anspruch: Wie oben in der Falldeskription bereits ausgeführt, gab es bei SAP das strategische Ziel, das neue Produkt *Business ByDesign* konsequent auf der neu entwickelten SAP-Plattform *NetWeaver* aufzubauen (Siegele & Zepelin, 2009: 202; S-005057). Die *NetWeaver*-Plattform eignet sich zum Beispiel dazu, unterschiedliche Anwendungen in komplexen IT-Infrastrukturen über eine Geschäftsprozessplattform zu harmonisieren. *NetWeaver* wird deshalb auch als „Betriebssystem" für betriebswirtschaftliche Anwendungen bezeichnet, weil damit – ähnlich wie beispielsweise mit *Microsoft Windows* oder *Linux* auf Rechnerebene – unterschiedlichen Softwareanwendungen eine vereinende Plattform gegeben wird. Allerdings ist der Betrieb der *NetWeaver*-Plattform auch auf Ressourcen angewiesen und es erwies sich, wie zuvor schon angedeutet, als zu komplex und zu teuer, als dass diese Plattform für die *On-Demand*-Mittelstandslösung *Business ByDesign* hätte genutzt werden können. Zum einen beeinträchtigte das Nutzen der *NetWeaver*-Plattform die Geschwindigkeit von *Business ByDesign* (B-018057). Zum anderen stiegen durch diesen Ressourcenverbrauch die Betriebskosten für SAP in einen nicht verantwortbaren Bereich, sodass es einem „ökonomische[n] Selbstmord" (S-005057) gleichkam, die *NetWeaver*-Plattform weiter für *Business ByDesign* zu nutzen (S-007060). Wie bereits berichtet, wurde aufgrund dieser Probleme das Ziel, die *NetWeaver*-Plattform für *Business ByDesign* zu nutzen, aufgegeben (S-007059):

> „Wie aus dem Unternehmen zu hören ist, arbeiten die Entwickler mit Hochdruck daran, Business By Design schlanker zu machen. Laut internen Kreisen wird derzeit die Netweaver-Technologie weitgehend aus dem System entfernt. Das soll die Komplexität verringern und die Bereitstellung der Software kostengünstiger machen. Nur so kann SAP das neue Geschäft irgendwann profitabel betreiben" (Wirtschaftswoche, 2009).

Auch wurde der zur *NetWeaver*-Plattform gehörige *Java*-Stack entfernt, und damit wieder stärker auf die hauseigene etablierte Programmiersprache *ABAP* zurückgegriffen (B-108152). Dass SAP überhaupt so lange an der *NetWeaver*-Technologie für *Business ByDesign* festhielt, lässt sich mit dem hohen technologischen Anspruch erklären, den SAP im Laufe seiner Historie entwickelt hat. Aus der Ko-Spezialisierungshistorie heraus entstand eine Mentalität, in der einer zukunftsweisenden, aber teuren Premium-Technologie einer einfachen Lösung Vorzug gegeben werden musste. Auch dieser hohe technologische Anspruch hängt indirekt mit der Ko-Spezialisierungshistorie von SAP zusammen und erwies sich im Rahmen der *Business ByDesign*-Initiative zumindest zeitweilig als Barriere (siehe Tabelle 13).

Ko-Spezialisierung SAP (Etablierte Pfadabhängigkeit)	Barrieren für den neuen Pfad
Ko-Spezialisierung auf integrierte ERP-Software führte zu einer *Kompetenz* für inkrementelle Ko-Innovation mit frühem *Feedback* von Kunden und Partnern.	Fehlendes *Feedback* aus der Praxis von Kunden und Partnern als Barriere für die mittelstandsgerechte Produktentwicklung.
Ko-Spezialisierung auf integrierte ERP-Software führte zu einem hohen technologischen und funktionalen *Anspruch* an eigene Softwareprodukte.	Hoher technologischer und funktionaler *Anspruch* als Barriere für die Entwicklung einer leichtgewichtigen Cloud-Software. Umfang und Komplexität höher als bei Angeboten anderer Cloud-Anbieter.

Tabelle 13: Intraorganisationale Barrieren

Barrieren der Wertschöpfungsarchitektur

Im folgenden Abschnitt werden die Barrieren diskutiert, die damit zusammenhängen, dass Wertschöpfungsaktivitäten, die vormals desintegriert waren, im Rahmen der *Business ByDesign*-Initiative reintegriert werden sollten.

„Beratungsfreie" Software braucht Beratung: SAPs Alleinstellungsmerkmal gegenüber anderen Unternehmenssoftwareanbietern war stets die tiefe Integration von Softwareprozessen. Der Begriff *Business Suite* bringt dies zum Ausdruck: Eine *Suite* integriert die verschiedenen betriebswirtschaftlichen Softwarekomponenten – von der Buchhaltung über das Personalwesen bis hin zur Materialwirtschaft. So hat sich bei SAP im Laufe der Zeit die Überzeugung herauskristallisiert, dass gegen die kleinteiligen Angebote der Konkurrenz langfristig nur ein integriertes Softwarepaket gewinnen kann:

> „Mit einem derartigen Fokus [Lösungen der Konkurrenz] hat man unter Umständen einen Startvorteil, aber stößt auch schneller an Grenzen, weil der Fokus irgendwann zur Falle wird. Wir sind breit aufgestellt und können – weil unser Geschäft gut läuft – weitreichende Produktinnovationen sorgfältiger vorbereiten" (Ehemaliger SAP-CEO Henning Kagermann, nach Wirtschaftswoche, 2007).

Der Anspruch an *Business ByDesign* war somit immens (S-013060; S-034088). Nicht weniger als die „umfassendste On-Demand-Lösung am Markt" sollte entstehen, mit der Kunden „das komplette Spektrum ihrer Business-Anforderungen abdecken" (Computerwoche, 2007). Doch stand diesem hohen technologischen Anspruch die Intention entgegen, kleinen und mittelständischen Kunden „beratungsfreie" Software anbieten zu können. Die ersten Praxisprojekte zeigten, dass die Anwender doch auf wesentlich mehr Beratung angewiesen waren als erhofft (B-001039).

Analytisch lässt sich auch diese Komplexitätsbarriere auf die historische pfadabhängige Ko-Spezialisierung zurückführen. SAPs Kernkompetenz war und ist die Entwicklung umfassender und integrierter ERP-Software. Dank der historisch entwickelten Wertschöpfungsarchitektur konnten Funktionalität und Integration der Software stetig ausgebaut werden, weil Kunden für die Implementierung auf ein breites Angebot an SAP-Beratern zurückgriffen. Dieses Alleinstellungsmerkmal sollte auch den Durchbruch im Cloud- und Mittelstandmarkt bewirken. Allerdings ließ sich dieser Ansatz nicht mit dem Ziel der vertikalen Reintegration vereinbaren. Ein hoher Integrationsgrad der verschiedenen funktionalen Softwarekomponenten und eine automatisierte Implementierung scheinen einander auszuschließen (siehe Tabelle 14). Somit erwies sich dieses Alleinstellungsmerkmal als Barriere für die Umgestaltung der Wertschöpfungsarchitektur (S-022078).

Komplexität verhindert einfachen Vertrieb: Auch der ursprüngliche Plan, ein Vertriebsmodell ohne Vertriebsmitarbeiter aufzubauen, stieß auf Barrieren. Der Cloud-Wettbewerber *salesforce.com* bietet Kunden sogenannte *Trial*-Systeme an, online erfahrbare Testversionen der Software, die sich der Kunde selbst konfiguriert, und die ihn bei Gefallen durch eine Verkaufsprozedur führen. Auch für *Business ByDesign* wurde ein solches *Trial*-System entwickelt:

„Für die SAP-Verantwortlichen wird es auch darum gehen, die Vertriebs- und Marketing-Kosten niedrig zu halten. Dabei zählt SAP vor allem auf die Möglichkeiten für die Anwender, die neue Mietlösung zunächst selbst auszuprobieren. Demnach könnten interessierte Kunden vor der Miete individuell zusammengestellte Versuchs-Suiten im Netz frei schalten sowie das System mit eigenen Daten füttern und ausprobieren" (Computerwoche, 2007).

Doch im Gegensatz zum Modell von *salesforce.com* erwies sich das SAP-Produkt als zu komplex für ein solches *Trial*-Procedere. Der Grund dafür war auch hier, dass SAP eine vollständig integrierte ERP-Suite anbietet, die wesentlich umfangreicher ist als eine klar auf eine abgegrenzte Problemstellung hin zugeschnittene Speziallösung (S-026080):

„Das mag bei ganz einfachen Systemen wie bei salesforce [funktionieren]. Die haben das ja angeboten. Aber bei so einem Kernsystem funktioniert das nicht" (S-009058).

Eine Fachbereichslösung wie *salesforce.com* wird außerdem auch häufig anders angeschafft als eine ERP-Suite. Während funktional fokussierte Produkte eigenständig durch Fachabteilungen erworben werden können, ist bei der Entscheidung für eine voll integrierte ERP-Suite immer auch die IT-Leitung, und meist auch die Geschäftsleitung, involviert. Auch dadurch erhöht sich der Abstimmungsbedarf (S-011053). Zudem stellten auch die spezifischen Gegebenheiten im Mittelstandsmarkt SAP vor neue Probleme, die einem „*Low-touch*"-Vertriebsmodell entgegenstanden. Die klassischen SAP-Prozesse vom Vertrieb bis zur Implementierung sind darauf ausgerichtet, dass vor Ort beim Kunden Experten arbeiten, die Komplexitätsprobleme lösen:

> „Dieses Programm nun zuerst ausschließlich als Online-Dienst für den Mittelstand anzubieten, ist dabei die schwierigste aller denkbaren Varianten. Denn beim Kunden muss Business ByDesign extrem überschaubar und einfach zu handhaben sein. Das macht aber die für Kunden unsichtbare Arbeit im Rechenzentrum von SAP äußerst kompliziert. SAP muss nicht nur erstmals mit der Komplexität des Systems selbst fertig werden, *die es früher den Kunden und deren Beratern überlassen hat*" (Siegele & Zepelin, 2009: 207-208, Auszeichnung nicht im Original).

Mit dem neuen Ansatz der vertikalen Reintegration holte sich SAP folglich einen Teil der Komplexitätsproblematik ins Haus, der zuvor außerhalb der Unternehmensgrenzen gelöst wurde (siehe Tabelle 14). Problematisch war in diesem Zusammenhang auch, dass SAP aufgrund der fehlenden Erfahrung mit dem Mittelstandssegment, das Know-how mittelständischer Kunden am Anfang völlig überschätzte (S-020073).

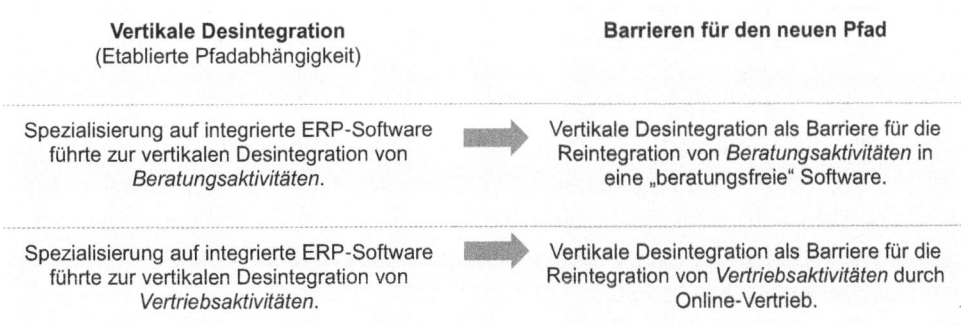

Tabelle 14: Barrieren der Wertschöpfungsarchitektur

SAP hatte in der Vergangenheit durch fortlaufende Ko-Spezialisierungsprozesse ein strategisches wertvolles Alleinstellungsmerkmal aufgebaut: eine vollständig integrierte ERP-Suite. Dieses Know-how sollte in die Cloud-Welt übertragen werden. Allerdings erwies sich die damit einhergehende Komplexität als Barriere auch für die vertikale Reintegration des Vertriebsprozesses. Aus pfadtheoretischer Perspektive lässt sich diese Barriere für die Umgestaltung der Wertschöpfungsarchitektur ebenfalls auf die langjährige interorganisationale Ko-Spezialisierung zurückführen.

Barrieren der Pfadkoexistenz

Im folgenden Abschnitt werden Barrieren diskutiert, die damit zusammenhängen, dass das neue Produkt *Business ByDesign* parallel zum sehr ertragreichen Bestandsprodukt *Business Suite* (vormals R/3) in den Markt eingeführt werden sollte. Damit gab es zwei koexistierende Pfade, und es war unklar, ob und inwieweit der neue Pfad auf lange Sicht den etablierten Pfad ersetzen sollte. Diese Koexistenz der beiden Produktlinien brachte mit sich, dass das neue Produkt stets mit dem etablierten verglichen wurde – hinsichtlich seiner Profitabilität, aber auch hinsichtlich der Qualität und Funktionalität. Diese Erwartungshaltungen schränkten die strategische Handlungsfreiheit zusätzlich ein.

Hohe Margenerwartung verhindert Investition in Vermarktung: Gerade bei Cloud-Geschäftsmodellen ist der zügige Aufbau von Marktanteilen wichtig, weil nur dadurch die notwendigen Netz- und Skaleneffekte rechtzeitig erzielt werden können. Allerdings bedeutet dies, dass gerade zu Beginn für einen Cloud-Anbieter sehr hohe Kosten bei vergleichsweise geringen Erträgen anfallen. Weil sich die SAP-Führung dessen bewusst war, sah die initiale Strategie für *Business ByDesign* hohe Investitionen in Marketing und Vertrieb vor:

> „Bis Ende 2008 will der Konzern zwischen 300 und 400 Millionen Euro in neue Konzepte für den Vertrieb, Service und Support investieren" (Computerwoche, 2007).

Dies wiederum führte dazu, dass SAP im neuartigen Cloud-Geschäft zumindest am Anfang mit wesentlich geringeren Margen rechnen musste als im etablierten Geschäft gewohnt. Dies sollte auch den Investoren kommuniziert werden und um die Aussicht auf eine Durststrecke zu kompensieren, wurden in 2007 besonders hohe Erwartungen auf langfristige Gewinne geschürt:

> „Mit der Ankündigung – wie auch mit dem aufwändigen Event in New York – verband das SAP-Management vor allem eine Hoffnung: dass Investoren Business ByDesign als separaten Start-up sehen, der den Börsenwert des Mutterhauses nicht belastet" (Siegele & Zepelin, 2009: 205).

Allerdings reagierte der Kapitalmarkt nicht wie erhofft. SAPs Aktienkurs wurde wegen des Ausblicks auf eine geringere Marge abgestraft:

> „Kagermann ist voller Zuversicht. Um die neue Software erfolgreich zu verkaufen, will er weitere 300 bis 400 Millionen Euro in den kommenden zwei Jahren für Marketing und Vertrieb lockermachen. Dafür sei er sogar bereit, sagt er stolz, ein bis zwei Prozentpunkte der Marge zu opfern. Was nach Selbstbewusstsein klingen soll, erschüttert jedoch die Börse in ungeahntem Maße. Noch am selben Tag fällt der Kurs der SAP-Aktie um vier Prozent" (Wirtschaftswoche, 2009).

> „An der Börse hat Business ByDesign freilich schon enttäuscht. Apotheker und seine Vorstandskollegen hatten gehofft, die Finanzexperten würden das neue Angebot separat bewerten, so wie ein Start-up … . Doch die Investoren hätten sich nicht überzeugen lassen: Sie bewerteten Business ByDesign nicht getrennt vom Kerngeschäft. Darunter habe SAPs Börsenwert stark gelitten" (Siegele & Zepelin, 2009: 247).

Somit stand SAP vor einem Zielkonflikt. Auf der einen Seite ist der rasche Aufbau einer Kundenbasis im Mittelstandssegment notwendig für die Logik des Geschäftsmodells. Auf der anderen Seite ist dieser aber mit hohen Kosten verbunden, denen geringe Anfangserlösen gegenüberstehen. Der relative Anteil am Gesamtbudget, den zum Beispiel *salesforce.com* ins Marketing investiert, beträgt ein Vielfaches dessen, was SAP dafür ausgeben kann (S-034088). Anders als bei neuen Cloud-Anbietern werden zu hohen Kosten vom Kapitalmarkt nicht toleriert und so reduzierte SAP sein Engagement im Marketing für *Business ByDesign*, was wiederum zu einem entscheidenden Wettbewerbsnachteil führte:

> „Für SAP ergibt sich damit ein fundamentales Problem: Weil es unter dem Druck der Börse steht, kann der Konzern das neue Angebot nicht so schnell an den Markt bringen wie ein Start-up" (Siegele & Zepelin, 2009: 206).

Aus analytischer Perspektive offenbart sich hier eine Problematik, die sich aus der erfolgreichen Vergangenheit eines sehr profitablen Unternehmens ergibt. SAP hatte ein sehr erfolgreiches und margenstarkes Geschäftsmodell entwickelt. Dementsprechend hoch sind die Erwartungen, die der Kapitalmarkt gegenüber SAP hat. Bei reinen Cloud-Anbietern wie *salesforce.com* spielt Profitabilität anfangs eine untergeordnete Rolle. Viel wichtiger ist der Ausblick auf langfristig hohe Margen. So ist SAP durch Ko-Spezialisierungsprozesse in der Vergangenheit zu einer Produktfirma geworden mit einem Produkt, das einen sehr hohen Marktanteil in bestimmten Segmenten und damit auch eine entsprechend hohe Marge erzielt. Diese Historie prägt nicht nur die Kompetenzen und das Selbstverständnis eines Unternehmens, sondern auch das Geschäftsmodell mit den entsprechenden Erwartungen an Profitabilität. Dieser Vorteil erweist sich allerdings im Rahmen einer Pfadbruchinitiative wie *Business ByDesign* als Nachteil, da es eine Barriere für hohe Vorabinvestitionen darstellt (siehe Tabelle 15).

Furcht vor Kannibalisierung: Bei der Vorstellung von *Business ByDesign* in 2007 hatte der damalige SAP-CEO Henning Kagermann noch erwartet, dass die hohen Einnahmen aus dem bestehenden Großkundengeschäft genutzt werden könnten, um den neuen Pfad (*Business ByDesign*) zu stärken:

> „Wir gehen mit einem völlig neuen On-Demand-Geschäftsmodell – das heißt, fremdbetriebener Software zugänglich übers Internet – an den Markt. Dadurch gibt es keine großen Lizenzeinnahmen zu Beginn eines Projekts. Das heißt, es wird einige Jahre dauern, bis dieses Produkt ein großer Umsatzträger wird. Allein das zeigt, dass wir davon ausgehen, noch lange sehr erfolgreich in unserem Stammgeschäft zu sein" (Ehemaliger SAP-CEO Henning Kagermann, nach Wirtschaftswoche, 2007).

Doch führte die Koexistenz zweier potenziell konkurrierender Pfade weniger zu einem fruchtbaren Miteinander, sondern eher zu einer gewissen Furcht vor Kannibalisierung des außerordentlich ertragreichen Bestandsprodukts. Denn auch wenn es in den letzten Jahren zu einer Verlangsamung des Wachstums bei den Lizenzneuverkäufen für Großkunden kam, konnte das profitable Geschäft mit den Wartungserlösen bei großen Unternehmen (des etablierten Pfades) stetig ausgebaut werden (S-038093). Folglich hat SAP wenig Interesse daran, dieses ertragreiche Geschäft in irgendeiner Weise zu gefährden. Im Vergleich dazu sieht das Geschäft mit dem neuen Produkt *Business ByDesign* zu Beginn vergleichsweise unattraktiv aus. Dies hängt vor allem auch mit dem neuartigen Cloud-Geschäftsmodell zusammen. Denn während beim klassischen *On-Premise*-Geschäft bereits direkt am Anfang hohe Erträge zu erwarten sind, denen langfristige Wartungserträge folgen, braucht es im *SaaS*-Modell einen wesentlich längeren Atem auf Anbieterseite. Im Gegensatz zum etablierten Geschäft, das auf Lizenz- und Wartungserlösen aufbaut, sieht das neue Geschäft im Wesentlichen nur eine Erlösquelle für SAP vor: eine monatliche Subskriptionsgebühr je User (Siegele & Zepelin, 2009: 195). Aus diesem Grund haben Vertriebsmitarbeiterinnen von SAP zum Teil auch weniger Interesse daran, das neuartige Cloud-Produkt zu vermarkten (S-011060). Dies hängt auch damit zusammen, dass bei der Neukundengewinnung im Mittelstandsmarkt gerade am Anfang hohe Vertriebskosten anfallen (S-007062; S-012066), und so fiel es SAP schwer, das Produkt im Gesamtportfolio sowohl innerhalb von SAP als auch gegenüber anderen Akteuren zu positionieren (Computerwoche, 2007).

Analytisch handelt es sich bei dieser Furcht vor Kannibalisierung um ein klassisches Problem erfolgreicher Unternehmen, das durch die vorliegende Analyse auf historische Prozesse zurückgeführt werden kann: Durch gezielte Ko-Spezialisierung hatte sich SAP in der Vergangenheit geschickt auf das sehr margenstarke Geschäft mit Softwarelizenzen und -wartung fokussiert und das weniger profitable Beratungsgeschäft zu großen Teilen an Partner übertragen. Da nun das neuartige *SaaS*-Produkt zum Teil als Bedrohung für das bestehende margenstarke Geschäftsmodell wahrgenommen wurde, hemmte dies das *Commitment* vor allem in den Bereichen Marketing und Vertrieb (S-045092; siehe Tabelle 15).

Hohe Kundenerwartung an SAP: Ein anderer Zielkonflikt, der dem schnellen Aufbau von Marktanteilen entgegenstand (und damit dem Aufbau von Netz- und Skaleneffekten), war, dass potenzielle Kunden vom Premiumanbieter SAP ein bereits voll ausgereiftes Produkt erwarteten – gerade weil SAP seine Lösung als voll integrierte *Suite* positioniert. Das heißt: Im Gegensatz zu einem Newcomer wie *salesforce.com*, der neuartige Lösungen für einen kleinen Bereich anbietet, erwarten Kunden vom Premiumanbieter SAP eine voll ausgereifte Lösung, die sich darüber hinaus noch anpassen lässt.

> „SAP kann schon allein deshalb nicht mit stark fokussierten Produkten an den Markt gehen, weil die Kunden an unsere Produkte eine andere Erwartungshaltung haben" (Ehemaliger SAP-CEO Henning Kagermann, nach Wirtschaftswoche, 2007).

Von einem CRM-Anbieter wird CRM-Software erwartet, von einem ERP-Anbieter ERP-Software. Somit war es nicht nur die interne Anspruchshaltung ausschlaggebend für die Entscheidung, integrierte ERP-Software zu entwickeln; es war auch die Anspruchshaltung der potenziellen Kunden gegenüber SAP, die diese Entwicklung beeinflusste:

> „Man hat unterschätzt, [...] dass der Kunde einfach von der Mentalität her das Backoffice [insb. das Finanzmodul] als absolut gegeben mit höchster Qualität und vollständig voraussetzt" (S-014063).

Neben einem höheren Funktionsumfang erwartete die Kundenseite aber auch die Möglichkeit, das Produkt anpassen zu können (S-007058) und auch diese Kundenanforderung durchkreuzte SAPs Plan der radikalen Standardisierung für *Business ByDesign*. Aus analytischer Sicht wird deutlich, dass sich gegenüber erfolgreichen Unternehmen eine gewisse Anspruchshaltung im Markt etabliert, gerade wenn es sich um Angebote im hochwertigen Segment handelt. Aus diesem Grund ist es schwer, den Kunden zu vermitteln, dass nun unter demselben Markennamen Produkte angeboten werden, die deutlich weniger Funktionalität aufweisen.

Etablierte Pfadabhängigkeit (in Koexistenz zum neuen Pfad)	Barrieren für den neuen Pfad
Fokus auf margenstarkes Softwaregeschäft führte zu hohen *Margenerwartungen* des Kapitalmarkts.	Hohe *Margenerwartungen* des Kapitalmarktes als Barriere für hohe Anfangsinvestitionen in neuen, koexistierenden Pfad.
Anhaltender Erfolg mit etabliertem On-Premise-Geschäft führt zu Furcht vor *Kannibalisierung*.	Die Furcht vor *Kannibalisierung* als Barriere für vertriebliches Commitment von SAP in neues Produkt.
Aufgrund hoher Funktionalität und Anpassbarkeit bestehender SAP-Produkte *erwarten* Anwender diese Eigenschaften auch von einem neuen SAP-Produkt.	Der *Anspruch* der Anwender an Funktionalität und Anpassbarkeit als Barriere für einen neuartigen "One-size-fits-all"-Ansatz.
Reputation und Bekanntheit von SAP führt zu einem hohen *Anspruch* externer Stakeholder gegenüber SAP.	Der hohe externe *Anspruch* als Barriere für den raschen Markteintritt mit einem wenig erprobten Produkt. Im Gegensatz zum Wettbewerb kann sich SAP weniger Fehler erlauben.

Tabelle 15: Barrieren der Pfadkoexistenz

SAPs Versuch eine funktional reduzierte und stark standardisierte Lösung im Markt für kleine und mittelständische Kunden zu etablieren, wurde folglich auch durch die historisch entstandene Erwartungshaltung gegenüber SAP erschwert. Eins der strategischen Ziele für das Produkt, die radikale Standardisierung, konnte somit nicht erreicht werden (siehe Tabelle 15). SAP reagierte auf dieses Problem unter anderem dadurch, dass größere Zielkunden für das Produkt definiert wurden (B-003046). Gegen Ende des Kapitels wird dargelegt, warum dies aus pfadtheoretischer Perspektive als eine Facette des partiellen Pfadrückfalls interpretiert werden kann.

Hohe Umwelterwartung an SAP: Doch auch die Anspruchshaltung anderer *Stakeholder* (Medien, Analysten usw.) gegenüber einem Weltmarktführer wie SAP ist natürlich eine andere als gegenüber neu gegründeten Unternehmen. Das heißt: Die hohen internen Ansprüche der Organisation SAP werden in der Umwelt gespiegelt in Form hoher Erwartungen an die Premiummarke SAP. Bereits in 2004 gelangten Informationen über das neue Produkt durch einen Artikel der *Financial Times Deutschland* an eine breitere Öffentlichkeit (B-120159). In 2007 wurde die Fallhöhe durch selbstbewusste Ankündigung noch einmal zusätzlich angehoben. Vor dem Hintergrund dieser Erwartungshaltungen musste die anschließende Verzögerung zwischen 2007 und 2010 zu Enttäuschungen führen (B-099145). Um diese Verunsicherung in der Umwelt nicht weiter zu steigern und um die hohen Erwartungen nicht zu beschädigen, war SAP sehr darauf bedacht, die allerhöchsten Qualitätsstandards im Produkt zu realisieren (S-004054). Allerdings führte eine derartige Akribie dazu, dass SAP sehr vorsichtig beim Aufbau der Kundenbasis war. Der zügige Aufbau einer großen Kundenbasis mit dem neuen (noch wenig erprobten) Produkt wäre jedoch Voraussetzung dafür gewesen, um möglichst bald von Netz-, Skalen- und auch Lerneffekten profitieren zu können. So verhinderte der hohe interne und externe Anspruch, dass die Software schnell in den Markt kam und unter realen Bedingungen getestet werden konnte.

Diese geringere Fehlertoleranz bei der Etablierung eines parallelen Pfades führte im Fall der *Business ByDesign*-Initiative zu einer Barriere für den raschen Aufbau von Netzeffekten (siehe Tabelle 15). Die Schlussfolgerung lautet, dass erfolgreichen Unternehmen und insbesondere etablierten Anbietern von „Kernfunktionalitäten", die unter strenger Beobachtung von Medien und Analysten stehen, wesentlich weniger Fehlertoleranz zugestanden wird als neuen Marktteilnehmern.

Interorganisationaler Wandel: Pfadbrechung mit Partnern

Wie oben bereits erwähnt, lag der initiale Fokus der *Business ByDesign*-Initiative stark auf der Produktentwicklung. Ob Partner überhaupt mit einbezogen werden sollten, war anfangs noch unklar und umstritten, da der Ansatz von *Business ByDesign* ja gerade darin bestand, Schritte der Wertschöpfungskette zu integrieren und zu automatisieren.

Deshalb gab es bei SAP auch die Diskussion, ob die Zusammenarbeit mit Partnern überhaupt Sinn macht für das neue Produkt (S-017050). Die Entscheidung für eine Partnerstrategie ist vor allem auch vor dem Hintergrund der oben diskutierten, ungelösten SAP-bezogenen Barrieren zu sehen. Zum einen war das Produkt erklärungsbedürftig, sodass Vertrieb und Implementierung nicht vollständig automatisiert werden konnten. Zum anderen forderten die Kunden doch erheblich mehr individuelle Anpassungen. Für die Lösung dieser Probleme sollten Partner engagiert werden, allerdings nicht in der etablierten, im Markt für Großkunden erprobten Form. Für das neue Geschäftsmodell im Mittelstandsmarkt mit der neuen *Cloud*-Technologie sollten neue Ko-Spezialisierungsmuster – neue Formen der Softwareerweiterung sowie neue Formen des Vertriebs und der Implementierung durch Partner – entwickelt werden, die im Folgenden diskutiert werden.

Partner für eine neue Form der Softwareerweiterung

Der initiale Ansatz von SAP, dem Mittelstandsmarkt durch radikale Standardisierung eine kostengünstige Lösung anbieten zu können, scheiterte an der Anforderung der Kunden nach Individualisierung (B-003048; B-099144). Es war somit auch der Wunsch der Kunden nach Erweiterbarkeit, der das Partnermodell für SAP wieder interessant werden ließ:

> „2009, da hat es, glaub ich, angefangen, dass man über Partner geredet hat, dass man auch viel stärker jetzt über solche Sachen wie Add-ons geredet hat. Also nicht mehr von einer geschlossenen Lösung, sondern eben auch über eine Weiterentwicklungsmöglichkeit" (B-101146).

Im klassischen SAP-Geschäft gehört es zum Alltagsgeschäft, dass Partner Erweiterungen für unterschiedliche Kundenanforderungen entwickeln. Im Rahmen der *Business ByDesign*-Initiative stellte dies jedoch eine besondere technologische Herausforderung dar, denn der ursprüngliche und im Cloud-Bereich übliche Standardisierungsansatz erschwerte zu Beginn die individuelle Erweiterbarkeit (S-007054).

Im weiteren Verlauf gelang es SAP aber, die technologischen Voraussetzungen zu schaffen dafür, dass SAP-Partner Programmerweiterungen auch für *Business ByDesign* entwickeln und vertreiben können (Faisst, 2011: 27). Analog zum *SaaS*-Ansatz wird dieses Modell als *Platform-as-a-Service*-Ansatz bezeichnet (National Institute of Standards and Technology, 2011).

Partner für eine neue Form des Vertriebs

Wie oben bereits beschrieben, ließ sich ein vollständig automatisierter, webbasierter Verkaufsprozess für *Business ByDesign* nicht realisieren. Aus diesem Grund wurde zwischen 2007 und 2009 ein hybrides Vertriebsmodell entwickelt, bei dem Partner eine wichtige Rolle spielen sollten (S-030079). Vor allem für den Zugang zu kleineren Kunden, sollten externe Unternehmen zum Einsatz kommen, da deren Kenntnis des Mittelstandsmarktes zum einen besser ist und sie außerdem über eine andere Kostenstruktur und Margenerwartung verfügen (S-044085). Hinzu kommt, dass SAP als Premiumanbieter gerade im unteren Mittelstandsmarkt ein zum Teil schlechtes Standing hat (S-017065). Das Ziel bestand darin, von einem komplexen *sales cycle*, der im klassischen SAP-Geschäft mehrere Jahre betragen kann, hin zu einem kurzen und einfachen *sales cycle* von nur wenigen Wochen zu kommen. Dazu sollten die SAP-Partner zum Beispiel durch eine *Tele-Sales*-Einheit bei SAP unterstützt werden (B-043088). Von den Partnern wurde eine Umorientierung weg vom Bestandskundengeschäft hin zum sogenannten Volumengeschäft verlangt.

Partner für eine neue Form der Implementierung

Aufgrund der unterschätzten Komplexität fiel der Implementierungsprozess von *Business ByDesign* beratungsintensiver aus als geplant, und damit war SAP verstärkt auf Berater und Partner angewiesen. Vor allem kleine Unternehmen tun sich schwer mit komplexen ERP-Lösungen. Auch weil Mittelständler über vergleichsweise geringe eigene IT-Kompetenzen verfügen, sind sie auf die „Übersetzungsleistung" angewiesen (S-007049; B-099143):

> „Die Kunden brauchen beispielsweise mehr telefonische Betreuung als angenommen" (Siegele & Zepelin, 2009: 206).

Dennoch sollten die bestehenden Semantiken des alten Produkt- und Dienstleistungsmodells im Zuge der Neuausrichtung hinterfragt werden. So wurden, um die neue erwünschte Einfachheit zum Ausdruck zu bringen, etablierte Begriffe mit neuen Bezeichnungen ersetzt. Ein Beispiel hierfür ist der im Mittelstandsmarkt eher negativ besetzten Begriff „Implementierung" der mit dem Begriff „*Go-Live*" ersetzt wurde (S-014043).

Ein neues Ko-Spezialisierungsmuster mit neuen Rollen

Mit Blick auf die Wertschöpfungskette lässt sich festhalten, dass die ursprüngliche Absicht einer radikalen vertikalen Integration (Automation im Zuge der *Business ByDesign*-Initiative) bereits mit der Entwicklung der Partnerstrategie zwischen 2007 und 2010 partiell abgeschwächt wurde. War die Überlegung zu Beginn noch, dass man sowohl den Vertriebs-, als auch den Implementierungsprozess automatisieren und damit in die neue Software „einbauen" könne, musste nun eingesehen werden, dass bestimmte Herausforderungen nur mit Experten vor Ort beim Kunden gelöst werden können. Somit wurde die Rolle der Partner im neuen Wertschöpfungsprozess wieder wichtiger. Dennoch sollte sich das neue Partnermodell radikal von altbekannten Modellen unterscheiden. Es sollten Partner mit „Cloud-DNA" (S-079126) gefunden werden und dabei sollten nicht nur die etablierten Partnerkonzepte abgewandelt, sondern eine völlig neue Wertschöpfungsarchitektur gestaltet werden. Aus diesem Grund wurden, nachdem klar war, dass Partner auch in die *Business ByDesign*-Strategie eingebunden werden sollen, wichtige Begrifflichkeiten der etablierten Partnerstrategie überarbeitet, anstatt vom „Pre-Saler" wurde vom „Solution-Advisor" und anstatt vom „Value-Added-Re-Seller" wurde vom „Solution-Reseller" gesprochen (S-005050). Ein wichtiger Diskussionspunkt bestand auch in der Frage, ob in erster Linie Partner engagiert werden sollten, die bereits Erfahrungen im Online-Geschäft hatten. Für Cloud-erfahrene Partner sprach, dass diese über ein anderes Kompetenzprofil verfügen als etablierte SAP-Partner:

> „Und da ist es manchmal besser, Häuser zu finden als Partner, die eher web-born sind, also aus der Web Generation kommen und nicht aus der Welt der SAP-Großprojekte und Großkundenprojekte" (P-040044).

Für etablierte SAP-Partner sprach allerdings das bereits existierende betriebswirtschaftliche und SAP-bezogene Know-how.

Partnerbezogene Barrieren

Im Folgenden werden die historisch entstandenen Barrieren analysiert, die dem Bruch mit der etablierten SAP-Partnerstrategie entgegenstanden. Analog zu den SAP-bezogenen Barrieren lassen sich diese auch in weiten Teilen direkt oder indirekt auf die pfadabhängige Ko-Spezialisierung der Vergangenheit zurückführen.

Intraorganisationale Barrieren

Da die potenziellen Partner für *Business ByDesign* von SAP lange im Unklaren gelassen wurden hinsichtlich der neuen Partnerstrategie, konnten diese auch erst später – *asynchron* zu SAP – damit beginnen, neue Kompetenzen aufzubauen. Auch ist der Kompetenzaufbau für Partner aufwendig, da dieser zu Beginn hohe Kosten verursacht, aber noch keinen Ertrag (S-082126). Nicht nur werden speziell für *Business ByDesign* ausgebildete Berater benötigt, auch müssen die Partner im Vergleich zum etablierten SAP-Geschäft wesentlich stärker in Vertriebskapazitäten investieren und dabei lernen, anders zu verkaufen. Für bestehende SAP-Partner bedeutet dies eine Umorientierung, da deren Kompetenzen eher in der technischen oder beratenden als in der vertrieblichen Domäne liegen. Auch das klassische Vertriebsmodell eines Partners war eher auf das Bestandskundengeschäft als auf die Neukundengewinnung ausgerichtet (S-005051).

Aus pfadtheoretischer Perspektive lässt sich festhalten, dass es in interorganisationalen Ko-Spezialisierungsprozessen nicht nur beim fokalen Unternehmen, sondern auch bei den Partnern im strategischen Netzwerk zu einem sehr spezifischen Aufbau von Kompetenzen kommt. Im Fall der *Business ByDesign*-Initiative sollte ab 2010 gemeinsam mit Partnern ein neuer Pfad eingeschlagen werden, der das Erlernen neu- und andersartiger Kompetenzen auch auf Partnerseite erforderte. Allerdings liegt das Kompetenzprofil der etablierten SAP-Dienstleistungsberater eher im Bereich der Beratungskompetenz und stellt somit eine Barriere für das neuartige Volumengeschäft dar (siehe Tabelle 16).

Aus der Historie vieler SAP-Dienstleistungspartner ergibt sich auch, dass deren personalintensives *Geschäftsmodell* auf relativ zeitnahe Erträge ausgerichtet ist. Das Geschäftsmodell im Cloud-Umfeld aber ist durch hohe Anfangsinvestitionen bei eher langfristigen Aussichten auf Erträge gekennzeichnet. So muss sich der Partner zu Beginn durch die Hoffnung auf ein langfristiges Geschäft motivieren lassen können (S-037088). Gerade für etablierte SAP-Partner stellt dieser Spagat zwischen dem ertragreichen Bestandsgeschäft und dem neuen, anfangs ertragsarmen Geschäftsmodell eine Herausforderung dar (P-060067).

Im gehobenen Mittelstand war es zwar bereits in der Vergangenheit schon üblich, dass dort der Wiederverkauf von SAP-Lizenzen eine Einnahmequelle darstellte. Allerdings gab es daneben stets auch weitere Einnahmequellen. Die wichtigste war auch hier stets das Dienstleistungsgeschäft, aber auch das Geschäft mit Hardwarekomponenten spielte eine Rolle. Im Cloud-Umfeld sollte der Wiederverkauf von *Business ByDesign*-Subskriptionsverträgen die Haupteinnahmequelle für die Partner darstellen (Auch in dieser Hinsicht kam es später zu einem partiellen Pfadrückfall). Von der monatlichen Miete, die ein *Business ByDesign*-Kunde an SAP zahlt, erhält der Partner einen Anteil. Dies ist im Vergleich zum etablierten SAP-Geschäft für viele Partner aber, vor allem am Anfang, noch zu wenig, weshalb die Notwendigkeit besteht den Geschäftsfokus auf Beratungsdienstleistungen zu verlagern (S-017067).

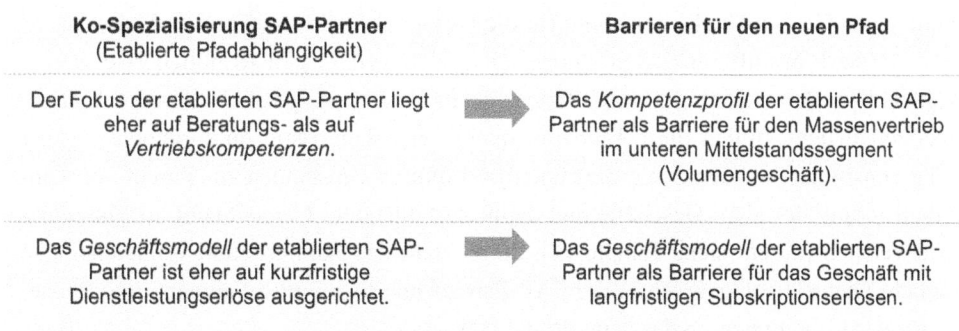

Tabelle 16: Intraorganisationale Barrieren: SAP-Partner

Abstrahiert vom vorliegenden Fall lässt sich festhalten, dass durch interorganisationale Ko-Spezialisierungsprozesse in strategischen Netzwerken, je nach Position in der Wertschöpfungskette, auch ganz spezifische Geschäftsmodelle für die kooperierenden Unternehmen entstehen. Diese neuen Gegebenheiten anzupassen, kann entsprechend schwer fallen, insbesondere wenn sich kleinere, ko-spezialisierte Unternehmen mit geringer Liquiditätsdecke von kurzfristigen Ertragsmodellen in Richtung langfristiger umorientieren müssen (B-041080). So stellt die Ko-Spezialisierung der SAP-Partner aufs Beratungsgeschäft und auf kurzfristige Dienstleistungserlöse eine Barriere für das Geschäft mit langfristigen Subskriptionserlösen dar (Tabelle 16).

Barrieren der Pfadkoexistenz

Eng verknüpft mit der Geschäftsmodellproblematik sind auch bei den SAP-Partnern die Probleme der *Pfadkoexistenz*. Denn für die meisten *Business ByDesign*-Partner ist das neue Produkt ebenfalls ein Pfad, der das etablierte Geschäft nicht unmittelbar ersetzte, sondern erst einmal parallel dazu koexistierte. Da das neue Produkt neben dem etablierten Geschäft aber vergleichsweise wenig Umsatz generiert, und teilweise auch als Gefahr für das etablierte Geschäft gesehen wird, erzeugt diese Koexistenz Unsicherheit.

Furcht vor Kannibalisierung: So besteht auch bei den SAP-Partnern eine gewisse Furcht vor Kannibalisierung. Der Hoffnung auf das Erschließen neuer Kundengruppen mit *Business ByDesign* stehen Bedenken gegenüber hinsichtlich der Beeinträchtigung des noch sehr ertragreichen Bestandsgeschäfts (S-032084; S-016069). Dieser Zielkonflikt wirkt sich auch auf die Personalplanung innerhalb der Partnerunternehmen aus, da es attraktiv sein könnte, ausgebildete *Business ByDesign*-Experten von neuen Projekten abzuziehen und im derzeit ertragreicheren etablierten Geschäft einzusetzen (S-016070). SAPs Spagat zwischen ertragreichem alten Geschäftsmodell und aufwendigem neuen Geschäft stellt sich somit für die Partner in noch verschärftem Maße dar.

In stark ausdifferenzierten strategischen Netzwerken gibt es üblicherweise eine Vielzahl ko-spezialisierter Unternehmen, deren Fokus auf ganz bestimmten Einnahmequellen liegt. Sollen diese Einnahmequellen nun langfristig durch andere ergänzt oder substituiert werden, kann dies unter bestimmten Umständen zur Furcht vor Kannibalisierung des alten Geschäfts und damit zu fehlendem *Commitment* im Marketing und Vertrieb führen (siehe Tabelle 17). Somit stellt das etablierte und vergleichsweise sichere Dienstleistungsgeschäft der SAP-Partner im *On-Premise*-Segment eine Barriere für das *Commitment* in das neue Produkt dar.

Hohe Umwelterwartungen an das SAP-Partnernetzwerk: Hinzu kommt, dass trotz des geringen Umsatzes Kunden und andere *Stakeholder* von neuen offiziellen SAP-Partnern dieselbe Qualität erwarten, für die etablierte SAP-Partner stehen. Oben wurde bereits diskutiert, dass SAP zum einen durch sein Image als Premiumanbieter, zum anderen aber auch durch das zusätzliche Schüren hoher Erwartungen dazu beigetragen hatte, dass die *Business ByDesign*-Initiative kritisch von Umweltakteuren beäugt wurde. Dieser Sachverhalt hatte auch Auswirkungen auf die Partnerstrategie, denn auch bei der Partnerauswahl musste es SAP sehr daran gelegen sein, hohe Qualitätsstandards zu verwirklichen, zumal durch die initialen Kommunikationsprobleme bereits einiges an Kredit verspielt wurde (B-048090). Die hohen Erwartungen standen damit einem schnellen Aufbau von Netz-, Skalen- und Lerneffekten im Wege (B-049095). Ein wesentlicher Bestandteil der neuen Partnerstrategie sollte darin bestehen, dass Partner nun Erweiterungen für die *Business ByDesign*-Plattform entwickeln und auf diese Art eine Art „App-Ökosystem" rund um SAP aufgebaut werden kann, so wie es zum Beispiel *Apple* mit dem *App-Store* für das *iPhone* gelungen ist. Allerdings musste SAP auch an dieser Stelle wesentlich mehr Wert auf die Qualitätsprüfung legen, weil sich bei Add-ons für Unternehmenssoftware ganz andere technische und juristische Fragen stellen, als bei *Apps* für vor allem privat verwendete *Smartphones* (S-028078; S-122163). Diese vorsichtige Markteinführung führte wiederum dazu, dass nur langsam Netzeffekte entstehen konnten im Sinne einer hohen *installed base*, in der Partner ihre entwickelten Add-ons anbieten könnten (S-106156). So entsteht bei allen Akteuren eine eher abwartende Haltung, und das fehlende Momentum führte dazu, dass Partner ihr Geschäft eher auf Dienstleistungen als auf die Add-on-Entwicklung ausrichten, da für letzteres die Kundenbasis (und damit die Multiplizierbarkeit) noch nicht vorhanden ist (siehe Tabelle 17).

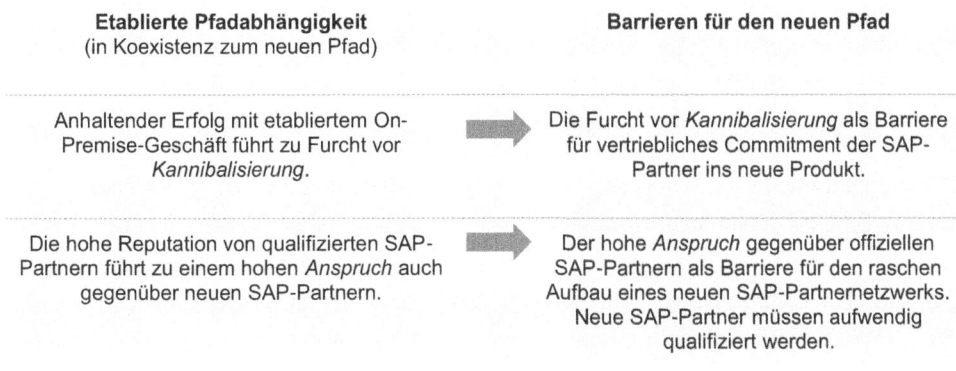

Tabelle 17: Barrieren der Pfadkoexistenz: SAP-Partner

Aus analytischer Perspektive lässt sich festhalten, dass eine hohe Erwartungshaltung, die sich aus der erfolgreichen Vergangenheit eines ko-spezialisierter Partnernetzwerks ergibt, die Fallhöhe auch für den Aufbau eines neuen Netzwerks erhöht. Die Partner müssen wesentlich vorsichtiger ausgewählt werden, damit der Ruf des bestehenden Netzwerks nicht beschädigt wird. Dies wiederum kann aber dem raschen Aufbau von Netz- und Skaleneffekten im Wege stehen – und sowohl Kunden, als auch Partner verharren in eher abwartender Haltung. Somit führten die hohen Qualitätserwartungen an SAP-Partner, die sich aus der Historie des Partnernetzwerks ergeben, zu hohen Qualitätsansprüchen und einer geringen Fehlertoleranz. Diese geringe Fehlertoleranz wiederum stellt in mehrerer Hinsicht eine Barriere für den raschen Aufbau von Netzeffekten dar.

Partieller Pfadrückfall

Laut SAP-Plan von 2007 sollte mit *Business ByDesign* bis im Jahr 2010 bei 10.000 mittelständischen Kunden ein Umsatz von einer Milliarde Euro jährlich erzielt werden. Doch im Jahr 2011 wurde mit lediglich 1.000 Kunden ein Umsatz von18 Millionen Euro erwirtschaftet (stern.de, 2012). Wie oben in der Fallbeschreibung bereits dargestellt, stand es auch in den Jahren 2012 und 2013 nicht besonders gut um das neue Produkt. SAP hält zweimal im Jahr die Messe SAPPHIRE ab und beide Male wurde in 2012 dieselbe Kundengröße für *Business ByDesign* genannt, was bedeutet, dass es innerhalb von sechs Monaten offensichtlich wenig Dynamik gab:

> „Er [Co-CEO Jim Hagemann Snabe] wollte damit das ungebrochene Engagement für Business ByDesign (BuByDe) betonen und erklärte abermals, dass diese innovative Cloud-Computing-ERP-Lösung bereits 1000 Kunden gefunden hat. Diesen 1000er Meilenstein präsentierte Snabe schon auf der Sapphire 2011 in Madrid, und das staunende Publikum fragte sich: Was ist mit BuByDe in den vergangene sechs Monaten passiert? Einige BuByDe-Kunden beginnen mit der Rückabwicklung, weil der wolkige Funktionsumfang nicht ausreichend ist" (E-3 Magazin, 2012).

Diese enttäuschende Entwicklung steht im Missverhältnis zum Erfolg des etablierten SAP-Geschäfts, weshalb die *Business ByDesign*-Initiative im Vergleich umso abgeschlagener aussieht (CIO.de, 2012). Auch im Vergleich zu jüngeren Cloud-Anbietern fiel es SAP bislang schwerer, eine einfache *SaaS* für kleine Geschäftskunden zu entwickeln (W-011059). Aus dem Großkundensegment kommend und an die koordinierte Zusammenarbeit mit Beratern gewohnt, wird das neue Produkt *Business ByDesign* als sehr funktionsreiches Produkt angeboten, das nach wie vor der relativ aufwendigen Dienstleistungen durch SAP-Berater bedarf. Im den folgenden Abschnitten werden die intra- wie interorganisationalen Indizien für den partiellen Pfadrückfall zusammenfassend analysiert.

Etablierte Produktlogik

Ein wichtiger Grund für den partiellen Rückfall in etablierte Muster war das Festhalten am Konzept der Integration. SAPs produktbezogenes Kernprinzip war stets die Kombination aus integrierter Software und *Customizing*-Möglichkeiten. Diese Möglichkeit des *Customizing* sollte radikal gesenkt werden (um dem Beratungsaufwand zu senken), doch am Prinzip der Integration sollte weiter festgehalten werden. Integration bedeutet, dass sich mittels einer Unternehmenssoftware die verschiedenen funktionalen Bereiche eines Unternehmens (Finanzen, *Human Resources* usw.) als *Suite* integrieren lassen. Mit diesem Alleinstellungsmerkmal konnte sich SAP stets von seinen Wettbewerbern abgrenzen, deren Produkte nie diese umfassenden Integrationsmöglichkeiten boten – auch wenn sie in einzelnen Funktionsbereichen der SAP-Lösung vielleicht überlegen waren. Und so wollte SAP diese Kernkompetenz auch in der Cloud-Welt ausspielen. Wie oben ausgeführt, erwarteten die Kunden von einer ERP-Suite aus dem Hause SAP aber zum einen noch mehr Funktionalität als gedacht und zum anderen mehr Anpassbarkeit.

Die ohnehin schon vergleichsweise hohe Komplexität von *Business ByDesign*, die sich aus dem hohen Anspruch und dem langwierigen Entwicklungsprozess ergab, musste somit noch einmal gesteigert werden. So entpuppt sich diese *Kernkompetenz* der Integration in der Cloud-Welt als *Kernrigidität*[14], da Integration ohne Individualisierungsmöglichkeiten nicht angenommen wurde und wiedererwartend Anpassungsmöglichkeiten angeboten werden mussten – was mit erhöhter Beratungsintensität einherging.

Etablierte Wertschöpfungsarchitektur

Folglich war es auch nicht möglich, Vertrieb und Implementierung zu automatisieren und vertikal zu reintegrieren. Die verschiedenen produktbedingten Aspekte verhinderten, dass das neue Produkt ohne Partner über das Internet an Kunden vertrieben werden konnte. So wurden auch deshalb für *Business ByDesign* SAP-Partner in die Strategie mit einbezogen, damit diese die Produktkomplexität an individuelle Kundenwünsche anpassen können. Außerdem brauchte SAP die Partner im Rahmen der Vermarktungsstrategie, da es an Marktreichweite in das Segment der kleinen Kunden fehlte und das Produkt trotz aller Bemühungen erklärungsbedürftig blieb. Die neue Partnerstrategie für *Business ByDesign* sollte sich jedoch fundamental von der etablierten Partnerstrategie im Großkundensegment und im Segment für den gehobenen Mittelstandsmarkt unterscheiden.

So sollte eine neue Form der Wertschöpfungsarchitektur entstehen, bei der neuartige Partner mit „Cloud-DNA" die Softwareerweiterung, den Softwarevertrieb sowie die Softwareimplementierung online und auf wesentlich kostengünstigere Weise erbringen als dies im etablierten SAP-Partnernetzwerk der Fall ist. Doch auch dieser *Pfadbruch mit Partnern* stieß auf Barrieren, die sich aus der Historie des strategischen

---

[14] im Sinne Leonard-Bartons (1992).

Netzwerks erklären lassen. So kam es zu einem partiellen Rückfall in eine etablierte Wertschöpfungsarchitektur, die im Folgenden erläutert wird.

Etablierte Partnertypen: Entgegen dem Plan, Partner mit „Cloud-DNA" für *Business ByDesign* zu gewinnen, wurden zum größten Teil bereits existierende SAP-Partner in die Strategie eingebunden. Denn im Gegensatz zu den Produkten anderer Cloud-Anbieter ist *Business ByDesign* eine vollständige ERP-Suite und potenzielle Partner, die bereits Erfahrung mit anderen Cloud-Produkten gemacht hatten, verfügen zum Teil nicht über die betriebswirtschaftliche Kompetenz, die für eine ERP-Suite erforderlich ist (S-005052). Die Verantwortung der Partner stieg somit wieder im gesamten Wertschöpfungsprozess, weshalb SAP wiederum strenge Kriterien bei der Partnerselektion, -evaluation und -ausbildung anlegen musste – so ist auch in dieser Dimension ein gewisser Rückfall in die Muster des etablierten Pfades zu beobachten. So wurden weniger Cloud-affine Partner für das neue Produkt engagiert als geplant und zunehmend reifte bei SAP die Überlegung, vor allem solche Partner zu suchen, die bereits über Bestandskunden verfügen (S-098140).

Der partielle Rückfall in etablierte Pfade zeigte sich auch auf semantischer Ebene. Die von SAP neu entwickelten Begriffe, mit denen die neuartigen Rollen der Partner zum Ausdruck gebracht werden sollten (bspw. „*Solution Advisor*") wurden in der Praxis kaum verwendet (S-092140). Durch die jahrelange Zusammenarbeit haben sich in der SAP-Welt gewisse Semantiken und Partnermanagementpraktiken entwickelt und viele Konzepte des neuen Partnerprogramms kamen aus dem Partnermodell für den gehobenen Mittelstand. Auch um den hohen Qualitätsanforderungen zu genügen, hatte sich SAP sehr stark an diesen strengen Partnermanagementpraktiken orientiert. So müssen potenzielle *Business ByDesign*-Partner eine Mindestanzahl an ausgebildeten SAP-Beratern beschäftigen, damit sie von SAP den Partnerstatus erhalten (S-084132). Diese Investition führt auf Partnerseite natürlicherweise zu dem Interesse, die ausgebildeten Experten auch gewinnbringend im Rahmen von Beratungsaufträgen einzusetzen.

Etablierte Partneraktivitäten: Einen partiellen Rückfall in etablierte Muster lässt sich so auch auf Ebene der konkreten Aktivitäten feststellen, die die *Business ByDesign*-Partner durchführen. Ziel der neuen Partnerstrategie war der Aufbau eines Volumengeschäfts. Partner mit Kontakt zu kleinen, mittelständischen Kunden sollten möglichst viele Verträge möglichst einfach und in möglichst kurzen Zeitabständen durchführen. De facto sehen die Aktivitäten der *Business ByDesign*-Partner den Aktivitäten klassischer SAP-Partner im gehobenen Mittelstandssegment aber ähnlicher als geplant: Auch die Partner konnten keine reinen Online-Vertriebsprozesse etablieren und der Vertriebsprozess für das Cloud-Produkt erfolgt eher *offline* und gleicht damit wieder dem *sales cycle* der etablierten SAP-Welt (S-005055; S-026080). Auch bei einem Blick auf die konkreten Einnahmequellen der *Business ByDesign*-Partner fällt auf, dass diese nach wie vor sehr stark auf die Einnahmen aus dem Dienstleistungsgeschäft angewiesen sind (S-071116).

Etablierte Zielgruppe

Der partielle Rückfall in etablierte Muster ist auch in der Zielgruppendefinition für das neue Produkt erkennbar. Ziel des Vorhabens war der großvolumige Durchbruch im unteren Mittelstandsmarkt. Von dieser Absicht hat sich SAP sukzessive entfernt und versucht nun, das neue Produkt bei größeren Kunden zu platzieren. So konnte zum Beispiel das *Department of Trade and Investment* in *New South Wales* in Australien, *Roland Berger* oder die *Lufthansa* in 2012 als Kunden für das *Business ByDesign* gewonnen werden:

> „Der Deal mit 8500 Usern in Australien passt zu der Grosskunden-Strategie genauso wie ein Anheben der Mindestnutzerzahl (oder zumindest der Mindestabnahme) von 10 auf 15 (je nach Rechnung) und der Aufbau einer eigenen Vertriebs- und Consulting-Mannschaft, die sich insbesondere um Grosskunden kümmern soll" (IT-Reseller.ch, 2012).

Dies hat verschiedene Gründe: Zum einen sind größere Kunden mit eigener IT-Abteilung eher dazu in der Lage, mit einer umfangreichen ERP-Suite umzugehen. Zum anderen sind zu kleine Aufträge für SAP noch nicht rentabel (IT-Reseller.ch, 2012).

4.3.3 Fazit zur Business ByDesign-Initiative

Mit der *Business ByDesign*-Initiative beabsichtigte SAP den Durchbruch im Mittelstandsmarkt, im *SaaS*-Markt und später die Entwicklung einer neuartigen Partnerstrategie. Die Veränderung betraf zunächst die Wertschöpfungsaktivitäten von SAP (*intraorganisationaler Wandel*), später aber auch die der SAP-Partner sowie das Ko-Spezialisierungsmuster zwischen diesen beiden Ebenen (*interorganisationaler Wandel*). Der Wandel betraf allerdings sowohl bei SAP, als auch bei den meisten SAP-Partnern nur einen Teil der jeweiligen Organisationen, und war damit zusätzlich eingegrenzt (Barrieren der *Pfadkoexistenz*). Dabei sollten nachgelagerte Aktivitäten der Wertschöpfungskette (Implementierung, Vertrieb) vertikal in Richtung SAP reintegriert werden. Wie die Analyse zeigt, stieß das Vorhaben allerdings auf Barrieren, die sich in weiten Teilen auf die Ko-Spezialisierungshistorie zurückführen lassen:

„Wir haben als Produktfirma am Anfang geglaubt, dass die Hauptschwierigkeiten im Produkt liegen, weil es ja noch einmal ganz neu gemacht wird mit neuen Prinzipien. Und haben gedacht, dass der Rest vergleichsweise einfach wird. Das ist aus der Historie SAP zu begründen" (S-001053).

Somit fiel ein zunächst auf intraorganisationaler Ebene, später auf interorganisationaler Ebene initiierter Bruch bei der konkreten Strategieimplementierung an vielen Stellen zurück in etablierte Muster der bereits bestehenden Pfadabhängigkeit (*partieller Pfadrückfall*, siehe Abbildung 24).

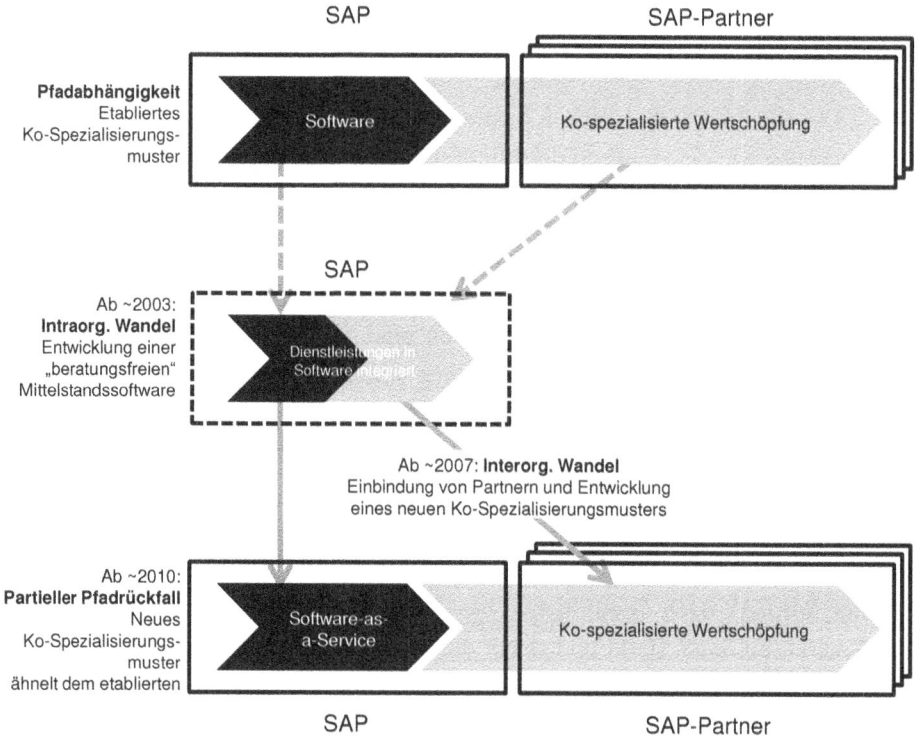

Abbildung 24: Partieller Pfadrückfall parallel zum koexistierenden Pfad (schematische Darstellung)

4.3.4 Ausblick: Chancen für einen neuen Ko-Spezialisierungspfad?

Die Teilstudie zu SAPs *Business ByDesign*-Initiative analysierte die Entwicklung der Initiative zwischen 2003 und 2013 und konnte einen partiellen strategischen Pfadrückfall feststellen. Allerdings sind interorganisationale Lock-in-Zustände vorübergehende Verriegelungen und deshalb stellt sich die Frage, ob und wie SAP das strategische Lock-in im Mittelstandsmarkt in Zukunft brechen wird. Die Walldorfer haben sich in den letzten Jahren als überaus erfolgreiches und innovatives Unternehmen positionieren können und zum Beispiel mit der *In-Memory*-Datenbanktechnologie *HANA* neue Geschäftsfelder erschlossen. Rund um die HANA-Technologie hat SAP auch ein *Innovation Center* in Potsdam aufgebaut, in dem derzeit fast 150 Forscher an innovativen Anwendungsmöglichkeiten arbeiten (Computerwoche, 2014). Daneben hat das Unternehmen sein Produktportfolio durch den Zukauf von Cloud-Unternehmen wie *Success Factors* oder *Ariba* erweitern können und das Kleinkundenprodukt *Business One*, welches in 2001 akquiriert wurde, ist mittlerweile als *SaaS*-Produkt erhältlich. Außerdem werden nun neben der integrierten *Suite Business ByDesign* auch *SaaS*-Punktlösungen, zum Beispiel für den Vertrieb, angeboten. Allerdings sieht es im Moment noch nicht danach aus, als würden diese Veränderungen zu einem baldigen, großvolumigen Durchbruch im unteren Mittelstandssegment führen.

Ein Pfadbruchszenario könnte aber langfristig darin bestehen, dass im großen Umfang zunächst Tochtergesellschaften großer SAP-Kunden mit *Business ByDesign* ausgestattet werden. Dies hätte den Vorteil, dass weiterhin an große Unternehmen verkauft wird, und damit an solche, mit denen sich SAP traditionell leichter tut; dass sich das Produkt aber gleichzeitig durch das Feedback der wachsenden Kundenbasis stetig verbessern würde. Die große Frage wäre aber trotz wachsender Kundenbasis weiterhin, mit welcher Partnerstrategie der großvolumige Durchbruch langfristig auch im unteren Mittelstandssegment erreicht werden kann. Diese Frage kann nur beantwortet werden, wenn eine Antwort auf die Frage nach interorganisationaler Ko-Spezialisierung gefunden wird. Im Großkundensegment hat SAP durch die Zusammenarbeit mit Wirtschaftsprüfern und anderen Partnern einen sich wechselseitig verstärkenden Prozess der interorganisationalen Ko-Spezialisierung in Gang setzen können. Auch für das untere Mittelstandssegment müsste ein Partnernetzwerk aufgebaut werden, bei dem die zunehmende Ko-Spezialisierung der Partner in ko-spezialisierte Wertschöpfungsaktivitäten die SAP-Software attraktiver werden lässt und umgekehrt (siehe dazu die Praxisimplikationen der Abbildung 29 im Abschnitt 5.2.3).

5 Diskussion und Ausblick

Die nun folgende Diskussion gliedert sich in drei Abschnitte: Zunächst wird diskutiert, ob im vorliegenden Fall die im Methodenteil benannten Indikatoren für einen pfadabhängigen Prozess vorliegen. Des Weiteren wird dargelegt, inwieweit sich die im Theorieteil artikulierten Propositionen zur Analyse des Falls eigneten und welche neuartigen Erkenntnisse sich für das Modell pfadabhängiger Ko-Spezialisierung ergeben. Anschließend werden die neuen Beiträge zur allgemeinen, zur organisationalen und zur interorganisationalen Pfadtheorie vorgestellt. Im dritten Abschnitt werden nicht nur die Limitationen benannt, sondern es wird auch dargelegt, wie die vorliegende Studie zukünftige Arbeiten informieren kann.

5.1 Theoretische Reflexion der Fallstudie

Der nun folgende Abschnitt reflektiert die durchgeführte Fallstudie, setzt sich intensiv mit den im Theorieteil entwickelten Propositionen auseinander und zeigt darüber hinaus auf, welche aus theoretischer Sicht überraschenden Erkenntnisse die Fallstudie zutage fördern konnte. Zunächst gilt festzuhalten, dass auch die im Methodenteil benannten *Pfadindikatoren* (Burger & Sydow, 2014; Sydow et al., 2012) im vorliegenden Fall identifiziert werden konnten: Zu Beginn des untersuchten Prozesses gab es *reale Alternativen* (siehe Abschnitt 4.1). Die Gründer von SAP hätten den Weg der Wettbewerber gehen und Individualsoftware ohne standardisierte Customizing-Möglichkeiten bei Kunden implementieren können. Doch frühe *kritische Entscheidungen* für eine neuartige Produktstrategie ermöglichten später eine Partnerstrategie, die eine Spirale der interorganisationalen Ko-Spezialisierung in Gang setzte und dazu führte, dass sich eine bestimmte Art der Aufgabenverteilung zwischen SAP und Dienstleistungspartnern verfestigte. Die Ko-Spezialisierung führte zu wachsenden Wettbewerbsvorteilen und war dadurch getrieben, dass sich die jeweiligen Spezialisierungseffekte auf SAP-Seite und auf Partnerseite durch Feedbackmechanismen gegenseitig *verstärkten* (siehe Abschnitt 4.2). Das Angebot wurde damit qualitativ besser. Kein anderer ERP-Hersteller außer SAP bietet eine funktional derart umfangreiche Software an. Aber auch in quantitativer Hinsicht wuchs das Angebot an komplementären Dienstleistungen durch das Wachstum des SAP-Partnernetzwerks. Während SAPs Software umfangreicher wurde, bauten die SAP-Berater ihre Service-Kompetenzen zunehmend aus. Durch diese Ko-Spezialisierung im strategischen Netzwerk konnten hohe Wachstumsraten im Großkundensegment erzielt werden. Mit dem Erfolg der Produkt- und Partnerstrategie sank aber gleichzeitig die *Anzahl der alternativen Optionen*. Mit einfachen Produkten für den Mittelstand taten sich SAP und Partner entsprechend schwerer (Abschnitt 4.2.5). Je mehr SAP versuchte, mit viel Aufwand auch im unteren Mittelstandsmarkt mit einem Cloud-Produkt zu reüssieren und dennoch auf Barrieren stieß, desto eher wurde der strategische *Lock-in-Zustand* offenbar (Abschnitt 4.3).

Nachfolgend wird die Tragfähigkeit des im Theorieteil entwickelten Modells pfadabhängiger Ko-Spezialisierung in strategischen Netzwerken diskutiert. Dabei können für vier der fünf vorgeschlagenen Propositionen deutliche Indizien in der Fallstudie ausgemacht werden (siehe Tabelle 18), womit sich das Modell insgesamt als geeignet erweist zur historischen Analyse des untersuchten Falls. Allerdings ergeben sich aus der Fallstudie auch weitere überraschende Erkenntnisse für die Pfadtheorie, die das Modell nicht vorsah. Diese betreffen vor allem die spezifischen Probleme der Pfadbrechung in interorganisationalen Kontexten vor dem Hintergrund koexistierender Pfade. Anhand einer Diskussion der einzelnen Propositionen werden die verschiedenen theoretischen Implikationen nun aufgezeigt.

Propositionen	Indizien in der Fallstudie?
Proposition 1: Schnittstellen, Koordinationspraktiken und der Schutz des geistigen Eigentums erlauben einem fokalen Unternehmen die Übertragung komplementärer Wertschöpfungsaktivitäten auf Partner (Phase I: Voraussetzungen für die interorganisationalen Ko-Spezialisierung).	*Vorhanden*
Proposition 2a: Wenn sich kooperierende Partner auf unterschiedliche, aber komplementäre Wertschöpfungsaktivitäten ko-spezialisieren, steigert dies die inkrementelle Innovationsgeschwindigkeit (Phase II: Interorganisationale Ko-Spezialisierung).	*Vorhanden*
Proposition 2b: Interorganisationale Schnittstellen, Koordinationspraktiken, Feedback- und Anpassungsmechanismen ermöglichen dem fokalen Unternehmen die Zusammenarbeit mit einer zunehmenden Anzahl an Partnern und damit den langfristigen Aufbau eines strategischen Netzwerks. Dadurch kann nicht nur ein besseres, sondern auch ein breiteres Angebot bereitgestellt werden (Phase II: Ko-Spezialisierung im strategischen Netzwerk).	*Vorhanden*
Proposition 3a: Langfristig entsteht durch die zunehmende vertikale Desintegration die Gefahr, dass sich die kooperierenden Unternehmen im strategischen Netzwerk zu stark auf ihre jeweiligen Wertschöpfungsaktivitäten ko-spezialisieren und das fokale Unternehmen dadurch strategische Alternativen verliert (Phase III: Intraorganisationale Gefahren der Ko-Spezialisierung).	*Eingeschränkt vorhanden*
Proposition 3b: Langfristig entsteht durch die Kooperation die Gefahr, dass sich das Ko-Spezialisierungsmuster im strategischen Netzwerk zunehmend verfestigt und das fokale Unternehmen dadurch strategische Alternativen verliert (Phase III: Interorganisationale Gefahren der Ko-Spezialisierung).	*Vorhanden*

Tabelle 18: Indizien für die Propositionen in der Fallstudie

Proposition 1 bezog sich auf die Voraussetzungen, die gegeben sein müssen, damit ein fokales Unternehmen (*hub firm*) Wertschöpfungsaktivitäten an Partner initial transferieren kann. In Abschnitt 4.1 wurde gezeigt, wie SAP diese Voraussetzung zunächst intraorganisational schuf durch die technische Separation von Softwareentwicklung und Softwareimplementierung und später auf eine interorganisationale Ebene ausweitete durch die Entwicklung von Schnittstellen und Koordinationspraktiken. Wichtige historische Voraussetzungen dafür bestanden aber auch im Software-*Unbundling* durch IBM (Grad, 2002) und darin, dass sich Computerprogramme bereits seit den 1960er Jahren in den USA und seit den 1980er Jahren auch in Deutschland immer besser als geistiges Eigentum schützen ließen (Institut für Urheber- und Medienrecht, 2013). Erst der ausreichende Schutz des geistigen Eigentums sowie die Schaffung von Schnittstellen und Koordinationspraktiken erlaubt einem fokalen Unternehmen also die Übertragung komplementärer Wertschöpfungsaktivitäten auf Partner.

Auch finden sich im vorliegenden Fall Indizien für die *Propositionen 2a und 2b*. Da sich SAP mittels seines ko-innovativen Ansatzes vor allem auf die Softwareentwicklung ko-spezialisieren konnte, stiegen Qualität und Umfang der Software. Die verschiedenen Partner auf der anderen Seite konnten (zum Beispiel nach Branchen) ko-spezialisierte Dienstleistungsangebote entwickeln (*Proposition 2a*). Da SAP standardisierte Schnittstellen und Koordinationspraktiken bereitstellte und laufend verfeinerte, konnte zudem ein weltumspannendes Partnernetzwerk mit einer Fülle komplementärer Dienstleistungen aufgebaut werden, was wiederum den Wert der SAP-Plattform stärkte (*Proposition 2b*). Dabei erwies sich die im Theorieteil herausgearbeitete Differenz zwischen intraorganisationaler und interorganisationaler Komplementarität als empirisch tragfähig. Eine häufig geäußerte Annahme in der Literatur zu Komplementaritäten und ko-spezialisierten *assets* besteht darin, dass Unternehmen diejenigen Aktivitäten und Ressourcen innerhalb ihres Unternehmens bündeln sollten, die komplementär zueinander sind (Argyres & Zenger, 2012; für eine empirische Studie siehe auch Wang & Zajac, 2007). Doch warum hat sich SAP darum bemüht, das SAP-Beratungsgeschäft an seine Partner zu übertragen – und warum war SAP mit dieser Strategie erfolgreicher als Unternehmen, die nicht desintegrierten? Diese Frage konnte mit der in oben erläuterten Differenz zwischen intra- und interorganisationalen Komplementaritätseffekten erklärt werden. Die positive strategische Interaktion zwischen Produkt und Dienstleistung entstand gerade dadurch, dass die *assets* nicht innerhalb eines Unternehmens gebündelt wurden, sondern dass diese über Organisationsgrenzen hinweg aufgeteilt wurden.

Für *Proposition 3a* finden sich hingegen im vorliegenden Fall nicht die Indizien, die erwartet wurden. Das theoretische Modell sah vor, dass sich die kooperierenden Unternehmen jeweils zunehmend auf unterschiedliche *assets* ko-spezialisieren und dass dadurch Kompetenzen, die vorher innerhalb eines Unternehmens gebündelt waren, an Partner „verloren gehen". Das Problem hätte in einem solchen Fall darin bestanden, dass das fokale Unternehmen aufgrund fehlender Ressourcen in Abhängigkeit zu seinen Partnern gerät (Pfeffer & Salancik, 1978). Davon kann im Fall von SAP aber keine Rede sein. SAP selbst hat die Beratung nie ganz aus der Hand gegeben, sondern die Partnerstrategie dazu genutzt, um das Angebot zu verbreitern, das Wachstum zu hebeln und die Ko-Spezialisierungsvorteile der Partner zu nutzen. Wie Parmigiani und Mitchell (2009) untersuchen, ist ein solcher Vorgang auch keineswegs ungewöhnlich. Die Entscheidung, Wertschöpfungsaktivitäten intern oder extern zu erbringen, ist keine binäre. Viele Unternehmen produzieren einen Teil der komplementären Produkte selbst und beziehen gleichzeitig einen anderen Teil von Lieferanten. Damit generieren sie einen Flexibilitätsvorteil ohne dabei wertvolles Wissen zu verlieren.

Allerdings zeigt der Fall, dass durch eine derartige Strategie ein Flexibilitätsnachteil zweiter Ordnung entstehen kann in dem Sinne, dass ein bestimmter Teil des Wertschöpfungsprozesses die jeweilige Organisation dominiert. Das strategische Problem für SAP bestand nicht isoliert auf Ebene der Kompetenz- oder *Asset*-Ebene, es hing vor allem auch mit historisch entstandenen Erwartungshaltungen innerhalb (und außerhalb) der Organisation zusammen. Die jahrelange Ko-Spezialisierung in Softwareentwicklung für große Kunden und die massive Zusammenarbeit mit Partnern führte dazu, dass das Produkt die Organisation dominiert und dass nicht nur die eigene Beratungssparte, sondern auch das Mittelstandsgeschäft nachrangige Geschäftszweige darstellten. Auch wenn SAP die Beratungsaktivitäten nie vollständig an Partner abgab, wurde SAP doch primär zu einem Produktunternehmen, während sich die Partner zunehmend als Dienstleistungsunternehmen formierten. Damit wurde die Softwareentwicklung zu SAPs Kernkompetenz, die Beratung hingegen lediglich zu einer notwendigen, komplementären Wertschöpfungsaktivität, die ein Stück weit selbst erbracht werden muss, die aber weitestgehend an Partner transferiert werden sollte. Dies spiegelt sich auch in SAPs Strukturen, Werten, in der Identität und dem Geschäftsmodell wider (siehe Abschnitt 4.2.6). SAP versteht sich zuerst als Produkt- und erst dann als Dienstleistungsunternehmen und aufgrund des hohen Marktanteils im Großkundensegment haben große Kunden insgesamt für SAP auch eine höhere Bedeutung als kleine. Dies trägt dazu bei, dass Projekte, die auf den Mittelstand abzielen oder die über die erlernte Produkt-/Dienstleistungsdifferenz hinausgingen, einen anderen Stand innerhalb der Organisation SAP haben.

Mit dieser Erkenntnis wird das Ko-Spezialisierungskonzept vor allem durch eine organisationswissenschaftliche, prozessuale Perspektive bereichert. Dies kann als weiterer Schritt gesehen werden, den frühen Teece (1986) mit dem späteren Teece (Teece et al., 1997) zu verbinden (Jacobides et al., 2006: 1201). So konnte gezeigt werden, dass sich interorganisationale Ko-Spezialisierung als Prozess vollzieht, der zwar zunächst durch interorganisationale *Asset*-Komplementaritätseffekte vorangetrieben wird – der aber auch intra- und interorganisationale Folgen entfaltet, die über die *Asset*-Ebene hinausgehen (siehe Abbildung 25).

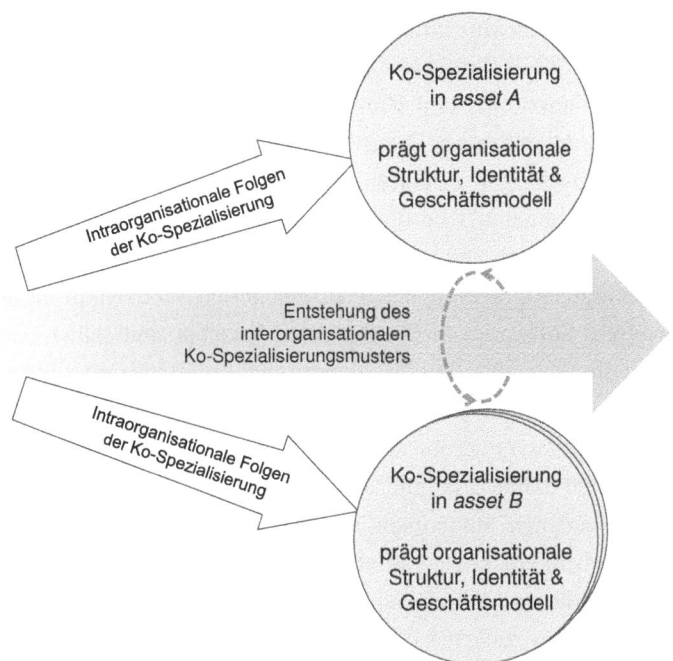

Abbildung 25: Die langfristigen Folgen der Ko-Spezialisierung

Studien, die zukünftig mit dem Konzept Ko-Spezialisierung in strategischen Netzwerken arbeiten, sollten diese organisationalen Folgen der interorganisationalen Ko-Spezialisierung berücksichtigen. Leonard-Barton (1992: 114) betonte bereits, dass Kernkompetenzen und Kernrigiditäten nicht nur aus Wissen und technischen Systemen bestehen, sondern auch aus Werten, Normen und Managementsystemen. In Zukunft sollte das Ressourcen- und Kompetenzenbündel eines Unternehmens (aber auch Identität, Struktur und Geschäftsmodell) nicht mehr als ausschließliches Ergebnis der unternehmensinternen Historie betrachtet werden. Die Entstehung von *assets*, Identitäten und Geschäftsmodellen entsteht auch nicht nur in Abgrenzung zu Wettbewerbern. Wie die hier erfolgte Auseinandersetzung mit Ko-Spezialisierungsprozessen zeigt, prägt vor allem die komplementaritätsbasierte Zusammenarbeit mit Partnern das Gesicht einer Organisation.

Für *Proposition 3b* finden sich deutliche Indizien in der durchgeführten Fallstudie. Darüber hinaus kann das entworfene Modell durch weitere, neu gewonnene, Erkenntnisse verfeinert werden. So kann herausgearbeitet werden, warum genau durch den Prozess der interorganisationalen Ko-Spezialisierung interorganisationale Barrieren für die Pfadbrechung entstehen. Im Laufe der Zusammenarbeit zwischen SAP und seinem strategischen Netzwerk etablierte sich ein interorganisationales Ko-Spezialisierungsmuster mitsamt Regeln, Semantiken und Rollendefinitionen. Innerhalb dieser Wertschöpfungsarchitektur finden zwar beeindruckende inkrementelle Innovationsprozesse statt: SAPs ERP-Software wurde umfangreicher und deckte mehr und mehr unterschiedliche Funktionen und Branchen ab. Auch auf der anderen Seite wuchs das Angebot an komplementären Dienstleistungen rapide, und innerhalb des bestehenden Kooperationsmusters gab es laufend Modifikationen und Verfeinerungen hinsichtlich der interorganisationalen Koordinationspraktiken. Die übergeordnete Architektur allerdings verfestigte sich und konnte von SAP im Alleingang nicht umgestaltet werden. Die beabsichtigte Reintegration der ausgelagerten Wertschöpfungsaktivitäten in eine „beratungsfreie Software" stieß auf Schwierigkeiten und selbst gemeinsam mit Partnern konnte die Wertschöpfungsarchitektur nicht reorganisiert werden.

So offenbart die empirische Analyse des SAP-Falls zwei spezifische Probleme für Pfadbruchinitiativen in interorganisationalen Ko-Spezialisierungszusammenhängen. Beide hängen damit zusammen, dass Ko-Spezialisierung in strategischen Netzwerken zu verschiedenen autonomen Ebenen führt und Änderungsinitiativen aufgrund dieser Ebenendifferenzierung räumlich und zeitlich schwer koordiniert werden können. Aufgrund dieser Mehrebenenproblematik ist es sehr wahrscheinlich, dass auch Pfadbruchinitiativen zunächst mit intraorganisationalem Wandel in nur einzelnen Organisationen oder Organisationseinheiten beginnen (*Problem des intraorganisational limitierten Wandels in strategischen Netzwerken*). Im Fall von *Business ByDesign* konnte eine zunächst nur auf SAP beschränkte Pfadbruchinitiative beobachtet werden. SAP fokussierte zu Beginn die eigene Organisation und versuchte mit einem völlig neuen Produkt auf Basis einer disruptiven Technologie eine Lösung für die strategischen Probleme im Markt für kleinere Kunden zu entwickeln. Die andere Seite der Pfadabhängigkeit – die Seite der Partner – wurde erst sehr viel später adressiert. Nachdem Partner eingebunden wurden, offenbarte sich allerdings ein weiteres Problem für Pfadbruchinitiativen in interorganisationalen Zusammenhängen, die Herausforderung *des interorganisationalen Wandels in strategischen Netzwerken*. Das interorganisationale Ko-Spezialisierungsmuster war stabil in dem Sinne, dass SAP seine Partner nur schwer in neuartigen Rollen einbinden konnte, zum Beispiel als reine Online-Wiederverkäufer ohne Beratungsgeschäft. Die interorganisationale Aufgabenkoordination zwischen dem Softwarehersteller und Partnern im Cloud-Geschäft – insbesondere bei kleinen Kunden – hätte anders greifen müssen als im etablierten Großkundengeschäft. SAP hatte diese Herausforderung durchaus erkannt und versucht, neue Koordinationspraktiken mit neuen Begriffen zu entwickeln. So wurde zum Beispiel eine Zeit lang das Wort „Implementierung" im Rahmen der Initiative vollständig vermieden. Allerdings konnten auch diese konzeptionellen Ansätze auf der performativen Ebene nicht vollständig umgesetzt werden.

Eine zusätzliche Dimension, in der Barrieren für interorganisationale Pfadbruchinitiativen entstehen können, eröffnet sich auf der Ebene der *Pfadkoexistenz*. Die *Business ByDesign*-Initiative tangierte als koexistierender Pfad das Kerngeschäft von SAP und das Kerngeschäft der SAP-Partner insofern, als dass es immer wieder mit dem etablierten Geschäftsmodell verglichen oder auch als Bedrohung für dieses wahrgenommen wurde (Erwartungshaltungen und Furcht vor Kannibalisierung). Für eine fruchtbare Pfadkoexistenz war die Abgrenzung zu gering, und so trug auch dies dazu bei, dass ein partieller Rückfall des neuen Pfades in den etablierten erfolgte (siehe Abbildung 26).

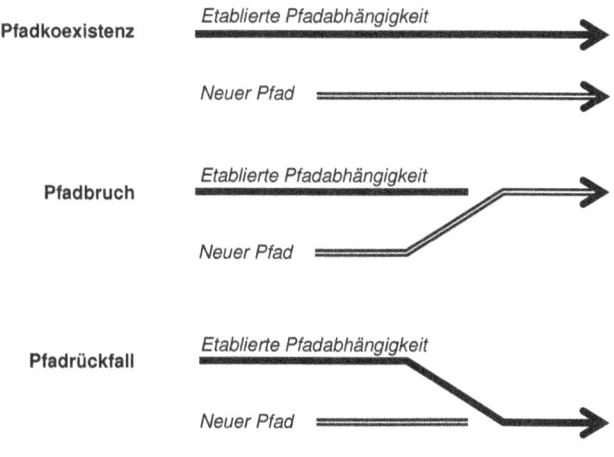

Abbildung 26: Pfadkoexistenz, Pfadbruch und Pfadrückfall

Die Kreation eines koexistierenden Pfades gelingt vermutlich dann besser, wenn ein neuer Pfad nicht zu stark mit einem etablierten interferiert (Jacobs, 2009). SAP hat es im Laufe seine Firmenhistorie zum Beispiel geschafft, sich vom Einprodukt- zum Mehrproduktunternehmen weiterzuentwickeln, indem durch Akquisitionen neue Produkte in das Portfolio aufgenommen wurden. Als erfolgreiches Beispiel ist an dieser Stelle die Akquisition einer sogenannten *Business-Intelligence-Software* (heute: *SAP Business Objects*) zu nennen, die das SAP-Angebot sinnvoll ergänzt, ohne dass sie das Kerngeschäft in hohem Maße beeinflusst oder selbst durch das Kerngeschäft beeinflusst wird. Vielversprechend für SAP und Partner fügt sich seit 2010 auch die neu entwickelte *In-Memory*-Datenbank *HANA* in die SAP-Angebotspalette. Sowohl bei *Business Objects* als auch bei *HANA* handelt es sich aber um Komplementärprodukte zum Kernprodukt *ERP*. Nur die *Business ByDesign*-Initiative lässt sich bislang als radikal neue Mittelstandinitiative interpretieren und stieß auf entsprechende Schwierigkeiten. Technologiehersteller stehen folglich vor dem Problem, dass sich erfolgreiche interorganisationale Ko-Spezialisierungsmuster nicht ohne weiteres auf andere Marktsegmente übertragen lassen:

> "[T]he organizational challenge is to combine the desire to fully exploit existing complementary assets across different markets with the need to establish specialized activity systems for each one" (Stieglitz & Heine, 2007: 13).

Die Herausforderung besteht deshalb darin, für neue Kundensegmente nicht nur neue Produkte, sondern auch neue Ko-Spezialisierungsmuster zu etablieren. In solchen Fällen kann es von Vorteil sein, wenn der neue Pfad außerhalb der bestehenden Kooperationssystems eingeschlagen wird. Etablierte Unternehmen können zum Beispiel Unternehmen akquirieren, die in einem neuen Marktsegment bereits ein neues und tragfähiges interorganisationales Ko-Spezialisierungsmuster in einem strategischen Netzwerk entwickelt haben. Siehe zu weiteren kritischen Fragen zur Etablierung eines neuen Ko-Spezialisierungspfades die Abbildung 29 in Abschnitt 5.2.3.

5.2 Theoretische Beiträge

Neben den bereits dargestellten Beiträgen ergeben sich aus der vorliegenden Studie verschiedene weitere Beiträge zur allgemeinen, zur organisationalen und zur interorganisationalen Pfadtheorie, die im Folgenden diskutiert werden.

5.2.1 Beitrag zur allgemeinen Pfadtheorie

Die Kompatibilität zwischen QWERTY-Layout und dem wachsenden QWERTY-bezogenen Wissen der Schreibmaschinennutzer war in Paul Davids QWERTY-Fallstudie ein wichtiger Erklärungsansatz für die Entstehung von Pfadabhängigkeit: "touch typist's memory of a particular arrangement of the keys" (David, 1985: 334). Aus diesem Grund wurde das technologiebezogene Wissen der Schreibmaschinennutzer auch als zentrales *complementary asset* bezeichnet, das dem QWERTY-Layout zum Durchbruch verhalf (Kay, 2013).

Dennoch ist der QWERTY-Fall kein Beispiel für einen *dynamischen* Ko-Spezialisierungsprozess, wie der Vergleich mit dem hier analysierten SAP-Fall nun deutlich machen soll: Die Verbreitung des QWERTY-Layouts wurde zwar dynamisch vorangetrieben durch den QWERTY-bezogenen Wissenszuwachs. Allerdings veränderte sich die QWERTY-Technologie an sich nicht. Im Gegensatz dazu kam es im SAP-Fall zu einer laufenden Weiterentwicklung der SAP-Software in Abhängigkeit zur SAP-bezogenen Wissensentwicklung. Der Begriff der pfadabhängigen Ko-Spezialisierung sollte daher in zukünftigen Studien immer dann verwendet werden, wenn es sich um einen Prozess handelt, bei dem sich verschiedene Spezialisierungsprozesse *wechselseitig* in gegenseitiger Abhängigkeit verstärken (Abbildung 27). Diese Unterscheidung zwischen einseitiger Spezialisierung und Ko-Spezialisierung als Treiber technologischer und organisationaler Pfadabhängigkeiten ist ein wichtiger Beitrag zur allgemeinen Pfadtheorie, da sie auch verschiedene Implikationen für die derzeit laufende Debatte um Optimalität mit sich bringt[15].

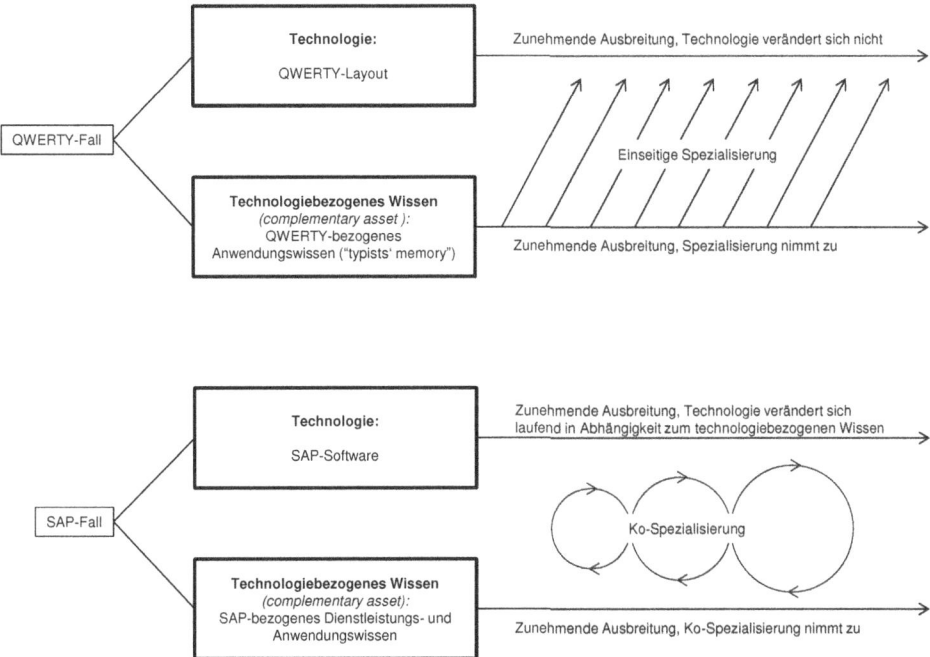

Abbildung 27: Vergleich zwischen QWERTY-Fall und SAP-Fall

Bei Ko-Spezialisierungsprozessen ist die Frage nach Optimalität noch schwerer zu beantworten als im QWERTY-Fall (Kay, 2013). Da sich ko-spezialisierte Technologien laufend weiterentwickeln, kann sich zum Beispiel eine zu Beginn inferiore Technologie durch den Prozess der Ko-Spezialisierung kontinuierlich verbessern und damit eine anfangs superiore Technologie „überholen". Wenn zum Beispiel behauptet wird, ein bestimmtes Betriebssystem sei einem anderen funktional überlegen, dann kann diese Aussage – wenn überhaupt – nur für einen bestimmten Zeitpunkt getroffen werden. Die meisten Betriebssysteme werden laufend weiterentwickelt durch den permanenten Austausch mit Anwendern, wodurch sich auch der relative Qualitätsunterschied zwischen den Technologien laufend verändert. Es ist zwar wahrscheinlicher, dass das

---

[15] Siehe zur Verwobenheit zwischen technologischer und organisationaler Pfadabhängigkeit den folgenden Abschnitt 5.2.2.

verbreitetere Betriebssystem seinen Vorsprung weiter ausbaut, weil auf mehr Feedback aus der Partner- und Anwender-Community zurückgegriffen werden kann. Wichtig ist aber, dass dieser Wert eines Betriebssystems erst aus dem Prozess durch laufende Verbesserungen heraus entsteht. Er ist nicht von Anfang an gegeben. Es gibt nur wenige Technologien, die derart klar miteinander verglichen werden können wie das QWERTY-Layout mit dem DVORAK-Layout und selbst das ist entsprechend schwer. Im Vergleich dazu können sich insbesondere Informationstechnologien durch Ko-Spezialisierungsprozesse dynamisch verbessern oder im Verhältnis auch verschlechtern.

Kritiker der Pfadtheorie mögen einwenden, dass damit die empirische Beweisbarkeit von Ineffizienz zusätzlich in Frage gestellt wird und dieser Punkt ist nicht ganz von der Hand zu weisen. Allerdings wird die Pfadtheorie im Kern durch die hier vorliegenden Erkenntnisse deutlich gestärkt – insbesondere was die Rolle von Kontingenzen und Prozessen angeht. In Ko-Spezialisierungsprozessen kann mit einem isolierten Blick auf die Technologie noch viel schlechter abgeschätzt werden, welche Technologie sich durchsetzen wird, denn der Wert einer Technologie ergibt sich erst durch den wechselseitigen Ko-Spezialisierungsprozess mit technologiebezogenem Wissen. Ausschlaggebend ist weniger der „natürliche" Initialwert einer Technologie, sondern der Verwendungsprozess, durch den der Wert dieser Technologie erst entsteht.

5.2.2 Beitrag zur organisationalen Pfadtheorie

Die vorliegende Arbeit leistet auch einen Beitrag zur organisationalen Pfadtheorie, denn lange war das Verhältnis zwischen technologischer und organisationaler Pfadabhängigkeit unklar. Die Theorie der organisationalen Pfadabhängigkeit (Sydow et al., 2009) baute zwar auf die Forschung zu technologischen Pfaden auf, doch es gibt wenige Studien, die die Zusammenhänge zwischen technologischen und organisationalen Pfaden und Möglichkeiten der Pfadbrechung explizit untersuchen. Insofern ist Leonard Dobuschs (2008) Studie zur Brechung des Microsoft-Pfades durch die Stadtverwaltung München eine Ausnahme, als dass sie explizit die „Frage nach der intraorganisationalen Übersetzung von [marktseitigen] Netzeffektphänomenen" (Dobusch, 2008: 39) stellt und wie diese *organisationalen* Pfadabhängigkeiten gebrochen werden können. In seiner Studie verwendet Dobusch einen marktseitig existierenden Technologiepfad (Microsoft Windows) als Untersuchungskontext, analysiert durch welche organisationalen Prozesse aus diesem Technologiepfad organisationale Pfade für vier verschiedene Stadtverwaltungen wurden, und wie eine Stadtverwaltung ihren organisationalen Pfad durch den Umstieg auf LINUX brechen konnte.

Auch die vorliegende Studie untersucht das Verhältnis zwischen technologischen und organisationalen Pfaden, nimmt dabei allerdings nicht die Anwender-, sondern die *Anbieterseite* in den Blick. Damit wird deutlich, dass technologische Pfade nicht nur zu organisationalen Pfaden auf Anwenderseite führen, sondern dass diese auch – und das ist neu – zu strategischen Pfaden auf Seiten der Anwenderorganisationen und -netzwerke führen können (siehe Abbildung 28). Während aus Anwendersicht die Anzahl der Optionen zum Wechseln der Technologie abnimmt, sinkt für den Technologiehersteller und sein strategisches Netzwerk im Falle strategischer Pfadabhängigkeit die Anzahl der strategischen Optionen.

Abbildung 28: Strategische, technologische und organisationale Pfadabhängigkeiten

Aus strategischer Sicht mag es für Anbieter zwar zunächst attraktiv erscheinen, technologische Pfadabhängigkeiten zu kreieren. Doch sollte ein Unternehmen sein strategisches Schicksal nicht zu stark an technologische Pfade koppeln. Die ausschließliche Fokussierung auf Netzeffekte (Afuah, 2013) kann dazu führen, dass Manager anderen strategischen Themen nicht die notwendige Aufmerksamkeit widmen. Microsoft hat beispielsweise seine Tablet-Version der Bürosoftware *Office* bislang ausschließlich für den eigenen Tablet-Computer (*Surface*) angeboten, um dieses gegenüber Konkurrenz-Tablets wie dem *Apple iPad* zu stärken (Tagesspiegel, 2014). Die Strategie ging nicht auf, da dieser spezifische indirekte Netzeffekt für Tablet-Nutzer nur ein Entscheidungsfaktor von vielen zu sein scheint. Im März 2014 hat Microsoft nun bekannt gegeben, *Office* in Zukunft auch fürs *iPad* anzubieten. Dieser Schritt ist nicht nur begrüßenswert, weil er zu mehr Freiheit auf der Anwenderseite führt, sondern weil er auch signalisiert, dass Microsoft im Wettbewerb mit Apple auf Innovation und weniger auf das künstliche Kreieren von technologischen Pfadabhängigkeiten setzen möchte. Technologiehersteller, die glauben, dass es ausreicht, Kunden von sich abhängig zu machen, sollten nicht vergessen, dass Abhängigkeiten meist auch in umgekehrter Richtung wirken.

5.2.3 Beitrag zur interorganisationalen Pfadtheorie

Eine wichtige neue Erkenntnis der vorliegenden Arbeit besteht darin, dass Pfadabhängigkeit nicht nur zu einem Problem für schwächere Mitglieder eines strategischen Netzwerks werden kann, sondern dass auch und vor allem die vermeintlich mächtigere *hub firm* eines strategischen Netzwerks von strategischer Pfadabhängigkeit betroffen sein kann. Diesem Aspekt wurde deshalb noch wenig Aufmerksamkeit geschenkt, da die Nutzung strategischer Netzwerke bislang eher als Chance zur Kreation technologischer Pfadabhängigkeiten betrachtet wurde. Rycroft & Kash (1999, 2002) analysieren zum Beispiel mit sechs verschiedenen Fällen, wie komplexe Technologien und die interorganisationalen Netzwerke großer Unternehmen koevolvierten: im Falle von Turbinenschaufeltechnologie (General Electric), Kardio-Aufnahmetechnologie (Hewlett-Packard), Audio-Compact-Discs (Sony), Strahlentherapietechnologie (Varian), Micro-Floppy-Discs (Sony) und Mikroprozessoren (Intel). Auch Garud, Jain & Kumaraswamy (2002) untersuchten, wie SUN als einflussreiches Unternehmen mithilfe seines Netzwerks und organisationalen Feldes den JAVA-Pfad kreieren konnte. Diese Studien sind wichtig um zu verstehen, wie Technologiehersteller ihr strategisches Netzwerk und ihr organisationales Feld nutzen, um einen technologischen Pfad zu etablieren (siehe auch Sydow, Windeler, Schubert & Möllering, 2012). Es fehlte bislang aber eine Untersuchung, die zeigt, welche strategischen Pfadabhängigkeiten sich entwickeln, *nachdem* ein technologischer Pfad kreiert werden konnte.

Diese Forschungslücke wurde mit der vorliegenden Studie adressiert, indem nicht nur dargelegt wurde, wie eine *hub firm* mittels eines strategischen Netzwerks einen technologischen Pfad kreiert (Organisation -> Netzwerk)[16] – sondern auch, wie die Strategie der *hub firm* wiederum durch die Zusammenarbeit mit Partnern rekursiv beeinflusst wurde (Netzwerk -> Organisation). Die Untersuchung kommt zu dem Schluss, dass Managerinnen eines fokalen Unternehmens ihr Netzwerk zwar strategisch beeinflussen, dass dadurch aber langfristig auch strategische Barrieren entstehen. Es wäre lohnenswert, mit diesem Verständnis einen erneuten Blick auf andere Fälle zu werfen. Wie hat sich beispielsweise SUNs, Hewlett-Packards oder Sonys Strategie entwickelt, nachdem das strategische Netzwerk zur Kreation eines technologischen Pfades genutzt werden konnte? Falls starke Ko-Spezialisierungseffekte involviert waren, kann vermutet werden, dass sich die Netzwerkstrategie auch auf die strategischen Möglichkeiten der jeweiligen zentralen Unternehmen auswirkte. Auch in diesem Zusammenhang ist es lohnenswert, einen erneuten Blick auf Microsofts *Tablet*-Initiative zu werfen. Zum Erfolgsrezept von Microsoft gehörte in der Vergangenheit stets die enge Kooperation mit Hardwareherstellern, die darauf beruhte, dass Microsoft sich auf Software und die Computerhersteller sich auf kompatible Hardware ko-spezialisierten (siehe auch Borrus & Zysman, 1997, zum *Wintelism*-Diskurs). Im Tablet-Computermarkt agiert Microsoft aber seit 2012 selbst als Hardwarehersteller, was zu Konflikten mit langjährigen Hardware-Partnern führte (CNET, 2012). Genauso wie SAP versucht Microsoft also nun Schritte der Wertschöpfungskette zu integrieren, die bislang von

---

[16] Siehe Provan, Fish & Sydow (2007) zum Wechselverhältnis zwischen Organisation und Netzwerk.

Partnern ausgeführt wurden. Die Probleme, die diese Initiative mit sich bringt, machen deutlich, dass sich Produkt- und Partnerstrategien der Vergangenheit in rigider Form auf zukünftige strategische Initiativen auswirken können.

Die vorliegende Arbeit wirft auch neues Licht auf Christensens (1997) Begriff der *value networks*, womit der jeweilige Anforderungskontext gemeint ist, der einer bestimmten Technologie ihren Wert verleiht. Gemäß Christensen & Rosenboom (1995) werden je nach *value network* (bspw. Mainframe-Computer, Mini-Computer oder Notebook-PCs) völlig unterschiedliche Anforderungen an bestimmte technologische Komponenten (bspw. Diskettenlaufwerk) gestellt. Das hier entwickelte Ko-Spezialisierungskonzept macht in diesem Zusammenhang darauf aufmerksam, dass derartige *value networks* nicht ausschließlich durch technologische Unterschiede und die jeweiligen Kundenanforderungen erklärt werden können. Die kontingent gewählte Kooperationsstrategie eines Technologieherstellers kann entscheidend dazu beitragen, den Wert einer Technologie und die entsprechenden Kundenerwartungen durch interorganisationale Ko-Spezialisierungsprozesse zu beeinflussen. Bestimmte Marktkategorien werden erst dadurch geschaffen, dass ein Technologiehersteller externe Partner *langfristig* zur organisierten Ko-Spezialisierung im strategischen Netzwerk motivieren kann (Jarillo, 1988; Sydow, 1992); denn nur so können sich die wechselseitigen Wertsteigerungen zwischen Technologie und komplementären *assets* entfalten – und zur Entstehung eines *value network* beitragen.

Eine weitere Einsicht Christensens – mit Implikationen für interorganisationale Pfadbruchinitiativen – besteht darin, dass es zur Vermarktung *disruptiver* Technologien in neue *value networks* neben neuer Zielgruppen häufig auch neuer Partner bedarf (Christensen & Raynor, 2003; siehe auch Dittrich et al., 2007). Aus der hier verwendeten pfadtheoretischen Perspektive heraus kann dieses Engagement neuer Partner als Bruch einer *hub firm* mit der etablierten Partnerstrategie interpretiert werden. Ein Ergebnis der vorliegenden Untersuchung ist, dass dies dann besonders anspruchsvoll ist, wenn ein Prozess pfadabhängiger Ko-Spezialisierung im strategischen Netzwerk vorliegt.

Denn Partner mit ko-spezialisierten *assets* lassen sich nicht ohne weiteres austauschen, wenn neue disruptive Technologien vermarktet werden sollen. Wenn ko-spezialisiertes Wissen eine entscheidende Rolle für die Nutzung und Weiterentwicklung der Kerntechnologie spielt, ist die Wahrscheinlichkeit hoch, dass sich ein strategisches Netzwerk mit einem langfristig hohen strukturellen und kulturellen Organisationsgrad (Sydow, 1992: 85) herausbildet und die partnerstrategischen Freiheitsgrade einschränkt. Im Grunde handelt es sich bei allen komplexen Softwareprodukten um stark ko-spezialisiert Technologien, deren Wert in weiten Teilen durch die Interaktion mit komplementären *assets* entsteht. Ein Technologiehersteller muss sich deshalb stets fragen, wo in der Umwelt ko-spezialisiertes Wissen genutzt werden kann, um den Wert der (etablierten oder neuen) Technologie zu steigern, wie diese Ko-Spezialisierung innerhalb und außerhalb der Unternehmensgrenzen organisiert werden kann – und welche Pfadabhängigkeiten dadurch langfristig entstehen.

Mit dieser Perspektive können auch unterschiedliche Strömungen in der mittlerweile ausdifferenzierten Literatur zu organisationalen Pfadabhängigkeiten integriert werden, indem das Wechselspiel zwischen intra- und interorganisationale Prozessen klarer herausgearbeitet wird. In der Vergangenheit betrachtete die Forschung häufig entweder intra- (Schreyögg et al., 2011) oder interorganisationale Dynamiken (Burger & Sydow, 2014) und wie diese zu Pfadabhängigkeit führen können. Die vorliegende Arbeit ist vor diesem Hintergrund insofern neuartig, als dass sie sich bei der Analyse weder auf der intra- noch auf interorganisationale Dynamiken beschränkt, sondern den Prozess der Ko-Spezialisierung als langfristiges *Wechselspiel* zwischen verschiedenen Ebenen untersucht. Das im Theorieteil entwickelte Modell der pfadabhängigen Ko-Spezialisierung erwies sich im empirischen Teil als valide und es konnte gezeigt werden, dass strategische Pfadabhängigkeit unter bestimmten Umständen durch interorganisationale Effekte entsteht und sich dabei auch auf die organisationalen Ebene auswirkt. Für die intraorganisationale Forschung ist auch außerhalb der Pfadliteratur bereits seit längerem bekannt, dass sich stark komplementäre Aktivitätssysteme (Milgrom & Roberts, 1990; Porter & Siggelkow, 2008; Stieglitz & Heine, 2007) dann als rigide erweisen, wenn sie mit radikalen Innovationen (Henderson & Clark, 1990) konfrontiert werden. Wenn Komplementaritätseffekte im Bereich komplexer Innovationen aber nicht nur intraorganisational, sondern vor allem auch interorganisational in strategischen Netzwerken wirken, dann hat dies Implikationen für Rigidität im Allgemeinen und Pfadabhängigkeit im Speziellen. Das Rigiditätsproblem wird durch interorganisationale Zusammenarbeit nicht gelöst, es kann sich sogar verschärfen, wenn Änderungsinitiativen im strategischen Netzwerk – wie in Abschnitt 5.1 dargelegt – auf spezifische intra- und interorganisationale Barrieren sowie auf Barrieren der Pfadkoexistenz treffen können. Denn in strategischen Netzwerken ist es umso schwieriger, hierarchisch Einfluss zu nehmen und die gesamte Wertkette umzugestalten. Ansätze wie *dynamic capabilities* (Teece et al., 1997) beziehungsweise *capability monitoring* (Schreyögg & Kliesch-Eberl, 2007), die bisher gegen Rigidität angeboten werden, entfalten vermutlich auf interorganisationaler Ebene weniger Wirkungskraft; denn eine *hub firm* wird Schwierigkeiten haben, diese Ansätze auch auf alle extraorganisationalen Besitzer komplementärer Ressourcen im strategischen Netzwerk anzuwenden, d.h. im Netzwerk zu institutionalisieren.

Zu guter Letzt stellt sich die Frage, wie erfolgreiche Technologiehersteller einen neuen Ko-Spezialisierungspfad trotz aller Herausforderungen einschlagen können. Die vorliegende Studie kann diese Frage nicht pauschal beantworten, möchte aber neben der Managementforschung auch der *Managementpraxis* dabei helfen, die spezifischen

Fallstricke derartiger Initiativen besser zu verstehen. Zu diesem Zwecke enthält Abbildung 29 eine Reihe kritischer Fragen, die sich aus der vorhergehenden Analyse ergeben, und die grundsätzlich beantwortet werden müssen, wenn ein Unternehmen einen neuen Ko-Spezialisierungspfad zusammen mit Partnern etablieren möchte.

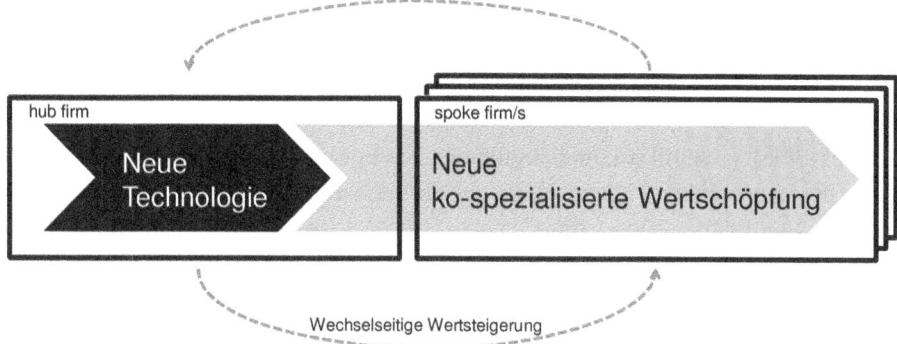

Inwieweit eignet sich die neue Technologie zur Ko-Spezialisierung im strategischen Netzwerk?
- Steigert die komplementäre Spezialisierung von Partnern in neue komplementäre Wertschöpfungsaktivitäten den Wert der neuen Technologie und umgekehrt?
- Wenn ja, in welchem Ausmaß und welche Schnittstellen und Modularitäten sind dafür notwendig?

Stimmen die Rahmenbedingungen?
- Können interorganisationale Lernmechanismen, Schnittstellen und Praktiken entwickelt werden, sodass die ko-spezialisierte Wertschöpfung nicht nur von einem, sondern von einer Fülle von Partnern in einem strategischen Netzwerk erbracht wird?
- Bis zu welchem Grad sollte die *hub firm* ko-spezialisierte Wertschöpfung selbst erbringen? Lassen sich die Rollen zwischen *hub firm* und *spoke firm/s* transparent voneinander abgrenzen und die Interessen in Einklang bringen?

Welche Rolle spielt eine bereits existierende Produktstrategie?
- Kann die neue Ko-Spezialisierungs-Pfad innerhalb desselben Unternehmens entwickelt werden oder nur durch eine Unternehmensausgründung bzw. eine Akquisition?
- Inwieweit lassen sich bestehende Entwicklungskapazitäten und die etablierte Vertriebsstruktur für die neue Technologie nutzen? Passen bestehende Kompetenzen und Erwartungshaltungen (Kultur & Identität) zur neuen Technologie?
- Inwieweit akzeptiert der Kapitalmarkt hohe Anfangsinvestitionen in die neue Technologie? Inwieweit akzeptieren Kunden und andere Stakeholder die neue Technologie? Ist neben neuen organisationalen Strukturen eine neue Marke notwendig?

Welche Rolle spielt eine bereits existierende Partnerstrategie?
- Kann der neue Pfad zusammen mit bestehenden Partnern entwickelt werden oder müssen neue Partner gefunden werden?
- Inwieweit lassen sich bestehende Kompetenzen von Partnern zur Ko-Spezialisierung mit der neuen Technologie nutzen? Passt das bestehende Geschäftsmodell, die etablierte Vertriebsstruktur und passen die bestehenden Kompetenzen und Erwartungshaltungen (Kultur & Identität) zur Ko-Spezialisierung mit der neuen Technologie?
- Inwieweit akzeptieren Kunden und andere Stakeholder die neuen Partner? Ist neben neuen Partnern auch eine neue Marke für das neue Partnernetzwerk notwendig?

Abbildung 29: Kritische Fragen bei der Etablierung eines neuen Ko-Spezialisierungspfades

5.3 Limitationen

Da gute Theorieentwicklung auf konzeptionelle Sparsamkeit angewiesen ist (*parsimony* gemäß Eisenhardt, 1989), wurde der Zusammenhang zwischen Pfadabhängigkeit und Ko-Spezialisierung in der vorliegenden Arbeit so eng wie möglich konzeptioniert. Auf die Integration weiterer Theorien und Konzepte im Theorieteil wurde verzichtet.

Nun da der Zusammenhang zwischen Pfadabhängigkeit und Ko-Spezialisierung in strategischen Netzwerken aber verstanden ist, sollte der konzeptionelle Raum in Folgestudien wieder geöffnet werden und das Ko-Spezialisierungskonzept beispielsweise mit stärker sozialwissenschaftlich ausgerichteten Ansätzen integriert werden. Die empirische Analyse hat deutlich gemacht, dass Ko-Spezialisierung zwar ein Prozess ist, der sich auf der *Asset*-Ebene entfaltet, dass dieser Prozess aber (inter-)organisationale Folgen hat, die über die *Asset*-Ebene hinausgehen. Die Forschung zu interorganisationalen Beziehungen unterscheidet bereits seit längerem in Anlehnung an Giddens (1984) Legitimations- und Signifikationsaspekte von Ressourcenaspekten (Sydow & Windeler, 1998). Zukünftige Studien könnten Ko-Spezialisierung als einen Mechanismus auf Ressourcenebene untersuchen, der zu Verfestigungen auch auf der Legitimations- und Signifikationsebene führt. Denn es ist zu vermuten, dass sich der Schlüssel zum Bruch mit einem pfadabhängigen Ko-Spezialisierungsprozess in vielen Fällen auch auf der Ebene der Signifikation und der Legitimation (inter-)organisationaler Praktiken finden lässt. Vermutlich entstehen durch den Prozess der Ko-Spezialisierung im strategischen Netzwerk mitunter sogar dominante Deutungsstrukturen auf Ebene eines gesamten organisationalen Feldes (Powell & DiMaggio, 1991) beziehungsweise einer gesamten Branche (Schüßler, 2009), was erklären würde, warum sich neue Technologien häufig zuerst in branchenfremden Bereichen durchsetzen.

Eine weitere Limitation betrifft die Methodenwahl. Für die Untersuchung der Fragestellung wurde bewusst ein extremer Fall ausgewählt, bei dem der Prozess der interorganisationalen Ko-Spezialisierung besonders deutlich und transparent zum Vorschein tritt. Dabei wurden die methodologischen Vorschläge von Dobusch & Kapeller (2013) aufgegriffen und ein neuartiges Fallstudiendesign mit drei kritischen Episoden entwickelt, das sowohl den idiografischen als auch den nomothetischen Charakter eines pfadabhängigen Prozesses analysierbar macht. Neben allen Vorteilen, die dadurch entstehen, hat ein extremer Fall aber immer den Nachteil, dass es wenige direkte Vergleichsfälle gibt. Extreme Fälle können per Definition nicht repräsentativ sein und so hat auch SAP keine Population an Wettbewerbern, die unmittelbar vergleichbar wären. *Oracle* ist in erster Linie Datenbankanbieter und auch *Microsoft* und *SAGE* lassen sich mit ihren kleineren ERP-Paketen nur schwer mit SAP vergleichen.

Dennoch zeigt die oben stehende Diskussion, dass sich viele Erkenntnisse des hier untersuchten Falls auf andere Ko-Spezialisierungsprozesse übertragen lassen. Das strenge Forschungsdesign und die transparente und triangulative Datenauswertung gewährleisten eine hohe Zuverlässigkeit der qualitativen Datenanalyse, weshalb die vorliegende Arbeit die zukünftige Forschung zu Pfadabhängigkeiten und Ko-Spezialisierungsprozessen mit tragfähigen, empirisch validierten Einsichten informiert. So sollte in zukünftigen Studien zum Beispiel untersucht werden, wie sich die spezifisch interorganisationalen Probleme der Pfadbrechung überwinden lassen. Daneben muss dem unklaren Verhältnis zwischen Pfadbrechung und Pfadkoexistenz mehr Aufmerksamkeit zuteilwerden. Für die Zukunft wäre es zudem wünschenswert, wenn die Unterscheidung zwischen intra- und interorganisationale Komplementaritätseffekten aufgegriffen würde und die Frage nach den organisationalen Langzeitfolgen interorganisationaler Ko-Spezialisierung auch in großzahligen Untersuchungen validiert wird.

Literatur

Adner, R. & Kapoor, R. (2010). Value Creation in Innovation Ecosystems: How the Structure of Technological Interdependence Affects Firm Performance in New Technology Generations. *Strategic Management Journal, 31*(3), 306–333.

Afuah, A. (2000). How Much Do Your Co-Opetitors' Capabilities Matter in the Face of Technological Change? *Strategic Management Journal, 21*(3), 397–404.

Afuah, A. (2013). Are Network Effects Really All About Size? The Role of Structure and Conduct. *Strategic Management Journal, 34*(3), 257–273.

Ahuja, G., Lampert, C. M. & Tandon, V. (2008). 1 Moving Beyond Schumpeter: Management Research on the Determinants of Technological Innovation. *Academy of Management Annals, 2*(1), 1–98.

Anand, J., Oriani, R. & Vassolo, R. S. (2010). Alliance Activity as a Dynamic Capability in the Face of a Discontinuous Technological Change. *Organization Science, 21*(6), 1213–1232.

Ansoff, H. I. (1957). Strategies for Diversification. *Harvard Business Review, 35*(5), 113–124.

Argyres, N. S. & Zenger, T. R. (2012). Capabilities, Transaction Costs, and Firm Boundaries. *Organization Science, 23*(6), 1643–1657.

Arora, A. & Ceccagnoli, M. (2006). Patent Protection, Complementary Assets, and Firms' Incentives for Technology Licensing. *Management Science, 52*(2), 293–308.

Arthur, W. B. (1989). Competing Technologies, Increasing Returns, and Lock-In by Historical Events. *Economic Journal, 99*(394), 116–131.

Arthur, W. B. (1994). *Increasing Returns and Path Dependence in the Economy*. Ann Arbor: University of Michigan Press.

Arthur, W. B. (2013). Comment on Neil Kay's Paper—'Rerun the Tape of History and QWERTY Always Wins'. *Research Policy, 42*(6–7), 1186–1187.

automotiveIT. (2012). Kritik aus der DSAG: Business ByDesign hinkt dem Trend zur Globalisierung hinterher - automotiveIT - Magazin - CIO - Autoindustrie - IT. Abgerufen am 14. Mai 2013, http://www.automotiveit.eu/kritik-aus-der-dsag-business-bydesign-hinkt-dem-trend-zur-globalisierung-hinterher/news/id-0037781#

Barney, J. (1991). Firm Resources and Sustained Competitive Advantage. *Journal of Management, 17*(1), 99–120.

Batterink, M. H., Wubben, E. F. M., Klerkx, L. & Omta, S. W. F. (2010). Orchestrating Innovation Networks: The Case of Innovation Brokers in the Agri-Food Sector. *Entrepreneurship & Regional Development, 22*(1), 47–76.

Baum, J. A. C., Cowan, R. & Jonard, N. (2010). Network-Independent Partner Selection and the Evolution of Innovation Networks. *Management Science, 56*(11), 2094–2110.

Baum, J. A. C. & Silverman, B. S. (2001). Complexity, Attractors, and Path Dependence and Creation in Technological Evolution. In R. Garud & P. Karnøe (Hrsg.), *Path Dependence and Creation* (169–209). Mahwah & London: Lawrence Erlbaum Associates.

Beyer, J. (2010). The Same or Not the Same–On the Variety of Mechanisms of Path Dependence. *International Journal of Social Sciences, 5*(1), 1–11.

Bianchi, M., Chiaroni, D., Chiesa, V. & Frattini, F. (2011). Exploring the Role of Human Resources in Technology Out-Licensing: An Empirical Analysis of Biotech Newtechnology-Based Firms. *Technology Analysis & Strategic Management, 23*(8), 825–849.

Borrus, M. & Zysman, J. (1997). Globalization With Borders: The Rise Of Wintelism As The Future Of Global Competition. *Industry & Innovation, 4*(2), 141–166.

Bresnahan, T. F. (1999). New Modes of Competition. In J. A. Eisenach & T. M. Lenard (Hrsg.), *Competition, Innovation and the Microsoft Monopoly: Antitrust in the Digital Marketplace* (155–208). Heidelberg: Springer.

Broekhuizen, T. L. J., Lampel, J. & Rietveld, J. (2013). New Horizons or a Strategic Mirage? Artist-Led-Distribution Versus Alliance Strategy in the Video Game Industry. *Research Policy, 42*(4), 954–964.

Burgelman, R. A. (2002). Strategy as Vector and the Inertia of Coevolutionary Lock-In. *Administrative Science Quarterly, 47*(2), 325–357.

Burgelman, R. A. (2003). *Strategy Making and Evolutionary Organization Theory: Insights from Longitudinal Process Research* (Research Paper). Stanford University, Graduate School of Business.

Burger, M. & Sydow, J. (2014). How Inter-Organizational Networks Can Become Path-Dependent: Bargaining in the Photonics Industry. *Schmalenbach Business Review, 66*(1), 73–99.

Buxmann, P., Diefenbach, H. & Hess, T. (2011). *Die Softwareindustrie: Ökonomische Prinzipien, Strategien, Perspektiven* (2. Auflage). Heidelberg: Springer.

Campbell-Kelly, M. (2003). *From Airline Reservations to Sonic the Hedgehog: A History of the Software Industry.* Cambridge: MIT Press.

Ceccagnoli, M., Forman, C., Huang, P. & Wu, D. J. (2012). Cocreation of Value in a Platform Ecosystem: The Case of Enterprise Software. *Management Information Systems Quarterly, 36*(1), 263–290.

Ceccagnoli, M. & Hicks, D. (2013). Complementary Assets and the Choice of Organizational Governance: Empirical Evidence From a Large Sample of U.S. Technology-Based Firms. *IEEE Transactions on Engineering Management, 60*(1), 99–112.

Chen, S.-F. S. (2005). Extending Internalization Theory: A New Perspective on International Technology Transfer and Its Generalization. *Journal of International Business Studies, 36*(2), 231–245.

Chesbrough, H. W. & Teece, D. J. (1996). When Is Virtual Virtous? Organizing for Innovation. *Harvard Business Review, 74*(1), 65–73.

Christensen, C. M. (1997). *The Innovator's Dilemma: The Revolutionary Book That Will Change the Way You Do Business*. Boston: Harvard Business School Press.

Christensen, C. M. & Raynor, M. E. (2003). *The Innovator's Solution: Creating and Sustaining Successful Growth*. Boston: Harvard Business Review Press.

Christensen, C. M. & Rosenbloom, R. S. (1995). Explaining the Attacker's Advantage: Technological Paradigms, Organizational Dynamics, and the Value Network. *Research Policy, 24*(2), 233–257.

Chung, S., Singh, H. & Lee, K. (2000). Complementarity, Status Similarity and Social Capital as Drivers of Alliance Formation. *Strategic Management Journal*, *21*(1), 1–22.

CIO.de (2009). Das SAP-Ecosystem wankt. Abgerufen am 9. Juni 2012, http://www.cio.de/knowledgecenter/erp/876241/index2.html

CIO.de. (2012). SAP in Analysten-Einschätzungen. Abgerufen am 14. Mai 2013, http://www.cio.de/_misc/article/printoverview/index.cfm?pid=183&pk=2897601&op=lst

CNET News. (2007). ByDesign, SAP Introduces On-Demand Business. Abgerufen am 29. Dezember 2012, http://news.cnet.com/ByDesign,-SAP-introduces-on-demand-business/2100-1012_3-6208931.html

CNET. (2012). Microsoft to Feel Surface Heat from PC Makers. Abgerufen am 30. März 2014, http://www.cnet.com/news/microsoft-to-feel-surface-heat-from-pc-makers/

Cohen, W. M. & Levinthal, D. A. (1990). Absorptive Capacity: A New Perspective on Learning and Innovation. *Administrative Science Quarterly*, *35*(1), 128–152.

Collier, R. B. & Collier, D. (1991). *Shaping the Political Arena: Critical Junctures, the Labor Movement, and Regime Dynamics in Latin America*. Princeton: University Press Princeton.

Colombo, M. G., Grilli, L. & Piva, E. (2006). In Search of Complementary Assets: The Determinants of Alliance Formation of High-Tech Start-Ups. *Research Policy*, *35*(8), 1166–1199.

Combs, J. G. & Ketchen, D. J., Jr. (1999). Explaining Interfirm Cooperation and Performance: Toward a Reconciliation of Predictions from the Resource-Based View and Organizational Economics. *Strategic Management Journal*, *20*(9), 867–888.

Computerwoche. (1995a). Partnerkonzept sieht Branchenunterstuetzung vor: SAP versucht sich noch einmal am Mittelstand - computerwoche.de - Archiv 1995 / 6. Abgerufen am 19. Januar 2012, http://www.computerwoche.de/heftarchiv/1995/6/1112136/

Computerwoche. (1995b). Ueber Systemhaeuser draengt die SAP AG in den Mittelstand - computerwoche.de - Archiv 1995 / 7. Abgerufen am 19. Januar 2012, http://www.computerwoche.de/heftarchiv/1995/7/1112187/

Computerwoche. (1996). Systemhaus-Geschäft soll ausgebaut werden: Im Mittelstand kommt SAP nur langsam voran - computerwoche.de - Archiv 1996 / 39. Abgerufen am 19. Januar 2012, http://www.computerwoche.de/heftarchiv/1996/39/1109433/

Computerwoche. (1997). "Wir müssen mit einem Schuß ins Schwarze treffen" - computerwoche.de - Archiv 1997 / 13. Abgerufen am 19. Januar 2012, http://www.computerwoche.de/heftarchiv/1997/13/1097840/

Computerwoche. (1999). SAP lehnt sich weit aus dem Internet-Fenster - computerwoche.de - Archiv 1999 / 38. Abgerufen am 19. Januar 2012, http://www.computerwoche.de/heftarchiv/1999/38/1088830/

Computerwoche. (2001). Bringt Mysap.com den Durchbruch für das Mittelstandsgeschäft?: SAP-Systemhäuser zwischen den Fronten - computerwoche.de - Archiv 2001 / 11. Abgerufen am 19. Januar 2012, http://www.computerwoche.de/heftarchiv/2001/11/1064058/

Computerwoche. (2002). Erfolg hängt von den Partnern ab: SAP versucht sich erneut im Mittelstand - computerwoche.de - Archiv 2002 / 12. Abgerufen am 19. Januar 2012, http://www.computerwoche.de/heftarchiv/2002/12/1060944/

Computerwoche. (2004). Partnerschaft mit T-Systems soll Geschäfte ankurbeln: Die SAP läuft dem Mittelstand hinterher - computerwoche.de - Archiv 2004 / 10. Abgerufen am 19. Januar 2012, http://www.computerwoche.de/heftarchiv/2004/10/1052979/

Computerwoche. (2007). SAP mischt die ERP-Karten neu - computerwoche.de - Archiv 2007 / 39. Abgerufen am 19. Januar 2012, http://www.computerwoche.de/heftarchiv/2007/39/1220884/

Computerwoche. (2009a). ERP: SAP macht Business ByDesign zu einem Mysterium - computerwoche.de. Abgerufen am 15. Januar 2012, http://www.computerwoche.de/software/erp/1889208/

Computerwoche. (2009b). Was wird aus Business ByDesign? - computerwoche.de - Archiv 2009 / 12. Abgerufen am 19. Januar 2012, http://www.computerwoche.de/heftarchiv/2009/12/1226454/

Computerwoche. (2010). Mobil und auf Abruf: SAP stößt mit Zukäufen in neue Märkte vor - computerwoche.de. Abgerufen am 1. September 2012, http://www.computerwoche.de/software/erp/1938017/

Computerwoche. (2014). SAP eröffnet Innovation Center. Abgerufen am 3. März 2014, http://www.computerwoche.de/a/sap-eroeffnet-innovation-center,2554360

Cusumano, M. A. & Gawer, A. (2002). The Elements of Platform Leadership. *MIT Sloan Management Review*, *43*(3), 51–58.

Cusumano, M. A., Mylonadis, Y. & Rosenbloom, R. S. (1992). Strategic Maneuvering and Mass-Market Dynamics: The Triumph of VHS over Beta. *The Business History Review*, *66*(1), 51–94.

Dahlander, L. & Wallin, M. W. (2006). A Man on the Inside: Unlocking Communities as Complementary Assets. *Research Policy*, *35*(8), 1243–1259.

Das, T. K. & Teng, B. (2000). A Resource-Based Theory of Strategic Alliances. *Journal of Management*, *26*(1), 31–62.

David, P. A. (1985). Clio and the Economics of QWERTY. *The American Economic Review*, *75*(2), 332–337.

Deeds, D. L. & Hill, C. W. L. (1996). Strategic Alliances and the Rate of New Product Development: An Empirical Study of Entrepreneurial Biotechnology Firms. *Journal of Business Venturing*, *11*(1), 41–55.

Delios, A., Inkpen, A. C. & Ross, J. (2004). Escalation in International Strategic Alliances. *MIR: Management International Review*, *44*(4), 457–479.

Denert, E. (2011). Die deutsche Software-Industrie – vom Bodyleasing zu Investitionsgütern. *Informatik-Spektrum*, *34*(6), 577–583.

Dietl, H., Royer, S. & Stratmann, U. (2009). Value Creation Architectures and Competitive Advantage: Lessons from the European Automobile Industry. *California Management Review*, *51*(3), 24–48.

Dittrich, K., Duysters, G. & De Man, A. P. (2007). Strategic Repositioning by Means of Alliance Networks: The Case of IBM. *Research Policy*, *36*(10), 1496–1511.

Dobusch, L. (2008). *Windows versus Linux: Markt-Organisation-Pfad*. Wiesbaden: VS Verlag für Sozialwissenschaften.

Dobusch, L. & Kapeller, J. (2013). Breaking New Paths: Theory and Method in Path Dependence Research. *Schmalenbach Business Review*, 65(3), 288–311.

Dobusch, L. & Schüßler, E. (2013). Theorizing Path Dependence: A Review of Positive Feedback Mechanisms in Technology Markets, Regional Clusters, and Organizations. *Industrial and Corporate Change*, 22(3), 617–647.

Dosi, G. (1982). Technological Paradigms and Technological Trajectories: A Suggested Interpretation of the Determinants and Directions of Technical Change. *Research Policy*, 11(3), 147–162.

Duschek, S. & Sydow, J. (2002). Ressourcenorientierte Ansätze des strategischen Managements. Zwei Perspektiven auf Unternehmenskooperationen. *Wirtschaftswissenschaftliches Studium*, 31(8), 426–431.

Dyer, J. H. & Singh, H. (1998). The Relational View: Cooperative Strategy and Sources of Interorganizational Competitive Advantage. *Academy of Management Review*, 23(4), 660–679.

Dyerson, R. & Pilkington, A. (2005). Gales of Creative Destruction and the Opportunistic Incumbent: The Case of Electric Vehicles in California. *Technology Analysis & Strategic Management*, 17(4), 391–408.

E-3 Magazin (2012). Chaos-Tage in Orlando. Abgerufen am 5. Dezember 2013, http://www.e3cms.de/index.php?id=5143&PHPSESSID=0275adea1d7ce1c27eccd8f0bebb4481

Eisenhardt, K. M. (1989). Building Theories from Case Study Research. *Academy of Management Review*, 14(4), 532–550.

Eisenhardt, K. M. (2002). Has Strategy Changed? *MIT Sloan Management Review*, 43(2), 88–91.

Eisenhardt, K. M. & Schoonhoven, C. B. (1996). Resource-Based View of Strategic Alliance Formation: Strategic and Social Effects in Entrepreneurial Firms. *Organization Science*, 7(2), 136–150.

Ennen, E. & Richter, A. (2010). The Whole Is More Than the Sum of Its Parts— Or Is It? A Review of the Empirical Literature on Complementarities in Organizations. *Journal of Management*, 36(1), 207–233.

Eschen, E. & Bresser, R. K. (2005). Closing Resource Gaps: Toward a Resource-Based Theory of Advantageous Mergers and Acquisitions. *European Management Review*, 2(3), 167–178.

Faisst, W. (2011). Die nächste Generation der Unternehmens-Software am Beispiel von SAP Business ByDesign. *Wirtschaftsinformatik & Management*, 2011(4), 24–30.

Färbinger, P. M. (2011, Dezember). Der Zerrissene. *E-3-Magazin Extra*. S. 3.

Ferraro, F. & Gurses, K. (2009). Building Architectural Advantage in the US Motion Picture Industry: Lew Wasserman and the Music Corporation of America. *European Management Review*, 6(4), 233–249.

Fiedler, M. & Welpe, I. M. (2010). Antecedents of Cooperative Commercialisation Strategies of Nanotechnology Firms. *Research Policy*, 39(3), 400–410.

Frauendorf, J., Kähm, E. & Kleinaltenkamp, M. (2007). Business-to-Business Markets – Status Quo and Future Trends. *Journal of Business Market Management*, *1*(1), 7–40.

Frenken, K. (2000). A Complexity Approach to Innovation Networks. The Case of the Aircraft Industry (1909–1997). *Research Policy*, *29*(2), 257–272.

FTD.de. (2004a). Agenda: Walldorfer Enthüllungen von SAP | FTD.de. Abgerufen am 25. Februar 2013, http://www.ftd.de/it-medien/it-telekommunikation/:agenda-walldorfer-enthuellungen-von-sap/1073815406090.html

FTD.de. (2004b). SAP krempelt Kernprodukt um | FTD.de. Abgerufen am 25. Februar 2013, http://www.ftd.de/it-medien/it-telekommunikation/:sap-krempelt-kernprodukt-um/1073492377398.html

Funk, J. L. (2003). Standards, Dominant Designs and Preferential Acquisition of Complementary Assets Through Slight Information Advantages. *Research Policy*, *32*(8), 1325–1341.

Gambardella, A. & McGahan, A. M. (2010). Business-Model Innovation: General Purpose Technologies and their Implications for Industry Structure. *Long Range Planning*, *43*(2–3), 262–271.

Garud, R. & Karnøe, P. (2001). Path Creation as a Process of Mindful Deviation. In R. Garud & P. Karnøe (Hrsg.), *Path Dependence and Creation* (1–38). Mahwah & London: Lawrence Erlbaum Associates.

Garud, R., Jain, S. & Kumaraswamy, A. (2002). Institutional Entrepreneurship in the Sponsorship of Common Technological Standards: The Case of Sun Microsystems and Java. *Academy of Management Journal*, *45*(1), 196–214.

Garud, R., Kumaraswamy, A. & Karnøe, P. (2010). Path Dependence or Path Creation? *Journal of Management Studies*, *47*(4), 760–774.

Giddens, A. (1984). *The Constitution of Society: Outline of the Theory of Structuration*. Cambridge: Polity Press.

Gilbert, C. (2005). Unbundling the Structure of Inertia: Resource Versus Routine Rigidity. *Academy of Management Journal*, *48*(5), 741–763.

Grad, B. (2002). A Personal Recollection: IBM's Unbundling of Software and Services. *IEEE Annals of the History of Computing*, *24*(1), 64–71.

Grant, R. M. & Baden-Fuller, C. (2004). A Knowledge Accessing Theory of Strategic Alliances. *Journal of Management Studies*, *41*(1), 61–84.

Greis, N. P., Dibner, M. D. & Bean, A. S. (1995). External Partnering as a Response to Innovation Barriers and Global Competition in Biotechnology. *Research Policy*, *24*(4), 609–630.

Grunwald, R. & Kieser, A. (2007). Learning to Reduce Interorganizational Learning: An Analysis of Architectural Product Innovation in Strategic Alliances. *Journal of Product Innovation Management*, *24*(4), 369–391.

Guba, E. G. & Lincoln, Y. S. (1985). *Naturalistic Inquiry*. Thousand Oaks: Sage.

Gulati, R. (1995). Social Structure and Alliance Formation Patterns: A Longitudinal Analysis. *Administrative Science Quarterly*, *40*(4), 619–652.

Gulati, R. & Gargiulo, M. (1999). Where Do Interorganizational Networks Come From? *American Journal of Sociology*, *104*(5), 1439–1493.

Gulati, R., Lawrence, P. R. & Puranam, P. (2005). Adaptation in Vertical Relationships: Beyond Incentive Conflict. *Strategic Management Journal*, *26*(5), 415–440.

Gulati, R. & Singh, H. (1998). The Architecture of Cooperation: Managing Coordination Costs and Appropriation Concerns in Strategic Alliances. *Administrative Science Quarterly*, *43*(4), 781–814.

Hagedoorn, J. (1993). Understanding the Rationale of Strategic Technology Partnering: Interorganizational Modes of Cooperation and Sectoral Differences. *Strategic Management Journal*, *14*(5), 371–385.

Hagedoorn, J. & Duysters, G. (2002). External Sources of Innovative Capabilities: The Preferences for Strategic Alliances or Mergers and Acquisitions. *Journal of Management Studies*, *39*(2), 167–188.

Hamel, G. (1991). Competition for Competence and Inter-Partner Learning Within International Strategic Alliances. *Strategic Management Journal*, *12*, 83–103.

Hamel, G. (2000). Waking Up IBM. *Harvard Business Review*, *78*(4), 137–146.

Hamel, G., Doz, Y. L. & Prahalad, C. K. (1989). Collaborate with Your Competitors–and Win. *Harvard Business Review*, *67*(1), 133–139.

Hammer, M. & Champy, J. (1993). *Reengineering the Corporation: A Manifesto for Business Revolution*. New York: HarperBusiness.

Handelsblatt. (2012a, 9.–11. März). SAP konzentriert Wachstum auf Software. S. 25.

Handelsblatt. (2012b, 22. Mai). Zeitenwende bei SAP. S. 24–25.

Hannan, M. T. & Freeman, J. (1984). Structural Inertia and Organizational Change. *American Sociological Review*, *49*(2), 149–164.

Hansen, J. M., McDonald, R. E. & Mitchell, R. K. (2013). Competence Resource Specialization, Causal Ambiguity, and the Creation and Decay of Competitiveness: The Role of Marketing Strategy in New Product Performance and Shareholder Value. *Journal of the Academy of Marketing Science*, *41*(3), 300–319.

Helfat, C. E. & Peteraf, M. A. (2003). The Dynamic Resource-Based View: Capability Lifecycles. *Strategic Management Journal*, *24*(10), 997–1010.

Henderson, R. M. & Clark, K. B. (1990). Architectural Innovation: The Reconfiguration of Existing Product Technologies and the Failure of Established Firms. *Administrative Science Quarterly*, *35*(1), 9–30.

Hennart, J.-F. & Reddy, S. (1997). The Choice Between Mergers/Acquisitions and Joint Ventures: The Case of Japanese Investors in the United States. *Strategic Management Journal*, *18*(1), 1–12.

Hess, A. M. & Rothaermel, F. T. (2011). When Are Assets Complementary? Star Scientists, Strategic Alliances, and Innovation in the Pharmaceutical Industry. *Strategic Management Journal*, *32*(8), 895–909.

Hobday, M. (1994). The Limits of Silicon Valley: A Critique of Network Theory. *Technology Analysis & Strategic Management*, *6*(2), 231–245.

Hu, M.-C. (2012). Technological Innovation Capabilities in the Thin Film Transistor-Liquid Crystal Display Industries of Japan, Korea, and Taiwan. *Research Policy*, *41*(3), 541–555.

Huang, P., Ceccagnoli, M., Forman, C. & Wu, D. J. (2013). Appropriability Mechanisms and the Platform Partnership Decision: Evidence from Enterprise Software. *Management Science*, 59(1), 102–121.

Inkpen, A. C. & Ross, J. (2001). Why Do Some Strategic Alliances Persist Beyond Their Useful Life? *California Management Review*, 44(1), 132–148.

Institut für Urheber- und Medienrecht. (2013). Urheberrechtsgesetz / Urhebergesetz / UrhG. Abgerufen am 7. Dezember 2013, http://www.urheberrecht.org/law/normen/urhg/1993-06-09/materialien/ds_12_4022_II.php3

IT-Reseller.ch. (2012). SAPs Vertriebsstrategie von Business Bydesign. Abgerufen am 14. Mai 2013, http://www.itreseller.ch/artikel/art_drucken.cfm?aid=70954

Jacobides, M. G., Knudsen, T. & Augier, M. (2006). Benefiting from Innovation: Value Creation, Value Appropriation and the Role of Industry Architectures. *Research Policy*, 35(8), 1200–1221.

Jacobides, M. G. & Winter, S. G. (2005). The Co-Evolution of Capabilities and Transaction Costs: Explaining the Institutional Structure of Production. *Strategic Management Journal*, 26(5), 395–413.

Jacobides, M. G. & Winter, S. G. (2012). Capabilities: Structure, Agency, and Evolution. *Organization Science*, 23(5), 1365–1381.

Jacobs, J. (2009). *Pfadkonkurrenz und Pfadinterferenz im organisationalen Wandel Studienstruktur-und IT-Reformen in einer Universität*. Freie Universität Berlin (Dissertation).

Jarzabkowski, P. A., Lê, J. K. & Feldman, M. S. (2012). Toward a Theory of Coordinating: Creating Coordinating Mechanisms in Practice. *Organization Science*, 23(4), 907–927.

Jarillo, J. C. (1988). On Strategic Networks. *Strategic Management Journal*, 9(1), 31–41.

Kash, D. E. & Rycroft, R. (2002). Emerging Patterns of Complex Technological Innovation. *Technological Forecasting and Social Change*, 69(6), 581–606.

Katz, M. L. (1995). Joint Ventures as a Means of Assembling Complementary Inputs. *Group Decision and Negotiation*, 4(5), 383–400.

Katz, M. L. & Shapiro, C. (1985). Network Externalities, Competition, and Compatibility. *The American Economic Review*, 75(3), 424–440.

Kauffman, S. A. (1993). *The Origins of Order: Self-Organization and Selection in Evolution*. Oxford: Oxford University Press.

Kay, N. M. (2013). Rerun the Tape of History and QWERTY Always Wins. *Research Policy*, 42(6–7), 1175–1185.

Khoury, T. A. & Pleggenkuhle-Miles, E. G. (2011). Shared Inventions and the Evolution of Capabilities: Examining the Biotechnology Industry. *Research Policy*, 40(7), 943–956.

Kieser, A. (1996). Moden & Mythen des Organisierens. *Die Betriebswirtschaft*, 56(1), 21–40.

Kieser, A. (2006). Managementlehre und Taylorismus. In A. Kieser & M. Ebers (Hrsg.), *Organisationstheorien* (93–132). Stuttgart: Kohlhammer.

Kim, T. Y., Hongseok, O. & Swaminathan, A. (2006). Framing Interorganizational Network Change: A Network Inertia Perspective. *Academy of Management Review*, 31(3), 704–720.

Kleinaltenkamp, M. (2011). Vertriebswege. In C. Homburg & J. Wieseke (Hrsg.), *Handbuch Vertriebsmanagement: Strategie - Führung - Informationsmanagement - CRM* (57–80). Wiesbaden: Springer Gabler.

Koch, J. (2008). Strategic Paths and Media Management – A Path Dependency Analysis of the German Newspaper Branch of High Quality Journalism. *Schmalenbach Business Review, 60*(1), 50–73.

Koch, J. (2011). Inscribed Strategies: Exploring the Organizational Nature of Strategic Lock-In. *Organization Studies, 32*(3), 337–363.

Koch, J., Eisend, M. & Petermann, A. (2009). Path Dependence in Decision-Making Processes: Exploring the Impact of Complexity under Increasing Returns. *Business Research Journal, 2*(1), 67–84.

Kogut, B. & Zander, U. (1996). What Firms Do? Coordination, Identity, and Learning. *Organization Science, 7*(5), 502–518.

Krafft, J. (2010). Profiting in the Info-Coms Industry in the Age of Broadband: Lessons and New Considerations. *Technological Forecasting and Social Change, 77*(2), 265–278.

Kuschinsky, N. (2008). *Stabilisierung von Hersteller-Lieferantenbeziehungen als pfadabhängiger Prozess*. Frankfurt am Main: Peter Lang.

Küting, K., Snabe, J. H., Rösinger, A. & Wirth, J. (Hrsg.) (2011). *Geschäftsprozessbasiertes Rechnungswesen: Unternehmenstransparenz für den Mittelstand mit SAP Business ByDesign* (2. Auflage). Stuttgart: Schäffer-Poeschel.

Lai, H.-C. & Weng, C. S. (2013). Do Technology Alliances Benefit Technological Diversification? The Effects of Technological Knowledge Distance, Network Centrality and Complementary Assets. *Asian Journal of Technology Innovation, 21*(1), 136–152.

Lamberg, J.-A. & Tikkanen, H. (2006). Changing Sources of Competitive Advantage: Cognition and Path Dependence in the Finnish Retail Industry 1945–1995. *Industrial and Corporate Change, 15*(5), 811–846.

Langley, A. (1999). Strategies for Theorizing from Process Data. *Academy of Management Review, 24*(4), 691–710.

Langlois, R. N. (2002). Modularity in Technology and Organization. *Journal of Economic Behavior & Organization, 49*(1), 19–37.

Lavie, D. (2007). Alliance Portfolios and Firm Performance: A Study of Value Creation and Appropriation in the U.S. Software Industry. *Strategic Management Journal, 28*(12), 1187–1212.

Lavie, D. & Rosenkopf, L. (2006). Balancing Exploration and Exploitation in Alliance Formation. *Academy of Management Journal, 49*(4), 797–818.

Lee, C.-H., Venkatraman, N., Tanriverdi, H. & Iyer, B. (2010). Complementarity-Based Hypercompetition in the Software Industry: Theory and Empirical Test, 1990–2002. *Strategic Management Journal, 31*(13), 1431–1456.

Lee, J., Park, S., Ryu, Y. & Baik, Y. (2010). A Hidden Cost of Strategic Alliances under Schumpeterian Dynamics. *Research Policy, 39*(2), 229–238.

Lee, K., Woo, H. & Joshi, K. (2012). The Role of Absorptive Capacity in Partnership Retention. *Asian Journal of Technology Innovation, 20*(2), 155–169.

Lehrer, M. (2000). From Factor of Production to Autonomous Industry: The Transformation of Germany's Software Sector. *Vierteljahrshefte zur Wirtschaftsforschung / Quarterly Journal of Economic Research, 69*(4), 587–600.

Lehrer, M. (2006). Two Types of Organizational Modularity: SAP, ERP Product Architecture and the German Tipping Point in the Make/Buy Decision for IT Services. In M. Miozzo & D. Grimshaw (Hrsg.), *Knowledge Intensive Business Services: Organizational Forms and National Institutions* (187–204). Cheltenham: Elgar.

Lehrer, M. (2007). Organizing Knowledge Spillovers When Basic and Applied Research Are Interdependent: German Biotechnology Policy in Historical Perspective. *Journal of Technology Transfer, 32*(3), 277–296.

Lehrer, M. & Behnam, M. (2009). Modularity vs Programmability in Design of International Products: Beyond the Standardization-Adaptation Tradeoff? *European Management Journal, 27*(4), 281–292.

Lei, D. (1993). Offensive and Defensive Uses of Alliances. *Long Range Planning, 26*(4), 32–41.

Leimbach, T. (2007). Vom Programmierbüro zum globalen Softwareproduzenten: Die Erfolgsfaktoren der SAP von der Gründung bis zum R/3-Boom, 1972 bis 1996. *Zeitschrift für Unternehmensgeschichte/Journal of Business History, 52*(1), 33–56.

Leimbach, T. (2008). The SAP Story: Evolution of SAP Within the German Software Industry. *Annals of the History of Computing, IEEE, 30*(4), 60–76.

Leimbach, T. (2009). *Die Geschichte der Softwarebranche in Deutschland*. München: Ludwig-Maximilians-Universität (Dissertation).

Leonard-Barton, D. (1990). A Dual Methodology for Case Studies: Synergistic Use of a Longitudinal Single Site with Replicated Multiple Sites. *Organization Science, 1*(3), 248–266.

Leonard-Barton, D. (1992). Core Capabilities and Core Rigidities: A Paradox in Managing New Product Development. *Strategic Management Journal, 13*(special issue), 111–125.

Levering, R., Ligthart, R., Noorderhaven, N. & Oerlemans, L. (2013). Continuity and Change in Interorganizational Project Practices: The Dutch Shipbuilding Industry, 1950–2010. *International Journal of Project Management, 31*(5), 735–747.

Levinthal, D. & Myatt, J. (1994). Co-Evolution of Capabilities and Industry: The Evolution of Mutual Fund Processing. *Strategic Management Journal, 15*(special issue), 45–62.

Li, S. X. & Rowley, T. J. (2002). Inertia and Evaluation Mechanisms in Interorganizational Partner Selection: Syndicate Formation Among U.S. Investment Banks. *Academy of Management Journal, 45*(6), 1104–1119.

Liebowitz, S. J. & Margolis, S. E. (1990). The Fable of the Keys. *Journal of Law and Economics, 33*(1), 1–25.

Liebowitz, S. J. & Margolis, S. E. (1995). Path Dependence, Lock-In, and History. *Journal of Law, Economics & Organization, 11*(1), 205–226.

Lim, K., Chesbrough, H. & Ruan, Y. (2010). Open Innovation and Patterns of R&D Competition. *International Journal of Technology Management, 52*(3/4), 295–321.

Lorenzoni, G. & Baden-Fuller, C. (1995). Creating a Strategic Center to Manage a Web of Partners. *California Management Review, 37*(3), 146–163.

Luo, J., Baldwin, C. Y., Whitney, D. E. & Magee, C. L. (2012). The Architecture of Transaction Networks: A Comparative Analysis of Hierarchy in Two Sectors. *Industrial and Corporate Change, 21*(6), 1307–1335.

Macher, J. T. (2006). Technological Development and the Boundaries of the Firm: A Knowledge-Based Examination in Semiconductor Manufacturing. *Management Science, 52*(6), 826–843.

Mackie, J. L. (1965). Causes and Conditions. *American Philosophical Quarterly, 2*(4), 245–264.

Madhok, A. & Tallman, S. B. (1998). Resources, Transactions and Rents: Managing Value Through Interfirm Collaborative Relationships. *Organization Science, 9*(3), 326–339.

Mahoney, J. (2000). Path Dependence in Historical Sociology. *Theory and Society, 29*(4), 507–548.

Mallach, R. J. (2012). *Pfadabhängigkeit in Geschäftsbeziehungen*. Wiesbaden: Springer Gabler.

Manning, S. & Sydow, J. (2011). Projects, Paths, and Practices: Sustaining and Leveraging Project-Based Relationships. *Industrial and Corporate Change, 20*(5), 1369–1402.

March, J. (1991). Exploration and Exploitation in Organizational Learning. *Organization Science, 2*(1), 71–87.

Marquis, C. (2003). The Pressure of the Past: Network Imprinting in Intercorporate Communities. *Administrative Science Quarterly, 48*(4), 655–689.

Martin, R. & Sunley, P. (2006). Path Dependence and Regional Economic Evolution. *Journal of Economic Geography, 6*(4), 395–437.

Masuch, M. (1985). Vicious Circles in Organizations. *Administrative Science Quarterly, 30*(1), 14–33.

Maurer, I. & Ebers, M. (2006). Dynamics of Social Capital and Their Performance Implications: Lessons from Biotechnology Start-Ups. *Administrative Science Quarterly, 51*(2), 262–292.

Meissner, G. (1997). *SAP, die heimliche Software-Macht*. Hamburg: Hoffmann und Campe.

Meyer, R. (2008). *Partnering with SAP: Business Models for Software Companies*. Norderstedt: Books on Demand.

Milanov, H. & Fernhaber, S. A. (2009). The Impact of Early Imprinting on the Evolution of New Venture Networks. *Journal of Business Venturing, 24*(1), 46–61.

Miles, R. E. & Snow, C. C. (1986). Organizations: New Concepts for New Forms. *California Management Review, 28*(2), 62–73.

Milgrom, P. & Roberts, J. (1990). The Economics of Modern Manufacturing: Technology, Strategy, and Organization. *American Economic Review, 80*(3), 511–528.

Milgrom, P. & Roberts, J. (1995). Complementarities and Fit. Strategy, Structure, and Organizational Change in Manufacturing. *Journal of Accounting and Economics, 19*(2–3), 179–208.

Miotti, L. & Sachwald, F. (2003). Co-Operative R&D: Why and with Whom?: An Integrated Framework of Analysis. *Research Policy, 32*(8), 1481–1499.

Mutinelli, M. & Piscitello, L. (1998). The Entry Mode Choice of MNEs: An Evolutionary Approach. *Research Policy, 27*(5), 491–506.

Müller-Seitz, G. (2012). Leadership in Interorganizational Networks: A Literature Review and Suggestions for Future Research. *International Journal of Management Reviews, 14*(4), 428–443.

Müller-Seitz, G. & Sydow, J. (2012). Maneuvering between Networks to Lead – A Longitudinal Case Study in the Semiconductor Industry. *Long Range Planning, 45*(2–3), 105–135.

Nakamura, M., Shaver, J. M. & Yeung, B. (1996). An Empirical Investigation of Joint Venture Dynamics: Evidence from U.S.-Japan Joint Ventures. *International Journal of Industrial Organization, 14*(4), 521–541.

Nalebuff, B. J. & Brandenburger, A. M. (1996). *Co-Opetition*. New York: Doubleday.

Nambisan, S. & Sawhney, M. (2011). Orchestration Processes in Network-Centric Innovation: Evidence From the Field. *Academy of Management Perspectives, 25*(3), 40–57.

Nerkar, A. & Paruchuri, S. (2005). Evolution of R&D Capabilities: The Role of Knowledge Networks within a Firm. *Management Science, 51*(5), 771–785.

Niosi, J. (1993). Strategic Partnerships in Canadian Advanced Materials. *R&D Management, 23*(1), 17–28.

National Institute of Standards and Technology (2011). The NIST Definition of Cloud Computing. Abgerufen am 11. Oktober 2013, http://csrc.nist.gov/publications/nistpubs/800-145/SP800-145.pdf

Nohria, N. & Garcia-Pont, C. (1991). Global Strategic Linkages and Industry Structure. *Strategic Management Journal, 12*(special issue), 105–124.

North, D. C. (1990). *Institutions, Institutional Change and Economic Performance*. Cambridge: Cambridge University Press.

Olleros, F.-J. & Macdonald, R. J. (1988). Strategic Alliances: Managing Complementarity to Capitalize on Emerging Technologies. *Technovation, 7*(2), 155–176.

Orlikowski, W. J. (2007). Sociomaterial Practices: Exploring Technology at Work. *Organization Studies, 28*(9), 1435–1448.

Oswald, G. (2006). *SAP Service and Support* (3. Auflage). Bonn: SAP PRESS.

PAC. (2009). SITSI® Methodology and Segmentation. Abgerufen am 13. März 2014, https://www.pac-online.com/pictures/Segmentation/PACSeg.pdf

PAC. (2012a). *PAC RADAR "SAP Consulting & Systems Integration 2012"* (Unveröffentlichte Hintergrundinformationen zur Studie). München: Pierre Audoin Consultants.

PAC. (2012b). *SITSI® Market Research. Project Services - Vendor Rankings - Worldwide*. München: Pierre Audoin Consultants.

PAC. (2012c). *SITSI® Market Research. Project Services - Vendor Rankings - Germany*. München: Pierre Audoin Consultants.

PAC. (2012d). *SITSI® Market Research. SAP Services - Vendor Positioning - Worldwide*. München: Pierre Audoin Consultants.

Parmigiani, A. & Mitchell, W. (2009). Complementarity, Capabilities, and the Boundaries of the Firm: The Impact of Within-Firm and Interfirm Expertise on Concurrent Sourcing of Complementary Components. *Strategic Management Journal*, *30*(10), 1065–1091.

Patzelt, H., Lechner, C. & Klaukien, A. (2011). Networks and the Decision to Persist with Underperforming R&D Projects. *Journal of Product Innovation Management*, *28*(5), 801–815.

Patzelt, H. & Shepherd, D. A. (2008). The Decision to Persist with Underperforming Alliances: The Role of Trust and Control. *Journal of Management Studies*, *45*(7), 1217–1243.

Pfeffer, J. & Salancik, G. R. (1978). *The External Control of Organizations: A Resource Dependence Perspective*. Stanford: Stanford University Press.

Pierce, L. (2009). Big Losses in Ecosystem Niches: How Core Firm Decisions Drive Complementary Product Shakeouts. *Strategic Management Journal*, *30*(3), 323–347.

Pierson, P. (2000). Increasing Returns, Path Dependence, and the Study of Politics. *The American Political Science Review*, *94*(2), 251–267.

Pisano, G. P. & Teece, D. J. (2007). How to Capture Value from Innovation: Shaping Intellectual Property and Industry Architecture. *California Management Review*, *50*(1), 278–296.

Pitelis, C. N. & Teece, D. J. (2010). Cross-Border Market Co-Creation, Dynamic Capabilities and the Entrepreneurial Theory of the Multinational Enterprise. *Industrial and Corporate Change*, *19*(4), 1247–1270.

Pittaway, L., Robertson, M., Munir, K., Denyer, D. & Neely, A. (2004). Networking and Innovation: A Systematic Review of the Evidence. *International Journal of Management Reviews*, *5*(3-4), 137–168.

Plattner, H., Scheer, A.-W., Wendt, S. & Morrow, D. S. (2000). *Dem Wandel voraus: Hasso Plattner im Gespräch*. Bonn: Galileo Press.

Plowman, D. A., Baker, L. T., Beck, T. E., Kulkarni, M., Solansky, S. T. & Travis, D. V. (2007). Radical Change Accidentally: The Emergence and Amplification of Small Change. *Academy of Management Journal*, *50*(3), 515–543.

Pollock, N. & Williams, R. (2009). *Software and Organisations: The Biography of the Enterprise-Wide System or How SAP Conquered the World*. London: Routledge.

Pollock, N., Williams, R. & D'Adderio, L. (2007). Global Software and its Provenance. Generification Work in the Production of Organizational Software Packages. *Social Studies of Science*, *37*(2), 254–280.

Porter, M. E. (1985). *Competitive Advantage: Creating and Sustaining Superior Performance*. New York: Simon and Schuster.

Porter, M. E. & Siggelkow, N. (2008). Contextuality Within Activity Systems and Sustainability of Competitive Advantage. *Academy of Management Perspectives*, *22*(2), 34–56.

Powell, W. W. (1987). Hybrid Organizational Arrangements: New Form or Transitional Development? *California Management Review*, *30*(1), 67–87.

Powell, W. W. (1990). Neither Market nor Hierarchy: Network Forms of Organization. In L. L. Cummings & B. M. Staw (Hrsg.), *Research in Organizational Behavior* (Vol. 12, 295–336). Greenwich: JAI.

Powell, W. W. & DiMaggio, P. J. (Hrsg.). (1991). *The New Institutionalism in Organizational Analysis*. Chicago: University of Chicago Press.

Prahalad, C. K. & Hamel, G. (1990). The Core Competence of the Corporation. *Harvard Business Review, 68*(3), 79–91.

Prahalad, C. K. & Ramaswamy, V. (2004). Co-Creating Unique Value with Customers. *Strategy & Leadership, 32*(3), 4–9.

Provan, K. G. & Kenis, P. (2008). Modes of Network Governance: Structure, Management, and Effectiveness. *Journal of Public Administration Research & Theory, 18*(2), 229–252.

Provan, K. G., Fish, A. & Sydow, J. (2007). Interorganizational Networks at the Network Level: A Review of the Empirical Literature on Whole Networks. *Journal of Management, 33*(3), 479–516.

Quinn, J. B. & Hilmer, F. G. (1994). Strategic Outsourcing. *Sloan Management Review, 35*(4), 43–55.

RAAD. (2012). Wegweiser ins SAP Ökosystem | RAAD Research. Abgerufen am 4. März 2012, http://www.analyst-review.de/2011/wegweiser-ins-sap-oekosystem/

Raesfeld, A. von, Geurts, P. & Jansen, M. (2012). When Is a Network a Nexus for Innovation? A Study of Public Nanotechnology R&D Projects in the Netherlands. *Industrial Marketing Management, 41*(5), 752–758.

Ragin, C. C. (2000). *Fuzzy-Set Social Science*. Chicago: University of Chicago Press.

Ring, P. S. & Van de Ven, A. H. (1994). Developmental Processes of Cooperative Interorganizational Relationships. *Academy of Management Review, 19*(1), 90–118.

Ross, J. & Staw, B. M. (1993). Organizational Escalation and Exit: Lessons from the Shoreham Nuclear Power Plant. *Academy of Management Journal, 36*(4), 701–732.

Rothaermel, F. T. (2000). Technological Discontinuities and the Nature of Competition. *Technology Analysis & Strategic Management, 12*(2), 149–160.

Rothaermel, F. T. (2001a). Complementary Assets, Strategic Alliances, and the Incumbent's Advantage: An Empirical Study of Industry and Firm Effects in the Biopharmaceutical Industry. *Research Policy, 30*(8), 1235–1251.

Rothaermel, F. T. (2001b). Incumbent's Advantage Through Exploiting Complementary Assets Via Interfirm Cooperation. *Strategic Management Journal, 22*(6-7), 687–699.

Rothaermel, F. T. & Boeker, W. (2008). Old Technology Meets New Technology: Complementarities, Similarities, and Alliance Formation. *Strategic Management Journal, 29*(1), 47–77.

Rothaermel, F. T. & Hill, C. W. L. (2005). Technological Discontinuities and Complementary Assets: A Longitudinal Study of Industry and Firm Performance. *Organization Science, 16*(1), 52–70.

Rycroft, R. W. & Kash, D. E. (2000). Steering Complex Innovation. *Research Technology Management, 43*(3), 18–23.

Rycroft, R. W. & Kash, D. E. (2002). Path Dependence in the Innovation of Complex Technologies. *Technology Analysis & Strategic Management, 14*(1), 21–35.

Sanchez, R. & Mahoney, J. T. (1996). Modularity, Flexibility, and Knowledge Management in Product and Organization Design. *Strategic Management Journal, 17*(special issue), 63–76.

Santoro, M. D. & McGill, J. P. (2005). The Effect of Uncertainty and Asset Co-Specialization on Governance in Biotechnology Alliances. *Strategic Management Journal, 26*(13), 1261–1269.

Santos, F. M. & Eisenhardt, K. M. (2009). Constructing Markets and Shaping Boundaries: Entrepreneurial Power in Nascent Fields. *Academy of Management Journal, 52*(4), 643–671.

SAP. (2008a). Geschäftsbericht 2008. Abgerufen am 2. September 2013, www.sap.com/corporate-de/investors/pdf/GB2008_DE.pdf

SAP. (2008b). SAP PartnerEdge: Ein Programm für alle SAP-Partner. SAP.info. Abgerufen 28. Januar 2014, von http://de.sap.info/sap-partneredge-ein-programm-fur-alle-sap-partner/11893

SAP. (2012). SAP - Partnering with SAP: SAP Services Partners. Abgerufen am 14. März 2012, http://www.sap.com/partners/partnerwithsap/services/index.epx

SAP. (2013a). SAP® PartnerEdge® Program Guide for Value-Added Resellers. Abgerufen am 4. September 2013, http://download.sap.com/download.epd?context=92237F4 35646F56C5D687798BCCDF6A81AA0C4A589005FD5F7445DCE50AF856D3D35 42468CD846085F87F4BC064DF7EBB849C332BADAD294

SAP. (2013b). Spotlight: Branchenlösungen - SAP. Abgerufen am 4. Dezember 2013, http://global.sap.com/germany/industries/index.epx

Sarker, S., Sahaym, A. & Bjorn-Andersen, N. (2012). Exploring Value Cocreation in Relationships Between an ERP Vendor and its Partners: A Revelatory Case Study. *Management Information Systems Quarterly, 36*(1), 317–338.

Schilling, M. (1999). Winning the Standards Race: Building Installed Base and the Availability of Complementary Goods. *European Management Journal, 17*(3), 265–274.

Schilling, M. A. (2002). Technology Success and Failure in Winner-Take-All Markets: The Impact of Learning Orientation, Timing, and Network Externalities. *Academy of Management Journal, 45*(2), 387–398.

Schmiedeberg, C. (2008). Complementarities of Innovation Activities: An Empirical Analysis of the German Manufacturing Sector. *Research Policy, 37*(9), 1492–1503.

Schreckenbach, S. (2010). *Praxishandbuch SAP-Administration: Application Server ABAP*. Bonn: SAP PRESS.

Schreiner, M., Kale, P. & Corsten, D. (2009). What Really is Alliance Management Capability and How Does It Impact Alliance Outcomes and Success? *Strategic Management Journal, 30*(13), 1395–1419.

Schreyögg, G. & Kliesch-Eberl, M. (2007). How Dynamic Can Organizational Capabilities Be? Towards a Dual-Process Model of Capability Dynamization. *Strategic Management Journal, 28*(9), 913–933.

Schreyögg, G. & Sydow, J. (2010). Organizing for Fluidity? Dilemmas of New Organizational Forms. *Organization Science*, *21*(6), 1251–1262.

Schreyögg, G., Sydow, J. & Holtmann, J. P. (2011). How History Matters in Organizations: The Case of Path Dependence. *Management & Organizational History*, *6*(1), 81–200.

Schreyögg, G., Sydow, J. & Koch, J. (2003). Organisatorische Pfade – Von der Pfadabhängigkeit zur Pfadkreation? *Managementforschung 13*Schüßler, E. (2009). *Strategische Prozesse und Persistenzen: Pfadabhängige Organisation und Wertschöpfung in der deutschen Bekleidungsindustrie*. Stuttgart: Kohlhammer.

Shapiro, C. & Varian, H. R. (1999). *Information Rules (A Strategic Guide to the Network Economy)*. Boston: Harvard Business School Press.

Siegele, L. & Zepelin, J. (2009). *Matrix der Welt: SAP und der neue globale Kapitalismus*. Frankfurt am Main: Campus.

Siggelkow, N. (2007). Persuasion with Case Studies. *Academy of Management Journal*, *50*(1), 20–24.

Simon, H. A. (1979). Rational Decision Making in Business Organization. *American Economic Review*, *69*(4), 493–513.

Smith, A. (1920). *Eine Untersuchung über Natur und Wesen des Volkswohlstandes. Bde. 2*. Jena: Fischer.

Soh, P.-H. (2010). Network Patterns and Competitive Advantage Before the Emergence of a Dominant Design. *Strategic Management Journal*, *31*(4), 438–461.

Somaya, D., Kim, Y. & Vonortas, N. S. (2011). Exclusivity in Licensing Alliances: Using Hostages to Support Technology Commercialization. *Strategic Management Journal*, *32*(2), 159–186.

stern.de. (2012). Cloud-Computing: Die Wolke des Grauens - Digital. Abgerufen am 9. Juli 2012, http://www.stern.de/digital/online/cloud-computing-die-wolke-des-grauens-1795640.html

Stieglitz, N. & Heine, K. (2007). Innovations and the Role of Complementarities in a Strategic Theory of the Firm. *Strategic Management Journal*, *28*(1), 1–15.

Stinchcombe, A. L. (1965). Organizations and Social Structure. In J. G. March (Hrsg.), *Handbook of Organizations* (142–192). Chicago: Rand McNally.

Strambach, S. (2010). Path Dependence and Path Plasticity: The Co-Evolution of Institutions and Innovation – The German Customized Business Software Industry. In R. Boschma & R. Martin (Hrsg.), *The Handbook of Evolutionary Economic Geography* (S. 406–431). Cheltenham (UK): Edward Elgar Publishing.

Subramani, M. R. & Venkatraman, N. (2003). Safeguarding Investments in Asymmetric Interorganizational Relationships: Theory and Evidence. *Academy of Management Journal*, *46*(1), 46–62.

Sydow, J. (1992). *Strategische Netzwerke: Evolution und Organisation*. Wiesbaden: Gabler.

Sydow, J. (1999). Quo Vadis Transaktionskostentheorie? — Wege, Irrwege, Auswege. In T. Edeling, W. Jann & D. Wagner (Hrsg.), *Institutionenökonomie und Neuer Institutionalismus* (165–176). Opladen: VS Verlag für Sozialwissenschaften.

Sydow, J. (2005). Managing Interfirm Networks – Towards More Reflexive Network Development? In T. Theurl (Hrsg.), *Economics of Interfirm Networks* (217–236). Tübingen: Mohr Siebeck.

Sydow, J. (2009). Path Dependencies in Project-Based Organizing: Evidence from Television Production in Germany. *Journal of Media Business Studies*, 6(4), 123–139.

Sydow, J. (2010). Organisationale Pfade: Wie Geschichte zwischen Organisationen Bedeutung erlangt. In M. Endreß & T. Matys (Hrsg.), *Organisation von Ökonomie – Ökonomie der Organisation* (15–31). Wiesbaden: VS Verlag für Sozialwissenschaften.

Sydow, J., Schreyögg, G. & Koch, J. (2009). Organizational Path Dependence: Opening the Black Box. *Academy of Management Review*, 34(4), 689–709.

Sydow, J., Windeler, A., Schubert, C. & Möllering, G. (2012). Organizing R&D Consortia for Path Creation and Extension: The Case of Semiconductor Manufacturing Technologies. *Organization Studies*, 33(7), 907–936.

Sydow, J., Windeler, A., Müller-Seitz, G. & Lange, K. (2012). Path Constitution Analysis – A Methdology for Understanding Path Dependence and Path Creation. *Business Research*, 5(2), 1–22.

Tagesspiegel. (2014). Microsoft bringt Office-Software auf das iPad. Abgerufen am 30. März 2014, http://www.tagesspiegel.de/medien/digitale-welt/strategiewechsel-microsoft-bringt-office-software-auf-das-ipad/9680376.html

Teece, D. J. (1982). Towards an Economic Theory of the Multiproduct Firm. *Journal of Economic Behavior & Organization*, 3(1), 39–63.

Teece, D. J. (1986). Profiting from Technological Innovation: Implications for Integration, Collaboration, Licensing and Public Policy. *Research Policy*, 15(6), 285–305.

Teece, D. J. (1992). Competition, Cooperation, and Innovation: Organizational Arrangements for Regimes of Rapid Technological Progress. *Journal of Economic Behavior & Organization*, 18(1), 1–25.

Teece, D. J. (2006). Reflections on "Profiting from Innovation." *Research Policy*, 35(8), 1131–1146.

Teece, D. J., Pisano, G. & Shuen, A. (1997). Dynamic Capabilities and Strategic Management. *Strategic Management Journal*, 18(7), 509–533.

Teece, D. J., Rumelt, R., Dosi, G. & Winter, S. (1994). Understanding Corporate Coherence: Theory and Evidence. *Journal of Economic Behavior & Organization*, 23(1), 1–30.

Thelen, K. (1999). Historical Institutionalism in Comparative Politics. *Annual Review of Political Science*, 2(1), 369–404.

Tripsas, M. (1997). Unraveling the Process of Creative Destruction: Complementary Assets and Incumbent Survival in the Typesetter Industry. *Strategic Management Journal*, 18(s 1), 119–142.

Tripsas, M. & Gavetti, G. (2000). Capabilities, Cognition, and Inertia: Evidence from Digital Imaging. *Strategic Management Journal*, 21(10-11), 1147–1161.

Van de Ven, A. H. & Walker, G. (1984). The Dynamics of Interorganizational Coordination. *Administrative Science Quarterly*, 29(4), 598–621.

Van den Ende, J., Jaspers, F. & Gerwin, D. (2008). Involvement of System Firms in the Development of Complementary Products: The Influence of Novelty. *Technovation*, *28*(11), 726–738.

Vanhaverbeke, W. & Noorderhaven, N. G. (2001). Competition between Alliance Blocks: The Case of the RISC Microprocessor Technology. *Organization Studies*, *22*(1), 1–30.

Venkatraman, N., Lee, C.-H. & Iyer, B. (2008). Interconnect to Win: The Joint Effects of Business Strategy and Network Positions on the Performance of Software Firms. In T. J. Rowley & J. A. C. Baum (Hrsg.), *Advances in Strategic Management* (Vol. 25 – Network Strategy, 391–424). Bingley: Emerald.

Vergne, J.-P. & Durand, R. (2010). The Missing Link Between the Theory and Empirics of Path Dependence: Conceptual Clarification, Testability Issue, and Methodological Implications. *Journal of Management Studies*, *47*(4), 736–759.

Vogel, A. & Kimbell, I. (2005). *mySAP ERP For Dummies*. Hoboken: John Wiley & Sons.

Wang, L. & Zajac, E. J. (2007). Alliance or Acquisition? A Dyadic Perspective on Interfirm Resource Combinations. *Strategic Management Journal*, *28*(13), 1291–1317.

Weigelt, C. (2009). The Impact of Outsourcing New Technologies on Integrative Capabilities and Performance. *Strategic Management Journal*, *30*(6), 595–616.

White, S. & Liu, X. (2001). Transition Trajectories for Market Structure and Firm Strategy in China. *Journal of Management Studies*, *38*(1), 103–124.

Williamson, O. E. (1975). *Markets and Hierarchies, Analysis and Antitrust Implications: A Study in the Economics of Internal Organization*. New York: Free Press.

Williamson, O. E. (1979). Transaction-Cost Economics: The Governance of Contractual Relations. *Journal of Law and Economics*, *22*(2), 233–261.

Williamson, O. E. (1985). *The Economic Institutions of Capitalism*. New York: The Free Press.

Windelband, W. (1904). *Geschichte und Naturwissenschaft* (3. Auflage). Straßburg: Heitz.

Wirtschaftswoche. (2007). Henning Kagermann im Interview: „Wir spüren keinen Zwang" - Unternehmen - Wirtschaftswoche. Abgerufen am 16. Juli 2013, http://www.wiwo.de/unternehmen/henning-kagermann-im-interview-wir-spueren-keinen-zwang/v_detail_tab_print/5177846.html

Wirtschaftswoche. (2009). Martyrium Mittelstandssoftware: Noch 270 Tage für SAP - Unternehmen - Wirtschaftswoche. Abgerufen am 9. Juli 2013, http://www.wiwo.de/unternehmen/martyrium-mittelstandssoftware-noch-270-tage-fuer-sap/5154906.html

Wirtschaftswoche. (2012, 14. Mai). Vernichtendes Urteil. S.8.

Wirtschaftswoche. (2013). Wartung der Software: SAP stoppt Milliardenprojekt "Business by Design". Abgerufen am 5. Dezember 2013, http://www.wiwo.de/unternehmen/it/wartung-der-software-sap-stoppt-milliardenprojekt-business-by-design/8953320.html

Wolf, C. M., Geiger, K., Benlian, A., Hess, T. & Buxmann, P. (2008). Spezialisierung als Ausprägungsform einer Industrialisierung der Software-Branche – Eine Analyse am Beispiel der ERP-Software von SAP. In G. Herzwurm & M. Mikusz (Hrsg.), *Industrialisierung des Software-Managements, Proceedings der Fachtagung des GI-Fachausschusses Management der Anwendungsentwicklung und -wartung im Fachbereich Wirtschaftsinformatik (WI-MAW)* (153–168). Stuttgart.

Wu, X. B., Ma, R. F. & Shi, Y. J. (2010). How Do Latecomer Firms Capture Value from Disruptive Technologies? A Secondary Business-Model Innovation Perspective. *IEEE Transactions on Engineering Management, 57*(1), 51–62.

Yang, H. & Tate, M. (2012). A Descriptive Literature Review and Classification of Cloud Computing Research. *Communications of the Association for Information Systems, 31*(1), 34–61.

Yin, R. K. (2009). *Case Study Research: Design and Methods* (4. Auflage). Thousand Oaks: Sage.

Zajac, E. J. & Olsen, C. P. (1993). From Transaction Cost to Transactional Value Analysis: Implications for the Study of Interorganizational Strategies. *Journal of Management Studies, 30*(1), 131–145.

Anhang

Leitfaden für leitfadengestützte Interviews (Beispiel)
(angepasst an die jeweilige produkt- bzw. partnerstrategische Initiative und an das entsprechende Unternehmen)

Einleitung
- Welche Position haben Sie derzeit inne?
- In welchen Funktionen sind/waren Sie in die Initiative eingebunden?

Beginn der Initiative (Kontingenz, Vorbedingungen)
- Bitte beschreiben Sie chronologisch die Entwicklung der Initiative.
- Inwieweit betraf die Initiative jeweils Produkt- und Partnerstrategie?
- Erfolgte die Implementierung der verschiedenen strategischen Elemente (Produkt- und Partnerstrategie) gleichzeitig oder nacheinander? Was hatte wann Priorität?

Prozess / Selbstverstärkende Effekte
- Bitte beschreiben Sie die Lernprozesse, die bei der Entwicklung und Implementierung der Produktstrategie stattgefunden haben.
- Bitte beschreiben Sie die Lernprozesse, die bei der Entwicklung und Implementierung der Partnerstrategie stattgefunden haben.
- Welche Beziehung bestand/besteht zwischen Produktstrategie und Partnerstrategie? Inwieweit handelt es sich dabei um ein strategisches Wechselverhältnis?

Strategischer Erfolg / Lock-in
- Was sind aus Ihrer Sicht die Gründe für den großen/geringen Erfolg der Initiative?
- Wie viel der alten Produktstrategie steckt in der neuen Produktstrategie?
- Wie viel der alten Partnerstrategie steckt in der neuen Partnerstrategie?
- Was hätte Ihrer Meinung nach aus heutiger Sicht anders gemacht werden müssen?
- Welche strategischen Optionen bieten sich für die Zukunft?

The manufacturer's authorised representative in the EU is Springer Nature Customer Service Centre GmbH, Europaplatz 3, 69115 Heidelberg, Germany. If you have any concerns regarding our products, please contact ProductSafety@springernature.com

Printed and bound by CPI Group (UK) Ltd, Croydon, CR0 4YY

02078210-0005